中央高校基本科研业务费专项资金资助（2022FR007）

法|学|研|究|文|丛

——国际经济法学——

欧美外商投资安全审查制度研究

沈磊　罗维昱　胡佳欣　李英◉著

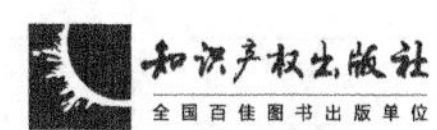

图书在版编目（CIP）数据

欧美外商投资安全审查制度研究／沈磊等著．—北京：知识产权出版社，2023.8
ISBN 978－7－5130－8839－8

Ⅰ.①欧…　Ⅱ.①沈…　Ⅲ.①外商投资—涉外经济法—研究—欧洲、美国
Ⅳ.①D950.229.5②D971.222.95

中国国家版本馆CIP数据核字（2023）第139070号

责任编辑：彭小华　　　　责任校对：谷　洋
封面设计：智兴工作室　　责任印制：孙婷婷

欧美外商投资安全审查制度研究

沈磊　罗维昱　胡佳欣　李英　著

出版发行：知识产权出版社有限责任公司　网　址：http：//www.ipph.cn
社　址：北京市海淀区气象路50号院　邮　编：100081
责编电话：010－82000860转8115　责编邮箱：huapxh@sina.com
发行电话：010－82000860转8101/8102　发行传真：010－82000893/82005070/82000270
印　刷：北京九州迅驰传媒文化有限公司　经　销：新华书店、各大网上书店及相关专业书店
开　本：880mm×1230mm　1/32　印　张：11.25
版　次：2023年8月第1版　印　次：2023年8月第1次印刷
字　数：300千字　定　价：68.00元

ISBN 978－7－5130－8839－8

前　言

外资安全审查制度近年来发展迅速，随着全球经济发展减缓，以及 2019 年以来的新冠疫情影响，国际经贸领域发展的不确定性因素逐渐增多。各国为了维护自身国家利益或国家安全，保护国内企业，陆续建立、完善其外资安全审查制度。在此背景下，各国对外商投资的审查案件数量迅速增加，行业覆盖范围扩大到前所未有的水平。

在过去十年中，“国家安全”的范围已经扩展到包括从国防和关键基础设施到人工智能、通信、医疗保健、纳米技术、媒体、食品安全和水资源等领域。这样的扩张和转变导致外资安全审查权限不断扩大，复杂因素增多，极易成为隐形投资壁垒，进而威胁国际经贸领域的正常投资行为。

2000 年中国提出“走出去”战略，开启了中国企业对外投资的序幕。二十多年里，我国对外直接投资总体上发展迅速。目前，中国经济已经从高速增长阶段转变为高质量发展的阶段，这既是对中国国内经济发展状况的准确判断，也为中国对外投资指明方向。面对新形势，中国对外投资需要进一步明确方向，把握机会。面对各国外商投资国家安全审查制度的发展，中国投资者需要高度关注，积极应对。

因此，研究欧美外资安全审查制度并对其进行总结分析，不仅能够更加深入地了解不同国家安全审查制度的发展方向与规制现状，为我国投资者提供经验，同时也能够为我国外商安全审查制度的完善提供新思路。有鉴于此，本书通过对全球范围内设立外资安全审查制度较为典型的美国、欧盟等国家和地区进行分析，梳理研究这些国家和地区外资安全审查制度的立法变迁，其安全观的发展与演变，以及其最新立法及实践运用，从审查主体、审查对象、审查程序等方面进行研究，从而为中国的投资者投资及立法者立法提供借鉴。

本书主要从欧美外资安全审查制度的法律及实践入手，详细梳理其安全审查制度的发展与演变。本书第一章作为概述，主要分析了外资安全审查制度的起源、发展，并对美国、欧盟以及欧盟成员国德国、法国的外资安全审查制度进行概述。第二章以美国为主要研究对象，详细分析了美国外资安全审查制度的形成与发展，并对美国外资安全审查的实践进行总结梳理。第三章则重点关注欧盟地区的外资安全审查制度，主要介绍欧盟外资安全审查条例的立法背景及过程，并对条例颁布之后产生的影响进行分析。第四章则对欧盟主要成员国——德国及法国的外资安全审查制度进行分析，进一步说明目前全球主要经济体安全审查制度的发展现状。最后，通过对上述国家和地区的外资安全审查制度的分析，为我国的对外投资及国内立法提供一定的经验，力图促进中国的对外投资发展，并完善国内的外资安全审查制度。

目录

CONTENTS

引　言

国际投资是推动全球经济增长的关键动力之一。跨境资本流动使东道国受益，有助于加快其国内资本流动，使其工业生产力、社会福利和整体经济都能够得到发展。外国直接投资在东道国产生的溢出效应和积极的外部因素是十分明显的，这也是国际社会对于投资自由化普遍支持的原因。为了充分获得外国直接投资的好处，东道国积极追求开放的国内营商环境。特别是发展中国家，为了通过外资提高国内的发展水平，往往愿意提供政策激励和优惠待遇，以鼓励和吸引外国投资，从而创建一个具有吸引力和竞争力的投资环境。

然而，近年来，在不断追求外国直接投资带来的经济利益最大化的同时，越来越多的东道国对外国直接投资可能带来的弊端和不利影响开始警惕，最重要的是，东道国认识到外资可能会扰乱正常经济秩序甚至影响其国家安全。这种影响包括：对东道国所认定的“敏感”或“战略”部门的收购；对东道国重要企业的“控制”，可能会对其国内的公共利益以及其公民的生存、健康、个人利益等造成危险。因此，许多东道国开始寻求针对这种风险的管理政策，越来越多的国家建立了国家安全审查机制，旨在识别、分析并最终规避外国直接投资可能存在的安全风险，并试图在“对外开放”和“国家安全”之间寻找适当平衡。

国家拥有在其管辖范围内对外国投资的进入进行监管的主权权利。在过去的几年里，外国投资安全审查的机制一直在增强。这是当代对经济全球化争论大趋势的一部分。在国际政治和法律实践中，全球化是一个有争议的概念，随着国际多边投资体系呈现碎片化与政治化的发展态势，世界各国逐步搭建并完善各自的涉外法律体系，先后推出或修改各自外资安全审查制度，以提高国家的应急治理能力，助力实现本国经济安全、稳定、高速发展。

对经济全球化的反思推动国际投资法的改革进程。这个改革过程可以被理解为东道国重新获得国家主权的过程。外资安全审查制度的兴起就是国家重申其主权的表现。就全球化的现状而言，安全审查制度的发展并不意味着对国际投资法或外国投资的全盘否定，而是努力重新获得对已从国家移交给国际协议（如双边投资条约）和国际机构（如投资法庭）的权力的控制。目前，世界上几乎所有的主要经济体都建立了不同形式的外资审查机制。美国外国投资委员会（The Committee on Foreign Investment in the United States，简称 CFIUS）是历史最悠久、最活跃的外国投资审查机构之一，已成为其他国家建立外资审查机制的参考对象。除美国外，澳大利亚、加拿大、日本以及欧盟成员国都陆续建立起外国投资安全审查的制度。

从国际投资法的角度来看，政府对外国投资进行审查是针对投资建立前阶段的，因此不属于大多数双边投资协定的范围。在国家安全问题成为国际经济法关注的重要议题的时代，投资建立前阶段的审查变得越来越重要。在投资法中规定审查机制的背后有不同的考量，保护国家安全是最重要的。不同国家对国家安全的概念有不同的理解和解释；一般的趋势是保持这个术语的宽泛性，允许行政部门有广泛的自由裁量权，在它认为适当的时候适用审查规则。当代投资审查机制渐渐超越了与国防有关的传统领域，随着意识形态、经济竞争等其他因素的引入和交织发展，将国家安全与保护新型技术、关键技术相关联，以期在当今竞争激烈的经济中保持技术优势，并将外商投资安全审查制度与保护关键基础设施等联系起来。

综观全球范围内各国和地区的国家安全审查机制，主要有两个特点：国家安全的广义定义和安全的自我判断性质。在这样的特点下，新的国家安全审查制度给国际经济秩序带来了重大挑战。以美国和欧盟的安全审查机制为例。

在美国，2018 年《美国外国投资风险审查现代化法案》（Foreign Investment Risk Review Modernization Act，FIRRMA）大幅扩大了美国外国投资委员会的权限，以解决某些外国投资的国家安全问题。根据 FIRRMA，外国投资委员会通过增加新的覆盖交易类型，扩大了覆盖交易的范围。这些新的交易涉及某些房地产交易，位于政府敏感设施附近的投资，涉及重要技术信息的投资，如关键技术。此外，FIRRMA 正式规定了与交易有关的重大协议的要求，并延长了审查期限。

欧盟于 2020 年颁布了《建立审查进入欧盟的外国直接投资框架的条例》，以解决可能影响国家安全或公共秩序的外国直接投资的问题。该条例允许欧盟委员会和其他欧盟成员国干预欧盟成员国的审查程序，并表达它们的意见。尽管欧盟成员国自己可以决定选择何种审查机制，并可以决定其触发审查的门槛，但成员国也会适当考虑欧盟委员会和其他欧盟成员国的意见。

如今，通过颁布《中华人民共和国外商投资法》（以下简称《外商投资法》），中国统一了外商投资的管理办法。此外，通过制定《中华人民共和国国家安全法》（以下简称《国家安全法》）和相关安全法规，中国建立了统一的国家安全制度。2020 年 12 月，国家发展和改革委员会（以下简称国家发展改革委）、商务部经国务院批准，发布了《外商投资安全审查办法》，标志着我国正式建立了系统性的外商投资安全审查制度。在逐步明确的国家安全框架和统一的外商投资审查办法建立之后，借鉴美国和欧盟的做法，并结合我国的实际发展情况，进一步完善我国的安全审查制度，为我国不断扩大对外开放保驾护航。

CHAPTER 01 >>

第一章 外商投资安全审查制度概述

外商投资安全审查制度是在经济全球化高度发展的基础上建立起来的。当下，世界经济瞬息万变，地缘政治危机加重，导致影响全球经济稳定的不确定性因素逐渐增多，外商投资安全审查制度继而被越来越多的国家采纳，并成为维护国家利益或国家安全的重要制度屏障。

第一节 外商投资安全审查制度的起源与发展

外商投资安全审查制度源于经济全球化的不断发展，外资可能对国家的关键利益产生影响，因此，有的国家开始发展、制订安全审查制度，并逐渐被更多的国家采纳。

一、外商投资安全审查制度的起源

外商投资安全审查制度主要从经济全球化的发

展趋势，以及对外商投资的保护与规制两个路径发展而来，东道国试图在外国投资与国家安全之间建立平衡。

（一）经济全球化与国际投资

经济全球化是通过加强商品、服务、技术和资本的跨境流动，实现全球不同国家和地区经济的相互依存。经济全球化主要包括商品、技术、信息、服务、货币、人员、资金、管理经验等生产要素的全球化。

1. 经济全球化的发展趋势

经济全球化，是指各国生产经营活动通过世界市场形成的跨国界的融合，是各国经济联系和经济依赖加深的体现。经济全球化以资本无限增值和扩张的本性为根本动力，以世界市场的形成为根本前提，是生产力发展的必然结果。[1] 经济全球化带来了世界市场内的投资、贸易等经济活动及各种生产经营要素流动的自由化，使得世界市场范围内经济活动趋于活跃，有利于资源和生产要素在全球的合理配置，有利于科技的全球扩张，促进不发达地区经济发展，是人类发展进步的表现，是世界经济发展的必然结果。

然而经济全球化是一把双刃剑，具有正面和负面两方面的影响。经济全球化一方面增进了全球福利，使得全球范围内的经济发展日益迅速，部分发达国家先进技术发展突飞猛进，大型跨国公司、跨地区公司应运而生，部分国家在经济全球化的浪潮中完成资本积累，实现了飞速发展。人们的生活水平普遍得到提高，各国的经济活动和就业更加具有稳定性，个体文化获得更大自由；另一方面，由于各国经济发展水平不一，在不合理、不公平、不

---

[1] 高友才："经济全球化：生成、利弊、对策"，载《郑州大学学报》（哲学社会科学版）2001 年第 6 期，第 41－45 页。

民主的国际经济秩序下，经济全球化给发展中国家经济、贸易以及知识产权、技术准入等方面都带来了负面影响。这导致不同地区民族国家内部和民族国家之间的经济发展不平衡，世界两极分化日趋严重，贫富差距加剧，这种非对称性发展是导致经济全球化过程中富国越来越富、穷国越来越穷的主要原因。

经济全球化发展下的两极分化，使得全球范围内的金融危机频发。在国际金融危机的冲击下，全球贸易与直接投资流量下降，但经济全球化的基本趋势没有改变；跨国垄断资本不仅有实力继续推动生产要素的跨国界流动，而且经济全球化趋势演进的内生机制、运行条件和路径等仍将在调整和变化中继续发挥作用。但是，这并不意味着国际金融危机对经济全球化的发展进程毫无影响。在后金融危机时代，经济全球化和世界经济多极化都出现了新的特点和新的态势，国家资本跨国化成为刺激经济的新需要，跨国垄断资本正在寻找新的全球市场。

2. 经济全球化下的国际投资

在经济全球化进程中，国际投资扮演着非常重要的角色，日益成为推动经济全球化进程的“发动机”。经济全球化的发展促进了国际投资的流动、自由化和解除管制，使各国进行全球性结构调整和战略定位。[1] 国际投资的迅猛发展既是经济全球化的重要表现，也是进一步推动经济全球化进程的直接力量，在一定程度上表现出相伴相生、相互促进的关系。在全球化、发展和外国直接投资（FDI）之间存在着互动作用，对于外国直接投资作用的认识以及外资政策的制定应考虑全球化和发展维度。外国直接投资有

[1] 王玉梁、朱喜秋：“经济全球化与国际投资——趋势及对策”，载《国际经济合作》1999年第11期，第9－12页。

利于促进国内企业提高竞争力，推动国内产业结构升级。[1] 经济全球化以市场扩张为其基本特征之一，跨国资本直接投资流向拥有知识资源和战略性资产的国家或地区，当地化成为经济全球化背景下跨国资本直接投资的新趋势。经济全球化是不可抗拒、不可逆转的世界潮流。在此情形下，必须采取积极、开放的态度，欢迎并合理利用外国投资，促进本国经济、社会发展进步，同时也要推动本国资本"走出去"，进入世界资本市场，在全球范围内优化和配置资源，增强本国经济及企业的国际竞争力。

在经济全球化和国际投资中，大型跨国企业发挥着极为重要的作用，也是全球化的最直接受益者。"全球经济一体化的条件下，国际经济竞争已经突破国家边界，在规模巨大、销售额和资产额占全球各行业中较大比重的大型企业之间进行，实力强盛的大企业在世界经济发展中起着越来越重要的作用。跨国公司凭借其种种优势，跨国界进行营销活动，实施全球范围内资源和生产要素的最佳配置和组合，已经成为当前国际经济竞争的一种新趋势。"[2] 跨国投资是大型跨国企业在全球范围内进行资源优化整合和配置的最普遍、最直接、最重要的途径和方式。根据经济合作与发展组织的《经合组织外国直接投资基准定义》，直接投资是经济领域的居民进行的跨境投资，目的是建立长时间的经济收益。投资者的动机是与被投资企业建立战略性的长期关系，从而保证直接投资者对企业管理的影响。[3] 总而言之，外商直接投资是一个

[1] 约翰·邓宁："外国直接投资：全球化与发展、新的挑战与机遇"，载《国际经济合作》2005 年第 4 期，第 7－10 页。

[2] 欧阳卓飞："经济全球化与企业境外投资"，载《中南财经政法大学学报》2003 年第 3 期，第 109－113 页。

[3] 参见经济合作与发展组织：《经合组织外国直接投资基准定义（第四版）》，经济合作与发展组织网站，https://www.oecd.org/investment/fdibenchmarkdef inition.htm。访问日期：2021 年 11 月 2 日。

经济体的居民在另一个经济体获得企业的控制权或经营管理权限，以获取长期利益为目的的投资。[1]

（二）外商投资保护与规制

外商投资的保护和规制旨在实现外国投资者和东道国之间的利益平衡。传统的新自由主义为基础的国际投资法范式，以促进投资自由化和保护外国投资者的利益为主要目标，而相对忽视东道国的国内监管权。近年来，伴随着国际资本流动的多元化和全球治理理念的兴起，加之传统国际投资理论固有的不合理性，新自由主义逐渐为各国所抛弃，一种新的被称为“嵌入式自由主义”的国际投资法范式正在成为主流。这种范式的国际投资法更为追求促进投资自由化、保护投资者利益与保障东道国国内监管权的平衡，更加注重东道国在国家安全、金融稳定、环境保护、劳工保障等重要公共政策领域所保有的适当监管空间。[2]

一国要利用外资发展本国经济，就必须创造一个良好的投资环境，对外资采取鼓励与保护措施，以保证外国投资者的利益与安全。在投资自由方面，绝大多数国家都秉承开放的外资政策，给予优惠待遇，营造宽松、自由的外国投资环境，积极促进外国投资的自由化和便利化。国际投资保护协定由东道国和外国投资者的母国签订，是以国家为主体达成的保护投资的约定，其保护对象为具体的外国投资者。而欧洲则是国际投资保护协定的发源地，1959 年，德国和巴基斯坦签订了世界上第一个双边投资保护协定，在此后的半个多世纪里，欧盟成员国签订了大量的双边投资保护协定。根据联合国贸易和发展会议（以下简称联合国贸发

---

[1] 余劲松：《国际投资法》，法律出版社 2018 年版，第 1 页。

[2] 漆彤、余茜：“从新自由主义到嵌入式自由主义——论晚近国际投资法的范式转移”，载《国际关系与国际法学刊》2014 年第 4 期，第 201 - 217 页。

会）的有关资料显示，全球签订双边投资保护协议数量较多的国家中，大部分为欧盟成员国。[1]

在近些年的变化中，外资“双刃剑”的效益越发显著，为了消除外资可能产生的消极影响，发挥其积极作用，维护国家主权和利益，促进民族经济的自主发展，对外资又必须有目的地予以引导，进行管理，实行一定的限制。由于受到美国金融危机、欧洲主权债务危机等方面的影响，加之国际投资规则体系存在缺陷，自由贸易区的投资带来转移效应，部分国家对新兴经济体的对外投资感到恐慌。因此，国际投资保护主义在全球兴起，各国大都同时采用产业政策审查、反垄断审查和国家安全审查。通常情况下，一国在外资的市场准入方面越是宽松，反垄断审查和国家安全审查越是重要；反之，如果一国对外资实施较为严格的市场准入制度，产业政策审查则占据突出的地位。此外，对外商投资进行限制的手段还包括设置市场准入壁垒等，投资者需要承担更多的社会责任，并应有政治、经济、民族主义方面的考虑。

（三）外商投资安全审查的出现

英国学者曼戈尔德在其 1990 年的著作《国家安全与国际关系》一书中，系统性地阐述了“国家安全”这一概念的含义。当然，当时“国家安全”这一词汇主要局限在军事、政治等传统领域。直到美国出台《美国国家安全法》后，“国家安全”才逐步应用于各个领域。国家安全是一个国家政府保护其公民、国家经济和其他关键机构及领域的能力。今天，一些非军事层面的国家安全包括经济安全、政治安全、能源安全、国土安全、网络安全、

---

[1] UNCTAD Investment Policy Hub，https://investmentpolicy. unctad. org/international - investment - agreements.

人类安全和环境安全。

然而在外商投资领域，何为“国家安全”，其内涵和外延始终没有一个固定的结论。国家安全的内在价值是国家利益，而国家利益历来是国际政治问题中的一个基本概念，同权力、意识形态、民族、国家、和平等其他重要的政治概念一样，具有多重含义，极为抽象。[1] 部分西方学者以历史研究为出发点，其中美国学者小霍姆斯认为，国家安全是动态变化的，它所应用的时间和环境不同，其内在的内容就截然不同。也有学者认为“国家安全”是一个法律概念，必须对其进行明确的界定，并指出“国家安全”的法学定义应当是：“国家安全，是指一国宪法制度和法制秩序的正常状态及其所标示的国家主权、国家利益和国家尊严的有机完整和统一性，不被国内外各种敌对势力和非法活动所干扰、侵害、妨害和破坏。”[2] 法律上的国家安全和非法律上的国家安全也没有明显严格的界限，似乎在法律程序中所确定的国家安全就是法律上的国家安全，随着国际形势的不断发展和变化，国家安全的范围和考量因素呈现扩展趋势，非传统国家安全观、新国家安全观是当下有关国家安全问题讨论的热点与焦点。新国家安全观认为，国家安全应当包括传统国家安全、非传统国家安全，范围应从领土、政权、军事等方面的传统安全扩展至政治、经济、社会、信息、能源、环境、人口、公共卫生等多个领域的安全。这种社会飞速发展所带来的变化，也使得部分人认为国家安全是否会变为一种无法穷尽安全外延的安全观，使得国家安全这一概念变得更

---

❶ 李少军：“国际关系大理论与综合解释模式”，载《世界经济与政治》2005 年第 2 期，第 22－29 页。

❷ 梁忠前：“‘国家安全’概念法理分析”，载《江苏社会科学》1995 年第 4 期，第 77－82 页。

加含糊不清，也使得判断某一行为是否危害国家安全变得更加复杂、间接，以至于无法直接简单地得出相应的结论。

外商投资安全审查正是在这种社会不断发展变化的大背景下产生的。资本本身是中性的，但资本与控制者结合起来就产生了政治属性。外国投资在发展过程中出现了具有明显政治性的外国政府控制资本的投资形式，从而对被投资国的经济发展、国家安全产生了威胁。以外商投资中跨国公司的发展为例，一些跨国公司资本雄厚、组织庞大，其所蕴含的政治性相比于商业性更明显；跨国公司在投资过程中的政治行为主要包括：跨国公司国外子公司对东道国政府的政治行为以及跨国公司对整个国际社会的政治行为。[1] 以美国为例，跨国公司不仅是经济上的强者，还是世界经济中强大的政治“表演者”，拥有巨大的政治影响力。在美国2000年总统选举中，82个最大的公司通过政治行动委员会提供了总额达3300万美元的政治捐款。除了政治捐款，游说也是跨国公司议程的重要部分，美国200强公司花费了巨额的金钱用于游说活动，其中94个公司在华盛顿为了游说的目的而维持与政府的密切关系。同时，跨国公司对东道国的政治影响也不容小觑，西方发达国家大力推进所谓的“民主政治”全球化攻势，跨国公司通过兼并、收购等方式，控制东道国支柱企业，并通过母国政府对东道国施压，甚至直接参与东道国政治活动，通过政治贿赂等方式影响东道国的政治决策，谋取巨大的政治利益和经济利益。例如，1965年，智利政府希望调整其电话产业，美国国际电话电报公司ITT通过当时的美国国务卿要求美国政府为该公司利益作最高层次的干预。1970年至1971年，该公司为维护其在智利电话系统中的利

[1] 唐勇：《跨国公司行为的政治维度》，立信会计出版社1999年版，第219页。

益，建议美国政府干预智利政府的政治事务，并与中央情报局一起行动，结果导致智利的左派阿连德政府倒台。[1]

为避免外商投资者的投资存在政治性不利影响，一些国家通过特定的审查部门对外商投资进行系统的评估，以判断某笔外商投资的投资者所控制的投资是否会产生安全威胁，以及这种威胁是否会触及国家安全利益而不应被容忍，外商投资安全审查应运而生。外商投资安全审查是针对外商投资者的特定投资项目是否存在威胁东道国国家安全的情况进行分析、判断，即国家安全审查以外资项目为特别审查对象，而不是以外国投资者为审查对象，但是投资者的背景，尤其是国别特征至关重要。在国家安全审查中，外国投资者来自哪一个国家也是审查的重点内容之一。以欧盟为例，外国投资来自欧盟其他成员国与来自其他非欧盟成员国，二者的国家安全审查存在较大差别，甚至审查程序、审查标准完全不同。

（四）外商投资安全审查的法律化

国家安全审查的内核是政治范畴，对其进行法律化时，需要给其政治内核披上法律的外衣，使得该政治问题在一定程度上转化为法律问题。

主权国家根据国家属地管辖原则，拥有管制或禁止外资进入本国领土或设立永久性商业存在的绝对权力。国家主权原则是对外资的准入和运营进行控制、对事关国家安全利益的外资并购交易实施审查的国际法依据。1994 年《关税与贸易总协定》规定了“安全例外规则”，其中第 20 条为一般例外规定：“本协定的规定不得解释为禁止缔约方采用或加强以下措施，但对情况相同的各

---

[1] 唐勇：《跨国公司行为的政治维度》，立信会计出版社 1999 年版，第 197 页。

国，实施的措施不得构成武断的或不合理的差别待遇，或构成对国际贸易的变相限制。”第 21 条为安全例外规定：“本协定不得解释为：（a）要求任何缔约方提供其根据国家基本安全利益认为不能公布的资料；或（b）阻止任何缔约方为保护国家基本安全利益对有关下列事项采取其认为必须采取的任何行动。”经济合作与发展组织的《资本流动自由化法典》也允许成员国基于安全利益或其他根本利益而采取限制资本自由化的合理措施。所以，以维护国家安全利益为由，通过国际法规范中的例外条款，在必要的限度内限制甚至禁止外资并购，可以避免东道国政府对外资的规制行为与本国所应承担的国际法义务相抵触，使东道国对外资的限制具有合法性。该例外条款也成为各国制定国内外商投资安全审查法的立法依据。❶

在外国投资安全审查制度的立法模式上，各国存在差别，法律的表现形式也有所不同，具体可以区分为专门立法模式和混合立法模式。专门立法模式，是指由立法机关进行单独立法，专门规定外国投资安全审查问题。这种模式主要为美国、加拿大、澳大利亚、俄罗斯等国所采用，我国也采用这种模式。2011 年 2 月发布的《国务院办公厅关于建立外国投资者并购境内企业安全审查制度的通知》标志着我国外资安全审查制度的正式建立，该通知对外资并购国家安全审查的范围、内容、工作机制及程序等作了详细规定。混合立法模式，是指国家没有针对外国投资安全审查制度进行专门立法，相关制度的规定分散在反垄断法、外贸法、外汇法等相关法律法规中，通过适用国家安全法、反垄断法等相关法律法规，对影响国家安全的外国投资进行审查，也被称为

---

❶ 张乃根：“国际经贸条约的安全例外条款及其解释问题”，载《法治研究》2021 年第 1 期，第 128－138 页。

“宽泛意义上的国家安全审查制度”。德国、日本等国采用这种模式。

采用专门立法模式的国家，为进一步细化外商投资安全审查的相关规定，突出透明度或可预见性原则，使相关法律规范更加具体、细化、明确，多国在颁布相关专门立法后也配套制定了实施细则。美、德、澳等国都采取了在法律之外另行制定实施细则的立法方式。2007 年《美国外国投资与国家安全法》颁布后，美国财政部于次年 4 月在《联邦纪事》上公布了该法的实施细则，即《美国关于外国法人收购、兼并和接管的条例》，旨在落实该法的有关规定。例如，该条例对“控制”“重要基础设施”“重要技术”“外国法人”“外国政府控制的交易”等重要概念进行了界定，并举例作了很多说明，对管辖范围、审查程序也作了非常详尽的规定。德国规范外国投资的主要法律是《德国对外经济法》，该法最初制定于 1961 年，同年出台了实施细则《德国对外经济条例》。2004 年，德国通过《德国对外经济法》的修正案，增加了国家安全审查条款，对损害国家根本安全利益、国际社会和平、国家外交关系的外资进行限制。之后，《德国对外经济条例》也进行了相应的修改，具体细化该例外条款，规定在国防及与国防相关的敏感部门实施安全审查，要求外国投资者进行申报并接受审查。

二、外商投资安全审查制度在全球的发展与传播

国家安全审查机构可以根据各种标准评估外国直接投资。从历史上看，投资审查通常基于经济理由，即交易是否会给东道国经济带来净经济利益的增长，这种以经济目的对外国直接投资进行审查的方式逐渐被淘汰。相比之下，最近的投资审查主要是以国家安全为由，即某项交易是否有可能危及国家安全。

当然，不同国家的外资安全审查制度在许多方面因国家的具体选择而不同，包括是否有审查机制，涵盖哪些类型的投资，通知和审查是否具有强制性，投资是否需要预先授权才能进行，评估交易的标准以及由政府内部的哪些人审查投资。将这些不同的监管特征统一为安全审查的原因是：首先，它们是评估政府是否允许外国投资进入其管辖范围的特定交易机制；其次，它们有某种常规程序，通过该程序确定投资并进行审查。以这种方式将外资安全审查概念化，可以考察全球安全审查制度的发展变化趋势。

（一）外商投资安全审查制度的快速传播

外商投资安全审查制度可以与其他的投资制度并存，这不同于其他控制外来投资的机制。例如，国家的国有制企业制度可以保护敏感资产和部门。从历史上看，另一种控制外来投资的机制是外资股权限制，即限制外资对国内企业的所有权，或完全禁止外资进入敏感行业。所有权限制比投资审查更具限制性，因为它排除了外国对一个受控制部门超过规定数额的投资。相比之下，安全审查机制力求允许可接受的交易，同时防止不受欢迎的投资者进入或将特定敏感资产出售给外国人。虽然安全审查机制的限制性可能较小，但与严格的股权限制相比，概念更模糊，更容易被解释，因此更容易受到操纵甚至腐败的影响[1]。在20世纪80年代，大多数国家陆续减少了股权限制[2]。在此期间，许多国家还放弃了以经济利益为理由批准交易的投资审查制度。正如有学者观察到的那样，30年前，约70%的经合组织国家对外国直接投资项

---

[1] Lai, Keyan. "National security and FDI policy ambiguity: A commentary." *Journal of International Business Policy*, No. 4, 1-10, 2021.

[2] Pandya, Sonal S. "Democratization and foreign direct investment liberalization, 1970-2000." *International Studies Quarterly* Vol. 58, No. 3, 475-488, 2014.

目进行了审查，现在只有不到六分之一的国家仍然这样做。❶ 然而，美国、加拿大和澳大利亚都保留了不同范围的投资审查制度，尽管它们也支持更广泛的投资自由化。

随着各国放宽其外国直接投资政策环境，它们通常取消了过于严苛的投资准入政策。在过去的三十多年里，外国直接投资通常受到东道国的欢迎，因为它为东道国提供了就业机会，并在专门知识和技术创新方面产生了溢出效应。事实上，国家和地方通过各种激励和促进措施，在吸引投资方面展开了激烈的竞争。现有的国际政治经济学理论，使用比例政治经济模型❷、党派关系❸、精英政治理论❹以及新自由主义理念❺等很好地解释了这些现象。

然而，随着各国政府放松对投资的监管，它们也不得不面对这样一个现实：某些投资具有潜在的政治风险，特别是在国家安全方面。为了保留开放经济中外国投资的好处，同时减少其威胁和脆弱性，越来越多的国家制订了外商投资安全审查的程序，并禁止那些被认为具有一定程度国家安全风险的交易。图 1 –1 使用联合国贸发会议投资政策监测的数据来跟踪 2010 年至 2020 年经合组织成员

---

❶ Clemente, Marco, Rodolphe Durand, and Thomas Roulet. "The recursive nature of institutional change: An Annales School perspective." *Journal of Management Inquiry* Vol. 26, No. 1, 17 –31, 2017.

❷ Pandya, Sonal S. "Political economy of foreign direct investment: Globalized production in the twenty –first century." *Annual Review of Political Science*, Vol. 19, 455 –475, 2016.

❸ Pinto, Pablo M. *Partisan investment in the global economy: Why the left loves foreign direct investment and FDI loves the left*. Cambridge University Press, 2013.

❹ Danzman, Sarah Bauerle. *Merging interests: when domestic firms shape FDI policy*. Cambridge University Press, 2019.

❺ Linsi, Lukas, and Daniel K. Mügge. "Globalization and the growing defects of international economic statistics." *Review of international political economy*, Vol. 26, No. 3, 361 –383, 2019.

中新的投资审批措施的数量，说明近年来限制性审批措施增加。

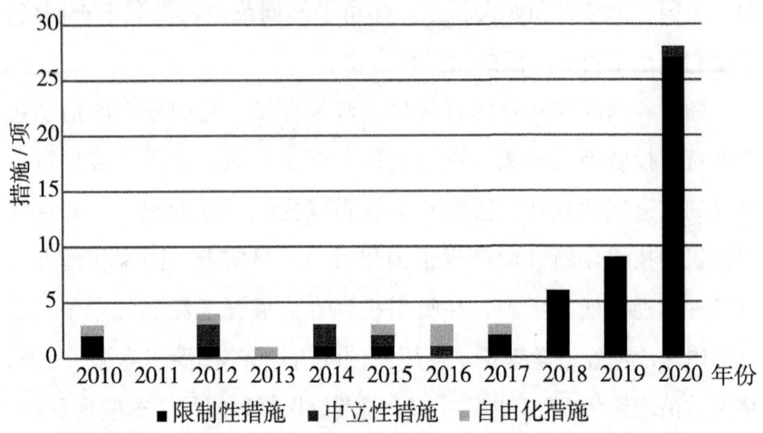

图 1－1　2010—2020 年经合组织国家新的投资审批措施

资料来源：贸发会议投资政策监测网站。

美国对外商投资的第一波安全审查发生在 20 世纪 70 年代石油危机期间，由中东国家的投资推动。1975 年，时任美国总统福特创建了美国外国投资委员会（CFIUS），这是一个跨部门委员会，旨在监督外国投资对美国国家安全的影响。20 世纪 80 年代日本在美国投资的激增引发了又一波投资审查立法。1988 年埃克森－弗罗里奥（Exon－Florio）修正案授权总统从国家安全角度调查外商对美国公司的收购、合并和收购或投资。在 21 世纪，国会大大加强了外国投资委员会审查外国投资交易的权力。“9·11”事件后的几起引人注目的外国收购促使外国投资委员会扩大职权范围，2007 年通过的《外国投资与国家安全法案》（FINSA）和 2018 年通过的《外国投资风险审查现代化法案》扩大了外商投资安全审查制度的范围。

近年来，其他国家也建立了自己的投资审查机制。在欧洲，德国（2004 年以来）和法国（2006 年以来）已经建立了一些更健全的框架。在2019年新冠疫情大流行期间，两国都扩大了可能需要审查的交易范围，并增加了新的安全审查领域。2021年年初，英国议会通过了《英国国家安全和投资法案》，该法案为投资审查制定了单独的法律框架，并创建了投资安全部门（ISU）来审查交易❶。在这些国家强化其外商投资安全审查制度的同时，欧盟于2019年3月通过了首个投资审查框架，并于2020年10月开始运作。它为欧洲层面的国家间信息交换和提高对其他特定交易的关注提供了第一个集体框架。❷

在欧洲和美国之外，一些完善的外资安全审查机制出现在澳大利亚和加拿大。澳大利亚的外国投资审查委员会（FIRB）自1975年以来一直在对投资进行审查。加拿大从1985年《加拿大投资法》（ICA）颁布后开始对外国直接投资进行审查。在新冠疫情大流行期间，两国都扩大了审查范围，降低了审查门槛。

根据联合国贸发会议投资政策监测网站的数据分析，不同国家的安全审查制度的发展趋势，可总结为下列三个特点。

首先，与国家安全有关的外资安全审查制度普遍加强。近年来，新颁布的投资审查法律法规和对现有法律的更新明显增加。这些新机制几乎都是以国家安全为基础。虽然新冠疫情流行以来，各国政府颁布投资审查相关措施的速度有所加快，但这只是一种趋势的加速，而非重大转变。❸

---

❶ Blanquart, Julien, and Reid Whitten. "CFIUK: The United Kingdom Introduces a New Mechanism for Foreign Direct Investment Screening." *The National Law Review*, 2021.

❷ Chan, Zenobia T., and Sophie Meunier. "Behind the screen: Understanding national support for a foreign investment screening mechanism in the European Union." *The review of international organizations*, Vol. 17, No. 3, 513-541, 2022.

❸ Bauerle Danzman, Sarah, and Sophie Meunier. "The Big Screen: Mapping the Diffusion of Foreign Investment Screening Mechanisms." *Available at SSRN* 3913248, 2021.

其次，安全审查机制的部门覆盖范围扩大。投资安全审查机制的覆盖范围随着时间的推移而扩大，这通过两个渠道发生。首先，各国越来越倾向于使用跨部门的审查工具，这些工具为政府提供了广泛的对外国投资的审查权。政府往往为这种广泛的审查权辩护，认为这是灵活应对随时间变化的国家安全风险的重要机制。虽然最初对外国直接投资的国家安全相关的担忧仅仅集中在外国对国防安全的影响上，但政府对哪些类型的投资可能损害国家安全的看法已经扩大到关键的物理基础设施、食品安全、数据安全和军民两用技术等方面。跨部门的审查机制使政府有广泛的覆盖面，这样就没有必要随着对哪些部门可能产生风险的看法的变化而更新部门清单。事实上，一些国家更喜欢跨部门审查，因为这让它们可以使国家安全的定义相当模糊。一些国家最初坚持只审查特定部门的交易，但随着时间的推移，其扩大了受审查部门的数量。2007 年，采用特定行业安全审查的国家平均审查了不到四个行业。2021 年，这一平均数增加到 10 个。新兴技术、关键基础设施和医疗保健相关行业占所涵盖行业增长的大部分。[1]

最后，不同国家的安全审查制度均不同程度地降低审查门槛。从收到审查的外资的绝对估值和占交易规模的百分比两方面衡量，安全审查机制涵盖了越来越小的交易。因为在不严重限制经济增长的情况下，审查每一笔交易是不现实的，审查机制必须确定如何将“良性”投资与可能引起担忧的交易区分开来。做到这一点的方法之一是通过部门筛选；另一种方法是对交易覆盖范围设置一定的阈值。虽然大多数国家认为外国直接投资是指在国际收支

---

[1] Simon, Sven. “Investment Screening: The Return of Protectionism? A Political Account.” *YSEC Yearbook of Socio - Economic Constitutions 2020: A Common European Law on Investment Screening* (*CELIS*), 43 - 52, 2021.

报告中超过10%门槛的投资，但这个定义并不总是直接转化为安全审查的门槛。许多政府将审查的门槛设定为企业或资产的特定经济利益百分比。美国一直专注于“控制”的概念，不设置经济利益的门槛，而是专注于确定交易的结构是否使外国人可以通过治理权获得控制权。总的来说，各国政府越来越多地降低了安全审查的经济所有权和交易规模的门槛。

（二）外商投资安全审查制度快速传播的原因分析

外国直接投资通常被认为对经济增长、技术发展和劳动力就业有积极作用。国家的收入更有可能随着外商投资增加而增长，因此，各国均不同程度地倾向于支持对外国投资的自由政策。虽然小型规模的企业可能受到外来直接投资的伤害，[1] 但大型国内商业集团通常支持开放，特别是并购开放，以克服融资限制。尽管一些计量经济学家分析称，外国直接投资可能对低收入国家产生混合作用甚至负面影响，[2] 但整个国际经贸领域普遍接受自由化的投资态度。

然而，各国加强安全审查的时机，恰好发生在全球经济衰退之际。先前的研究表明，政府最有可能在经济衰退期间接受外来直接投资，因为它们的刺激效应和就业支持可以在全球动荡期间帮助国内经济发展。[3] 值得注意的是，加强外资安全审查是在全球

---

[1] Alfaro, Laura, and Maggie X. Chen. “Selection and market reallocation: Productivity gains from multinational production.” *American Economic Journal: Economic Policy* Vol. 10, No. 2, 1-38, 2018.

[2] Karabay, Bilgehan. “Foreign direct investment and host country policies: A rationale for using ownership restrictions.” *Journal of Development Economics* Vol. 93, No. 2, 218-225, 2010.

[3] Davis, Christina L., and Krzysztof J. Pelc. “Cooperation in hard times: self-restraint of trade protection.” *Journal of Conflict Resolution* Vol. 61, No. 2, 398-429, 2017.

经济增长缓慢和新冠疫情暴发期间发生的。与这些危机相呼应的是，外国直接投资流量在2020年暴跌至2000年水平以下，随后开始缓慢复苏。

鉴于投资审查显然会增加监管负担，增加外商投资前景的不确定性，有时还会破坏拟议中的交易，从而给全球企业带来短期的实质性成本，然而这些投资审查规则却缺乏强有力的反对意见。通过不同的视角审视，以下几点可能是近年来国家安全审查制度快速发展的原因。

1. 逆全球化、大众政治和经济爱国主义的崛起

首先，从日益增多的关于大众政治兴起、逆全球化的文献来看，公众舆论与大众意见在一定程度上推动了外资安全审查制度的发展。公众舆论可能会因为一些原因而要求加强对外国投资的审查。进入发达经济体的外国直接投资可能会加剧收入不平等，增加劳动力市场的波动性。更有可能受到外国直接投资不利影响的低技能工人倾向于支持对外国投资的限制，并可能利用工会的力量来维持或施加这种限制。[1] 同时，普通公民也可能对来自被认为是竞争对手国家的投资特别警惕，这与全球不同国家的民族主义与经济爱国主义情绪的增长有关。现有的文献对民族主义在塑造公众对全球化的态度方面的作用给予了一定的关注。营销和管理方面的研究表明，个人产品选择中的反外国偏见至少可以部分归因于“消费者民族中心主义”，即个人产品的选择受到爱国主义和购买外国产品将如何影响整个国家的考虑。此外，民族主义已被证明会影响对经济自由化的支持。例如，有学者认为，民族

---

[1] Owen, David, and Graham Smith. “Survey article: Deliberation, democracy, and the systemic turn.” *Journal of political philosophy*, Vol. 23, No. 2, 213 - 234, 2015.

主义减少了对自由贸易的支持。那些认为自己国家在文化上优于其他国家，或者支持自己国家在国际事务中采取孤立主义立场的人，不太可能支持自由贸易。跨国调查的结果进一步指出了民族主义和对自由贸易的消极态度之间的相关性。[1] 例如，美国为了保护自身经济领先地位，不断地发展与完善其外商投资安全审查制度，对于关键技术进行专门保护，防止美国失去其经济、科技领先地位。

2. 资本利益和经济竞争力的考虑

首先，以国家安全为导向的外资安全审查制度大多对新兴技术、数据以及重要基础设施等进行保护。各国政府开始运用安全审查制度来保证国内的资本利益以及经济、科技等领域的领先地位。例如，美国在其安全审查制度中将是否威胁美国领先地位作为国家安全审查的要素之一。[2] 若某项交易涉及具有获取影响美国国家安全领域领先地位的某项关键技术或关键基础设施的战略目的，则可将其作为审查国家安全风险的要素。可以看到，美国将领先地位与国家安全挂钩，其逻辑是威胁美国领先地位即具有威胁美国国家安全之嫌疑。

其次，随着以军事为导向的技术和商业技术之间界限的模糊，即军民两用设备的发展，出于保护国家安全的需要，政府不断加强对相关企业的安全审查措施。中国的无人机企业大疆（DJI）由

---

[1] Mansfield, Edward D., and Diana C. Mutz. "Support for free trade: Self - interest, sociotropic politics, and out - group anxiety." *International organization* Vol. 63, No. 3, 425 - 457, 2009.

[2] 美国总统拜登 2022 年 9 月 15 日行政令第二条，FACT SHEET: President Biden Signs Executive Order to Ensure Robust Reviews of Evolving National Security Risky by Committee on Foreign Investment in the Unite States The White House，访问日期：2022 年 12 月 22 日。

于被美国认为具有潜在的安全威胁，于2020年12月被美国商务部列入黑名单，随后经历了漫长的安全审查过程，直至当下，美国国防部仍旧强调此类小型无人机对美国国家安全的威胁未完全消除。

3. 地缘政治风险因素

地缘政治在影响国际投资以及大众对外资的态度方面的作用直到最近10年才开始受到学术关注。[1] 地缘政治风险是与影响国际关系正常与和平进程的战争、恐怖行为和国家间紧张局势相关的风险。这种风险可能会对商业环境和资源重新分配产生影响，因为它会在公司政策中造成摩擦。在新冠疫情流行的情况下，地缘政治风险已成为全球企业更加关注的问题。

现有研究表明，地缘政治的风险会损害金融市场，聚集投资者风险厌恶情绪并降低经济实际产出。在公司层面，当企业投资地区的地缘政治风险增加时，公司有可能增加现金储备。现金储备可以帮助企业为未来的突发事件作准备，这与现金的预防性动机是一致的。[2] 同时，有研究显示地缘政治风险增加的地区，民众对外来投资的信任程度降低，投资者获得合理收益的可能性也会下降。因此，在地缘政治风险及不确定性增加的情况下，公司倾向于通过减少长期债务和增加市场杠杆来改变其资本结构。为了应对地缘政治事件引起的不确定性，企业往往会通过减少投资支出或暂时推迟投资决策来“观望”，以避免代价高昂的错误。[3] 有

---

[1] Li, Xiaojun, and Ka Zeng. “Individual preferences for FDI in developing countries: experimental evidence from China.” Journal of Experimental Political Science Vol. 4, No. 3, 195 – 205, 2017.

[2] Bevilacqua, Mattia, David Morelli, and Paola Sultana Renée Uzan. “Asymmetric implied market volatility and terrorist attacks.” *International Review of Financial Analysis* Vol. 67, 101417, 2020.

[3] Khoo, Joye. “Does geopolitical uncertainty affect corporate financing? Evidence from MIDAS regression.” *Global Finance Journal*, Vol. 47, 100519, 2021.

学者对美国数据样本分析发现，在地缘政治不确定性高的时期，公司和行业层面的资本投资都显著降低，直到不确定性得到解决。[1]

随着当下俄乌冲突的持续发展，全球地缘政治的紧张性远超以往，不同国家间逐渐形成圈层化集团，国际投资的自由流动开始渐渐局限在这些圈层内部，而对不同圈层的投资者的关注与审查逐渐增多。例如，美国的安全审查制度实践中，对来自所有“五眼联盟”国家的合格投资者给予对某些非控股类交易、房地产交易和法律规定的强制申报要求的例外豁免权。

第二节　欧美主要国家和地区外商投资安全审查制度概述

二战后全球资本加速流动，但 2008 年的经济危机又将国际社会重新拉入贸易保护主义的旋涡。近年来，各国均面临经济下行的压力，同时新冠疫情大流行也会引发国家安全的新问题。因此，对欧美等主要发达国家和地区的安全审查制度进行梳理分析是十分必要的。

一、美国外商投资安全审查制度概述

随着全球经济一体化的逐步发展以及各国对外开放的不断深化，东道国在引进外资时要面临由此引发的一系列风险。美国作为经济高度发达的超级大国，长期保持着吸引外资和对外投资大

---

[1] Kim, Hyunseob, and Howard Kung. “The asset redeployability channel: How uncertainty affects corporate investment.” *The Review of Financial Studies*, Vol. 30, No. 1, 245 - 280, 2017.

国的地位，在诸多领域都全球领先，是世界上最早建立国家安全审查制度的国家之一，其建立的国家安全审查制度及相关的法律法规比较完善，是其他国家的重要参照范本。

（一）美国外商投资安全审查法律制度立法沿革

1950 年的《美国国防生产法》也称《美国经济管制法》，是美国国家安全审查制度的起源。该法是美国国会于 1950 年通过的关于国防生产的基本法律，目的在于通过授权总统控制物价、工资和消费信贷，以增加国防生产。该法最初共 7 章 717 节，1952 年至今已进行多次修订。目前，除了第一、三、七章，其余各章已停止使用。该法为美国进行有关国家安全审查制度的立法奠定了基础。

20 世纪 80 年代世界经济格局发生了重大变化，日本经济实力迅猛增长，积极进行海外投资并购。1987 年，日本最大的计算机和芯片生产商日本富士通公司（Fujitsu，以下称日本富士通公司）意图通过收购美国主要芯片厂商仙童半导体有限公司（Fairchild，以下简称美国仙童公司）80% 的股份获得控股权，美国担忧本国军用计算机芯片的秘密被他国窃取。当时保障国家安全所依据的是《美国国际紧急经济权力法》（International Emergency Economic Power Act，IEEPA），此法案旨在应对紧急情况，保障国家安全，授权总统在美国面临危急情况或受到非常威胁时实施出口管制或贸易禁运等措施。如果总统要根据此法案禁止此次并购，必须宣布国家进入紧急状态，并且证明此次并购对国家安全构成“特殊的、重大的威胁”。[1] 但是，这无异于向日本政府表示敌意。[2] 此次并购愈

---

[1] International Emergency Economic Power Act. δ 1701.

[2] Alvarez J E. “Political protectionism and United States international investment obligations in conflict: the hazards of Exon－Florio” *The American Journal of International Law*, Vol. 92, No. 4, 621－641, 1989.

演愈烈，最终演变成政治事件。为防止事态继续恶化，日方自愿放弃了并购计划。此次并购事件让美方意识到，现有法律制度无法充分地保护本国敏感产业不受来自军事、经济方面竞争者的威胁。经过历时三年的行政与立法之间的博弈，美国国会于1988年通过了对国家安全审查制度有重要影响的《埃克森－弗罗里奥修正案》。这是对1950年《美国国防生产法》第721节的修正，标志着美国外资并购安全审查制度的建立，其同时成为外国投资委员会进行国家安全审查的法律依据。[1] 另外，为保障《埃克森－弗罗里奥修正案》的有效实施，外国投资委员会于1991年颁布了《美国关于外国法人收购、兼并和接管的条例》，作为其实施细则。

法国汤姆森有限责任公司（以下简称法国汤姆森公司）对美国沃特集团公司（以下简称美国沃特公司）导弹业务的收购计划同样遭到了美国国会的反对。一方面，由于法国政府拥有法国汤姆森公司59.2%的股权，美国国会认为该收购行为可能受到法国政府操纵。另一方面，目标公司美国沃特公司握有美国国防部门的多份合同，同时握有一些机密武器的开发和运用技术。如果收购计划顺利进行，美国沃特公司将成为美国历史上首个被外资并购的美国国防部门主要承包商，法国政府也会相应地获得美国沃特公司拥有的敏感技术。为达成有关适当控制敏感技术外流的缓和协议（mitigation agreement），外国投资委员会同法国汤姆森公司进行了商谈，但是谈判未取得成功。随后，外国投资委员会便向美国总统建议拒绝该项收购。最终法国汤姆森公司被迫撤回申报，并对原先的收购协议作了实质性变更，法国汤姆森公司作出这一让步之后，该项收购才获得美国政府批准。但是，美国国会

---

[1] 薛彦平："中国企业进军美国要过政治关"，载《中国证券报》2005年7月5日，第6版。

仍认为此次收购表明政府对涉及国防和代表国家竞争力的美国公司保护不力。在某种程度上，法国汤姆森公司并购案也激起了美国国会对外国国有企业进行并购时可能存在安全隐患的讨论，2000年年初，美国民主党参议员罗伯特·伯德就美国2001年度的拨款问题向国会提交了一份议案，其正式名称是《持续倾销与补贴抵消法案》（CDSOA）。该议案修改了1930年《美国关税法》第四篇，新增了名为“补偿持续倾销及补贴”的第1675（c）节，并适用于所有2000年10月1日后征收的反倾销税和反补贴税。该议案也被称为《伯德修正案》（Byrd Amendment）。2000年10月28日，该议案在美国国会获得通过，成为正式法案。

“9·11”事件发生后，美国越来越重视对外资的国家安全审查。中海油并购美国优尼科和迪拜港口世界公司并购铁行轮船公司这两起案件就在美国各界引起了轩然大波。在后一起并购案中，外国投资委员会根据《埃克森-弗罗里奥修正案》的相关规定，认为迪拜港口世界公司的并购对美国国家安全不构成威胁，同意该项并购。但是，美国国会坚决反对，最终迪拜港口世界公司迫于政治压力，撤回此次并购。此次并购引发了国会对现有安全审查制度的质疑，并成为制定2007年《美国外国投资与国家安全法》（FINSA）的诱因。为加强对外资投资和并购的审查与限制，国会于2007年对《埃克森-弗罗里奥修正案》所确定的外资安全审查制度进行了一系列修订，并最终通过了《美国外国投资与国家安全法》。2007年《美国外国投资与国家安全法》对1950年《美国国防生产法》第721节再次进行修订，进一步完善了美国外资并购的国家安全审查制度。为落实《美国外国投资与国家安全法》的有关规定，2008年4月28日，美国财政部在《联邦纪事》上公布了《美国关于外国法人收购、兼并和接管的条例》，将其作为《美国外国投资与国家安全法》的实施细则，并给予45天的公众评论期。美国财政部根据1950年《美国国防生产法》第721（b）（2）（E）节的规定，颁布了《美国外国投资委员会国家安全审查指南》，该指南从国家安全因素、引起国家安全考虑的交易类型以及可能引起国家安全考虑的交易信息三个方面概述了外国投资委员会审查程序的目的和性质，为涉及安全审查的并购当事人正确理解和顺利实施法律提供指导。

（二）美国外商投资安全审查制度最新规定

由上文对美国国家安全审查立法发展史的回顾可知，美国采取的是专门立法模式，即以专门的成文立法为基础，辅之以配套次级立法和相关规则指引的模式。具体而言，美国的专门立法模式以《美国外国投资与国家安全法》为基础，以2008年《美国关于外国人收购、兼并和接管的条例》作为其具体实施细则，并将《美国外国投资委员会国家安全审查指南》作为实际审查过程中的指引。此种立法模式所形成的体系完整、清晰并具有规范性，在运用时灵活简便，能够使并购当事人清楚地预见安全审查的交易范围及程序等，是目前世界上关于外资并购国家安全审查立法模式的较好选择。

2018年8月13日美国签署通过了《2018年外国投资风险审查现代化法案》，2020年1月13日又颁布了两项最终规定。美国的外国投资安全审查工作是由外国投资委员会、总统和国会三个机构协作完成。《现代化法案》扩大了外国投资委员会的职权。该机构职权包括：审查调查权、缓解协议签订权、监督执行权、重启审查权、终止交易权以及不受司法审查权❶。从组织架构来看，外

❶ 邹敏："中美外商投资国家安全审查比较与借鉴"，载《合作经济与科技》2020年第6期，第53－55页。

国投资委员会的性质属于联合执法部门，由设在财政部的国际投资局、司法部、国土安全部等9个部门组成。除此之外，行政管理和预算办公室、总统经济政策委员会等5个部门可以根据案件相关程度参与审查。[1] 2018年更新后的美国外资安全审查程序可分为审查前阶段、审查期间和审查结果。在审查前，并购双方可以向外国投资委员会自愿提交申报草案，主席收到申请后，应确认是否包含了规定所要求的所有信息，并通知其他成员。审查期间，外国投资委员会应该确认所提交的审查事项是否存在威胁国家安全的情况，并且可以要求并购方在3个工作日内提交更多信息来进一步调查。《现代化法案》延长了审查期限，将初审审查期限从原来的30日延长至45日，45日的调查期限维持不变，并且在“特殊情况”下赋予外国投资委员会将审查期限另外延长15日的权力。在这一期间内，外国投资委员会有三种选择，即批准投资申请，建议撤回申请，或者让申请进入调查阶段。因此，更新后的交易审查期限从75日延长到了105日。[2] 新法案还扩大了外国投资委员会的自由裁量权。

《现代化法案》还增加了简化程序和强制申报程序。简化程序要求申报单内容在通常情况下不能超过5页。如果一个外国投资者计划收购的股份在该美国企业中占比25%以上，并且该外国投资者收购的股份由其所在国持有，那么该外国投资者按照新规定将会被要求进入强制申报程序。此外，《现代化法案》更新了对“被涵盖交易”的内容，当被外国政府持有“实质利益”的外国人收

---

[1] See < CFIUS Overview >, https://home. treasury. gov/policy – issues/international/the – committee – on – foreign – investment – in – the – united – states – cfius/cfius – overview.

[2] See < The Foreign Investment Risk Review Modernization Act of 2018—stepping up national security reviews of foreign acquisitions >. https://www. jdsupra. com/legalnews/the – foreign – investment – risk – review – 17364/.

购某些涉及“关键基础设施”“关键技术”或“个人信息”等相关类别的美国企业，并且当上述收购情况可能会对美国国家安全造成威胁时需要强制申报[1]，如果当事人不提交强制声明，则可能给予最高金额的罚款。

2018 年出台的《现代化法案》再一次扩大了审查范围。《现代化法案》新增的网络安全审查，在第 3 节第 1 条 14 款新增了“恶意网络活动”的概念。《现代化法案》第 3 节第 1 条第 4 款确立了“特别关注国”的概念，只要涵盖的外国投资与“特别关注国”有联系或者需要遵守“特别关注国”的法律、法规和命令，外国投资委员会就有权对该类投资加强审查。中国、俄罗斯等国被美国政府认定对美国国家安全构成威胁。而在经济、国防等与美国密切合作的国家和地区，如欧盟、日本等，则以法律的形式被排除在“特别关注国”之外。

美国财政部于 2020 年 1 月 13 日颁布了两项实施细则[2]并于当年 2 月 13 日正式生效，其中确定了“管辖交易”的强制申报要求，以及“特定外国政府相关交易”和“特定涉及关键技术的投资”需要向外国投资委员会强制申报。2020 年 9 月 15 日颁布了最终版本的申报法规，要求外国投资者对涉及美国关键技术的某些美国公司进行强制性通知。

这些法规对外国投资委员会制度进行了三项主要的更新。首先，法规扩大了外国投资委员会的管辖范围，审查对开发或生产关键技术的美国企业、拥有或运营美国关键基础设施资产以及拥

---

[1] 沈伟：“美国外资安全审查制度的变迁、修改及影响——以近期中美贸易摩擦为背景”，载《武汉科技大学学报》（社会科学版）2019 年第 6 期，第 654－668 页。

[2] <Provisions Pertaining to Certain Investments in the United States by Foreign Persons>（31C. F. R. part 800） <Provisions Pertain－ing to Certain Transactions by Foreign Persons involving Real Estate in the United States>（31 C. F. R. part 802）.

有或收集美国公民敏感个人数据的少数、非被动、非控制性投资；其次，法规要求在生产或开发某些关键技术的美国企业中的外国投资向外国买家或其任何所有者出口此类技术，以及外国政府控制的交易实体获得某些美国企业的控制权需要许可证。最后，该法规赋予外国投资委员会审查外资收购某些美国房地产交易的权力，从而显著扩大了外国投资委员会的管辖范围。

实施细则将外国投资委员会的管辖权和审查权扩大到对生产或开发关键技术、拥有或运营关键基础设施资产以及维护或收集美国公民敏感个人数据的美国企业的任何非控制性外国投资。最终规则将任何此类美国企业定义为“技术、基础设施、数据相关美国企业（TID U. S. Business）”。可以看出，美国近年来的修订使得该审查范围更加宽泛，审查对象更加明确，申报要求更加严格，程序更为烦琐。[1]

二、欧盟外商投资安全审查制度概述

（一）欧盟外商投资安全审查制度的经济背景

欧盟对资本流动的审查经历了从严格管控到自由流动，再到当下的审查制度这一变化。在二战刚刚结束时，欧盟成员国的边界被严格控制，国际资本流动基本上是停滞的。许多国家实行消极的外汇管制制度，除非有明确的许可，否则所有的跨境资本交易都被禁止。

随着时间的推移，对资本自由流动的利弊评估发生了重大变化。随着各国经济、政治的恢复，贸易自由化的理念被提出。为

---

[1] 苏丽娜、张乐：“美国外资国家安全审查机制的政治异化及其法律因应”，载《国际贸易》2022 年第 3 期，第 82－88 页。

了支持贸易发展，在相对较短的时间内实现了经常账目的可兑换，这意味着居民可以自由兑换外汇来购买外国商品和服务。到1958年，大多数欧洲国家都实现了经常账户的完全可兑换。同年签署的《罗马条约》最终规定了欧洲资本流动的自由。与此同时，人们认为需要谨慎行事，并插入了一个保障条款，阐明这一义务仅限于确保共同市场正常运作所需的范围。

经济条件的改善使得在20世纪60年代初通过两项资本自由化指令成为可能，这两项指令允许长期资本流动，包括直接投资的自由流动。这有助于缓解当时欧洲国家急需的直接投资的资金短缺，对经济增长、创新和就业有积极作用。然而，当法国在1968年面对严重的国内动乱而不得不援引保障条款时，这种自由化的势头就渐渐消失了。欧盟汇率体系也出现了问题。欧盟委员会认为所谓的热钱流动是一个比较冒险的行为。大多数国家推迟采用完全的资本账户可兑换，因为担心它们的经济会因投机性资本流动而不稳定。此后不久，布雷顿森林体系的固定汇率崩溃了，人们普遍认为，需要进行资本管制，以维持经济表现不同的国家之间的汇率稳定。

1972年，欧盟通过了一项指令，该指令完全颠覆了早先的自由化运动，要求成员国拥有可支配的工具来抵御不需要的资本流动。1973年石油危机后，资本管制得到进一步加强，这意味着一个重大退步。欧洲国家对经济冲击的不同政策反应导致了宏观经济表现的巨大差异，这标志着多年来欧元硬化的开始，并且由于缺乏努力实现欧洲一体化的政治意愿，欧盟的资本自由化在很长一段时间内陷入了僵局。但在国家层面上，也有例外情况。例如，德国很快就打破了僵局，放宽了大部分资本交易，使德国马克在国际上发挥了更突出的作用。

1979 年欧洲货币体系的建立，欧洲货币相互挂钩，标志着一个新的开始，比如里根和撒切尔政府领导下的自由主义政策转型。二战后的英国在采取严格的国内金融监管制度的同时，还实行了最广泛的资本控制制度。尽管有这些控制，英国还是遭受了严重的汇率危机，经济表现糟糕。1979 年 10 月经济政策的大动荡中，所有的资本控制被一举废除，出于保持伦敦作为主要金融中心地位的愿望，英国开始了经济政策的重大调整。同年，英国废除了外汇管制，世界金融市场的迅速一体化，促使其他欧洲国家分析与思考管制的利弊。

成员国相继制定了取消其资本管制的政策。与英国不同的是，大多数欧盟成员国遵循一种渐进的方法，尽量减少投机性资本流动的潜在破坏性影响，这个过程被称为积极的渐进主义。成员国采取渐进主义的措施其目的在于确保正在放宽资本流动的成员国有旨在实现融合的支持政策。

自由化进程在 20 世纪 80 年代开始再次发展，由于欧盟各成员国普遍坚持了以稳定为导向的财政预算和货币政策，在资本自由化的过程中普遍获益。当欧洲关于货币统一的讨论获得一致通过后，资本自由化的步伐加快。1988 年，欧盟达成了一项指令，在特定的时间表内同意全面放开资本流动，这标志着各国政府已经有信心，它们可以应对开放资本账户的宏观金融挑战。1990 年 7 月 1 日，经济和货币联盟（EMU）的第一阶段开始时，八个成员国废除了资本限制，至 1994 年希腊取消资本限制，欧洲的资本流动自由化基本形成。

在 2017 年 3 月，当时任欧盟委员会主席容克在斯特拉斯堡的欧洲议会全体会议上发表国情咨文时，他用了相当多的时间来讨论非常有争议的外资安全审查的问题。容克指出：“我们不是天真的自由商人。欧洲必须始终捍卫其战略利益。这就是为什么我们今天提出了一个新的欧盟投资审查框架。如果一个外国的国有公司想要购买一个欧洲港口、我们的部分能源基础设施或国防技术公司，这只应在透明、审查和讨论中发生。了解我们自己国家发生的事情是一项政治责任，这样我们才能在必要时保护我们的集体安全。"[1] 该声明是欧盟内部激烈辩论的结果，欧盟及其成员国认为在外资自由化发展的过程中，一些外国直接投资不是以获取利润为目的，而是出于政治或者战略而非经济的目的进行投资。同年 2 月，德国、法国和意大利写信给欧盟委员会，对战略部门的一些侵略性投资表示关注，要求委员会调查这一问题。此外，欧洲议会也通过了一份关于该问题的倡议报告。这场辩论推动欧盟委员会公布了一项建议，即建立一个欧洲联合框架，以审查进入欧盟的外国直接投资。这也是美国、日本、加拿大、澳大利亚等其他国家正在讨论的议题，是国际大形势下各国共同面临的困惑与挑战。

（二）欧盟外商投资安全审查制度的立法沿革

2009 年 12 月 1 日《里斯本条约》生效，外商直接投资被纳入欧盟共同贸易政策的范围，但欧盟在此后并未采取进一步的实际措施。2017 年，德国、法国、意大利联名向欧盟委员会提出请求，要求将外商投资纳入欧盟审查范围。当年 9 月，欧盟委员会主席提交了"建立欧盟外资审查新框架"的提案，开启了欧盟建立外商直接投资审查制度的进程。2019 年 3 月 19 日，欧盟议会和欧洲理事会的第 2019/452 号条例通过了《欧盟外商直接投资审查条例》，

---

[1] Schill, Stephan W. "The European Union's foreign direct investment screening paradox: tightening inward investment control to further external investment liberalization." *Legal Issues of Economic Integration*, Vol. 46, No. 2, 105 – 128, 2019.

决定对外商直接投资实行欧盟层面的统一审查，该条例于2019年4月10日生效，并于2020年10月正式实施。

该条例并不旨在取代现有欧盟成员国国内外商投资审查制度，而是对其提出了一系列最低要求。例如，判断一项外商投资是否影响到国家安全或公共秩序时，应当考虑的因素至少包括：外商投资是否将对关键基建（如能源、交通、水务、通信、媒体等）、关键技术（如能源储存、人工智能、半导体、网络安全、核能技术等）、关键原材料供应（如能源、原材料、食品安全）、获取或控制包括个人数据在内的敏感信息以及媒体自由和多元化造成影响；投资者是不是第三国政府控制的实体，是否曾经涉及某一成员国国家安全或公共秩序活动，是否被认定为很可能参与非法活动。该条例的核心包括在欧盟成员国间建立一套信息共享、协同合作的机制，欧盟将编制一份年度报告，公开成员国向欧盟汇报的接收外商投资及审查的基本情况；接收外商投资的成员国应向欧盟和其他成员国提供相关投资的基本信息等，听取欧盟和其他成员国的意见，但仍将保留作出最终决策的权力。

欧盟外商直接投资安全审查制度正处于重要转变阶段。《条例》于2019年4月10日生效，并于2020年10月11日正式适用于各个欧盟成员国，标志着欧盟的外商直接投资安全审查正逐渐从成员国各自主导的审查方式发展为欧盟统一指导下的审查方式。在《条例》出台之前的很长一段时间内，欧盟采用以成员国为主导的审查方式，即各个成员国依据国内立法，对触及国内审查标准的投资活动实施审查，审查结果由成员国自主作出，成员国的国内立法相差甚远；而在欧盟层面，欧盟并未对成员国的国内审查立法与实践予以指导和干预，也未对外商直接投资制定和出台统一的审查制度。基于《欧洲联盟基础条约》对共同商业政策的权限划分，虽然欧盟在过去曾尝试在有限的主权财富基金和能源领域内制定规则，以保护这些领域不受外商直接投资活动的过度干扰，但是这些规则保护范围较小，且没有形成体系化的审查制度。

随着全球资本流动加速，大量外国资本的涌入，迫使各国对国内产业的发展，尤其是关乎国家根本利益的重要产业的发展施加更高强度的保护。美、澳等发达国家在近年来逐渐加大了外商直接投资安全审查力度，在审查范围、审查程序等方面均采取了更为严格的态度。在外部因素的影响以及欧盟内部一体化发展滞缓的现状下，制定欧盟层面统一的外商直接投资安全审查制度成为欧盟实现复苏、加强融合的必要举措。因此，在 2017 年，德国、法国与意大利对欧盟委员会提出提议，倡导建立统一的欧盟外商直接投资审查制度，欧盟委员会、欧洲议会和欧盟理事会迅速作出回应，将制定欧盟外商直接投资安全审查新立法作为欧盟优先立法事项之一。2017 年 9 月，欧盟委员会发布了《欧盟外商直接投资审查框架条例（草案）》，经过近两年的立法流程，《条例》于 2019 年正式出台。作为欧盟统一外商直接投资安全审查制度的初步尝试，《条例》并未直接否定和取代成员国已有的国内审查制度，反而在一定程度上吸收了主要成员国国内审查制度中的可取之处，并进一步完善和优化。

《条例》明确了欧盟外商直接投资安全审查制度的法律依据，根据欧盟在共同商业政策领域的专属权限，提出了欧盟立法的法律基础。

《条例》明确了欧盟外商直接投资安全审查制度的适用对象，详细规定了各方面考量因素，为保障成员国的安全与公共秩序免受外商直接投资的威胁，提供了有力的法律支持。另外，《条例》还明确了欧盟外商直接投资安全审查制度的适用方法，欧盟通过统一的审查制度为成员国提供指导，而审查的实际开展仍由各个成员国承担，保留了成员国对审查结果的最终决定权。尽管根据《条例》，成员国仍然享有较大的自主权，《条例》同时规定了成员国之间、成员国与欧盟委员会之间的一项合作机制，为其他成员国和欧盟委员会提供了发表建议和意见的途径，并要求接受外商直接投资的成员国对这些建议与意见予以适当考虑。而当一项外商直接投资涉及事关欧盟利益的项目或计划时，欧盟委员会则可以向接受该外商直接投资的成员国发布意见，要求成员国最大限度地考虑欧盟委员会的意见。在合作机制之外，《条例》同样规定了具体的审查考量因素，对成员国已有的国内审查制度的审查因素作出了一定的扩展与细化。因此，《条例》为成员国的审查活动提供了欧盟层面统一的法律依据，也加强了成员国与欧盟委员会的交流与协作。《条例》的出台在欧盟内外均产生了一定影响。在欧盟内部，根据《条例》的规定，欧盟成为成员国国内审查立法的引导者与欧盟审查合作的联结者。在欧盟的指引下，已建立国内审查制度的成员国对国内审查制度进行相应修订，尚未建立国内审查制度的成员国开始建立新的国内审查制度。在欧盟的督促下，成员国将合作机制作为国内审查制度的组成部分纳入其中，加强了欧盟对成员国审查行为的影响力。

此外，《条例》也对《欧洲联盟基础条约》下资本自由流动原则的例外以及欧盟与成员国在外商直接投资领域的权限划分等条款进行了具体适用，虽引起了部分成员国与学界的争议，但也进一步促进了欧盟对现有审查制度的反思。在欧盟外部，《条例》的出台进一步表明了全球经济较为发达的地区与国家对外资流入的关注，将会推动更多国家收紧与制定外商直接投资安全审查相关的法律与政策。而欧盟外商直接投资安全审查制度的紧缩对第三国投资者的直接投资活动提出了更高的要求，增加了第三国投资者赴欧盟投资的风险。同时，《条例》对欧盟审查制度作出的新修改，在一定程度上与成员国已达成的双边投资关系和双边投资协定产生了矛盾，导致双边投资关系的基础发生了改变，可能引发第三国对与欧盟成员国双边投资关系的重新思考。虽然《条例》改善了欧盟原先分散和差异化的审查状况，但是《条例》的条款尚有许多模糊与不明确之处。在未来，欧盟定会在《条例》的基础上不断补充与修订，作出更为具体的规定。在审查领域上，欧盟也将对关键领域予以更多关注，进一步完善审查适用范围。随着《条例》各项规则的落实，欧盟成员国的国内审查制度将逐渐趋于一致。但是，由于《条例》仅作出了框架性规定，并未向成员国施加强制性要求，欧盟想要真正统一欧盟外商直接投资安全审查制度，仍存在较大困难。

三、德国外商投资安全审查制度概述

二战后为大力发展经济，德国奉行开放的外国投资政策。长期以来，德国对外国投资的限制较少。德国外国投资涉及国家众多，行业众多。其中德国汽车制造等先进技术行业对外资吸引力较大，非欧盟国家投资者投资比重增加超过欧盟投资者。德国是世界制造业大国、强国，与中国也有着密切的贸易往来。中资企业对德企的收购持续升温，相继推动多个就投资行业和交易规模而言都极具意义的大型收购项目。例如，上海电气集团收购德国飞机制造设备和解决方案供应商 Broetje – Automation、美的集团收购德国智能自动化解决方案供应商 Kuka、中国化工集团公司收购德国塑料设备生产商 Krauss – MaffeiGroup、北控水务收购德国最大的垃圾焚烧发电运营商 EEW，这几个项目的交易金额都超过 10

亿欧元。据《德国世界报》统计，近几年，德国已经成为中国投资欧洲的优先选择。由于来自非欧盟的外商投资不断增多，德国对自身的外资环境以及外商投资政策开始反思；近年来德国修法频繁，不断严格外商投资审查的门槛，以保护国内尖端技术不被其他国家获得。

德国国家安全审查制度的发展较其他西方国家略晚，其制度内容主要在《德国对外经济法》和《德国对外经济法条例》中予以规定。虽然德国没有对国家安全审查制度进行单独立法，但是也形成了独具特色的国家安全审查制度，分别体现在其立法模式选择、审查机构设立、审查目的和对象、审查标准、审查程序和责任制度中。德国外商投资领域没有制定专门的外商投资法，1961 年由德国联邦议会通过的《德国对外经济法》（Außenwirtschaftsgesetz，AWG）及由联邦政府颁布的《德国对外经济条例》（Außenwirtschaftsverordnung，AWV）被认为是其外商投资活动最重要、最基本的法律依据。[1]

（一）德国安全审查法律制度立法沿革

2004 年《德国对外经济条例》是德国首次在立法中明确了关于国家安全审查的具体内容的修正案。其中第 52 条规定外国在投资德国特定领域和行业时，如果其获得的股份达到 25% 以上的话，必须要向相关的政府机构进行申报并获得批准。德国联邦政府于 2009 年通过《德国对外经济法》的修订，修改后的《德国对外经济法》支持对来自欧盟和欧洲自由贸易联盟以外的投资者进行审查，以确保德国的公共安全或秩序不受侵害；这次修订较为详细全面地规定了有关国家安全审查的内容，将限制扩大到所有的行

[1] 德国经商处：《德国〈对外经济法〉初析》，载中华人民共和国驻德意志联邦共和国大使馆经济商务处 http://de.mofcom.gov.cn/article/ztdy/200705/20070504636538.shtml。

业和企业，并首次明确了监管部门——德国联邦经济与能源部。德国联邦内阁会议于2017年7月12日通过了《德国对外经济法条例》的修订，这是几年来再度对该法进行修订，增加了许多新的内容并对原有的部分条款细化作出明确性规定，对德国外资并购国家安全审查体系作出了重大修改。2018年《德国对外经济条例》再次修改，进一步降低了外商投资审查的门槛，严格外资进入。新冠疫情暴发后，公共卫生领域在2020年以及2021年的修正案中被纳入德国外商投资审查的范围中。欧盟《条例》的颁布，也进一步影响着德国外商投资安全审查制度的修改，为落实欧盟《条例》的相关内容，2020年10月7日《德国对外经济法》修正案颁布，正式将欧盟《条例》涉及的审查标准、审查范围、审查要求纳入德国国内法，建立起与欧盟《条例》相统一的外商投资安全审查制度。

《德国对外经济法》与《德国对外经济条例》关于外商投资安全审查的规定，重点对涉及德国国家基本安全利益和德国公共秩序或安全的投资进行审查。[1] 外商投资安全审查制度主要针对的是收购德国国内企业以及直接或间接参与德国企业的行为。《德国对外经济法》明确审查机关为德国经济与能源部，其有权限制外商投资进入德国企业的股份，[2] 对涉及军事武器或人工智能技术的外

---

[1] 《德国对外经济法》第15条第2款规定，收购国内公司或直接或间接参与国内企业达成的法律业务，是否有审查权根据第4（1）（4）及第5（2）条与根据该条例制定的一项法律条例相结合进行判断。该审查权由经授权的联邦经济与能源部行使，经联邦政府同意后在某一期限内禁止投资。在整个审查程序结束之前，交易受到限制和约束，联邦经济与能源部在最后期限内可以予以禁止。

[2] 《德国对外经济法》第5条第2款规定，根据第4款第（1）项规定的限制或行动义务，可特别对非欧盟购买者收购国内公司或在这类公司中持有股份的行为作出规定。如果根据第4（1）条，德意志联邦共和国的公共秩序或安全因投资而受到威胁，这意味着存在着真正和足够严重的风险，影响到社会的根本利益。来自自由贸易联盟的非欧盟购买者与欧洲联盟的购买者是平等的。

商投资采取限制措施，❶ 同时，联邦政府拥有通过外商投资安全审查制度禁止外商投资案件的最终同意权。《德国对外经济条例》进一步明确了德国外商投资安全审查制度、审查期限等问题，规定了外商投资领域维护国家基本安全利益的审查❷和维护公共秩序或安全的审查。❸ 此外，《德国对外经济条例》对于投资者需要提交审查机关的审查材料也进行了规定。根据现行《德国对外经济法》及《德国对外经济条例》的规定，德国的外商投资安全审查制度为双层审查模式。从横向上看，根据审查的范围不同，审查适用的程序分为两种，一种是具体部门的外商投资安全审查制度，另一种是跨部门的外商投资安全审查制度；从纵向上看，审查程序分为两个阶段，第一阶段为初步审查投资项目是否存在威胁德国国家安全的可能，第二阶段全面审查投资项目是否影响德国国家安全。

（二）德国外商投资安全审查制度最新规定

德国近年来不断加大修法力度，针对外商直接投资审查的相关规定也不断变化，整体趋势日益严格。2020 年 5 月 20 日，德国内阁通过对《德国对外经济条例》的第 15 次修正案，该修正案于

---

❶ 《德国对外经济法》第 5 条第 3 款规定，为了确保德意志联邦共和国的基本安全利益，如果外国企业收购本国企业或外国人购买该企业的股份，则应特别施加第 4 条第 1 款第 1 节的限制或义务：1. 制造或开发战争武器或其他武器，或 2. 具有用于处理政府机密信息或 IT 安全功能组件的 IT 安全功能的产品已经制造或制造了此类产品的基本组件，并且在整个产品均已获得联邦信息安全办公室的批准后，仍具有该技术。如果收购导致德意志联邦共和国的安全利益或军事安全预防措施受到威胁，则尤其如此。

❷ 《德国对外经济条例》第 60 条第 1 款第 1 项规定，联邦经济与能源部可以对外国投资者达到第 60 条 a 意义上的收购或直接或间接参与德国企业是否对德国国家基本安全利益产生威胁进行审查。

❸ 《德国对外经济条例》第 55 条第 1 款规定，当非欧盟居民满足 56 条意义上的收购德国企业或直接或间接参与德国企业时，联邦经济和能源部可以审查是否威胁德意志联邦共和国的公共秩序或安全。

同年 6 月 3 日正式生效。本次修订的重点是将医药健康领域纳入外商投资并购的审查范围，具体而言是将疫苗和抗生素制造商、医疗防护设备制造商，以及用于治疗高度传染性疾病的医疗用品制造商列入与安全特别相关的公司名单中。外商收购这类公司或参股超过 20% 必须向审查机构申报。2020 年 10 月 7 日，德国内阁再次通过《德国对外经济条例》第 16 次修正案，该修正案于同年 10 月 29 日正式生效。根据修改内容可知，德国完成了在外资审查领域引入欧盟合作机制的准备工作，即把可能损害欧盟其他成员国公共秩序和安全的投资项目，以及与欧盟利益相关的项目全部都纳入审查范围。紧接着，2021 年 4 月 27 日，德国内阁通过《德国对外经济条例》第 17 次修正案，该修正案于当年 5 月 1 日正式实施。本次修订的重点是将高科技和未来技术纳入审查范围，包括人工智能、半导体、量子技术、航空航天技术等。值得注意的是，此次修法德国采用较为详细表达方式，将涉及各个技术领域的定义描述得非常具体，在一定程度上带来了更多的法律确定性。比如修正案明确如工业机器人或 3D 打印等某些安全敏感度较低的领域将不会成为投资审查重点，但使用金属或陶瓷材料的 3D 打印则又属于安全敏感度较高的领域。

除审查范围外，近期的修正案也对德国外商投资安全审查程序进行了修订，一是降低审查门槛，如果被投资企业属于涉及关键基础设施、关键技术的企业和有影响力的媒体企业，将审查门槛变为 10% 。二是统一审查时限，无论是跨部门审查还是具体部门审查，第一阶段的审查时限统一为 2 个月，第二阶段的审查时限统一为 4 个月。其中，在第二阶段如果个别案例存在困难，联邦经济与能源部可以将审查期间延长 2 至 3 个月；如果收购特别影响到德国的国防利益，而且联邦国防部在审查期限内向联邦经济与能源部声称存在这种情况，可以在延长 2 至 3 个月的基础上再延长 1 个月。在此之前，跨部门审查第一阶段的审查时限为 3 个月内，第二个阶段的审时限为 4 个月。

四、法国外商投资安全审查制度概述

法国外资安全审查制度主要体现为政府前置审批制度。外国企业在取得对法国“敏感”行业企业的控制权时，须遵守由法国经济、工业和信息部（Ministère de l’Économie，de l’Industrie et du Numérique）作为主要政府监管部门所设定的前置审批程序。法国是中国投资“走出去”的重要市场和战略伙伴。近年来，随着“一带一路”倡议的提出，中法两国的合作日益紧密，在核能、航空、航天等传统战略性合作领域以及农业一体化、数字化、医药卫生、绿色发展、人工智能等新兴领域，两国间的合作不断深化，中国企业在法国的投资也不断增加，两国形成了互利共赢的良好发展局面。因此，对法国的安全审查制度的分析与研究，对于两国的持续合作与发展，有着重要的作用。

（一）法国外商投资安全审查制度立法沿革

法国一直都有“经济爱国主义”传统。2005 年市场传言美国百事集团（PepsiCo）意图支付 300 亿欧元要约收购法国食品业巨头达能（Danone），在法国引起轩然大波，遭到法国各界坚决反对。当时法国各大媒体争相报道，要求法国政府禁止外国投资者收购民族企业。法国最具影响力的报纸之一《费加罗报》（lefigaro）甚至把来自美国的收购方形容为“食人恶魔”。[1] 时任法国总理多米尼

[1] Thomas Fuller，French fear eye of ‘ogre’ is on Danone，The NewYork Times，https://www.nytimes.com/2005/07/21/business/worldbusiness/french-fear-eye-of-ogre-is-on-danone.html.

克·德维尔潘（Dominique de Villepin）表示，达能是法国食品行业的明珠之一，要坚持“经济爱国主义”，捍卫法国的利益。时任法国总统雅克希拉克（Jacques René Chirac）表示，政府特别警惕此次收购行为，并在必要时保卫达能公司。法国领导人明确表示将极力阻止此次收购，让这宗看似普通的跨国收购上升到了保护法国民族工业和国家尊严的高度。2014 年美国通用电气（GE）集团向当时法国最大工业企业阿尔斯通（Alstom）发出价值 130 亿美元的要约，意图收购阿尔斯通的能源业务。此举最初遭到法国奥朗德（François Hollande）政府的强烈反对，时任法国经济部长蒙特布尔（Aranud Montebourg）不惜颁布政令将与国家安全和公共秩序密切相关的基础设施和相关产品及服务，包括电力、天然气、石油以及其他能源供应，涵盖到外商直接投资安全审查的敏感行业范围中，来阻止该项交易。由此可知，法国各界对外商投资收购法国重点企业和民族品牌是极为敏感的。经济爱国主义、古典重商主义（Mercantilism classique）、经济民族主义（Economic nationalism）和保护主义等理论都具备类似的特征。帕斯沃尔斯基（Leo Pasvolsky）在 1928 年的《多瑙河流域国家的经济民族主义》（Economic Nationalism of the Danubian States）一文中首次提出“经济民族主义”理论。所谓的经济民族主义是旨在巩固二战后年轻国家的发展政策，使它们的经济和新兴工业不受来自外部的竞争的影响。二战后，冷战格局对西方世界的主导地位提出挑战，迫使各国重新审视强国力量对比关系。自 20 世纪末以来，不同国家的相对力量都在实时转换。很多国家在敌对态度（强国对手）与和解态度（强国伙伴）之间不断转换。有学者提出，国家在这种充满不确定性的背景下对外资进行适当的干预具备正当性。

法国国内法作为法国外资准入制度的法律渊源之一，包括法律、政令、政府决议、判例和学说，具体表现为《法国货币与金融法》（Code monétaire et financier）、《法国商法典》、法国政府颁布的一系列政令和对于外国投资者进入法国的法律规制，建立在《法国货币与金融法》第 L151－1 条及后续条款和第 R153－1 条及后续条款的基础上。具体来说，2004 年 12 月 9 日颁布的第 2004－1343 号法律，在《法国货币与金融法》中增加了有关战略性行业的外国投资规定。明确规定法国经济部部长根据事先审批的要求，有权拒绝外国投资者对法国被视为具有战略性的行业的投资。自 2005 年起，政府根据《法国货币与金融法》的授权，出台了一系列政府政令，对外商投资敏感行业实行事先审批制度。2005 年 12 月 30 日的第 2005－1739 号政令区分了欧盟内外国投资者和欧盟外第三国投资者。根据该政令，外国投资者如果对规定的 11 个战略性行业进行投资，需要事先由经济部审查和批准。2012 年 5 月 7 日，法国政府出台了第二个政令。2012 年政令在原来 2005 年政令的基础上，拓宽了对“外国投资者”的定义，并取消了对其中一个战略性行业的事先审批。2014 年 5 月 14 日，法国政府颁布第三个政令，进一步拓宽了此前战略性行业的范围。2017 年 5 月 10 日第 2017－932 号政令为企业提供了简化措施，在简化申报机制的同时加强了事先审批机制。2018 年 11 月 29 日颁布的第 2018－1057 号政令扩大了外资事先审批程序所涵盖的行业领域，以便更好地保护“未来部门”，主要是对维护国家利益，如公共秩序、公共安全或国家安全等，以及保护至关重要的新经济行业，特别是针对人工智能和机器人技术。同时，该法令对拒绝外国投资的理由作了补充，并赋予投资目标企业以咨询权。另外，在2019年5月22日第2019-486号《法国企业发展与转型法》第四部分“保护我们的战略性企业”中，赋予了经济部长在外国投资准入阶段的新权力。

（二）法国外商投资安全审查制度最新规定

近年来，全球经济格局不断变化，法国认为自身和欧盟现有的工业战略和监管政策已经无法应对来自别国的竞争，本国企业正在丧失国际竞争力，必须要采取措施保护优势产业和民族工业。依据《新工业法国》以及《德法共同产业政策宣言》可知，法国已经意识到本国及欧盟科技和工业的领先优势不再明显，特别是当前许多新技术和新商业模式是颠覆性的，如果欧洲没有抓住机遇，那么将彻底失去国际竞争力。欧洲已经在多个新兴产业中落后于美国等国家，有被边缘化的风险。《德法共同产业政策宣言》直言欧盟应该重新审视并修改基于公平竞争原则下的竞争法以及反垄断法，给予重点行业财政补贴、鼓励欧盟企业进行合并，重新评估外国企业，特别是别国企业对欧洲初创企业的收购行为。2020年1月，法国又将投资敏感行业需经政府审查的外资持股比例门槛由原定的33%下调至25%。2020年4月，法国又将此门槛进一步降低至10%。

法国规定若投资者来自欧盟和欧洲经济区（EEA），则审查限于收购总部位于法国的公司控制权。截至2021年3月，法国经济与财政部数据显示，2019年和2020年法国对境内外资收购项目审查的数量增加近50%。2020年，法国外国直接投资虽相较上一年度下降13%，但被审查的收购项目数量比上一年增加27%，审查项目数量已达275宗，明显多于其他欧洲国家。2020年12月18日，法国经济与财政部以涉及航空、军工等领域可能威胁法国国家安全为由，正式否决了美国大型工业集团泰莱达科技有限公司（以下简称美国泰莱达公司）对法国光子科技集团公司（以下简称法国光子公司）的收购案，紧接着又否决了加拿大零售公司库什塔德食品集团公司（以下简称加拿大库什塔德公司）针对法国连锁超市品牌家乐福集团公司的收购案。

CHAPTER 02 >>

第二章

美国外商投资安全审查制度的研究

美国作为当今世界上经济实力最强的国家，2021年GDP总额达到23万亿美元，全年GDP增速达到5.7%。美国近年来经济保持平稳增长离不开其国内资本的全球推进和外国资本的大量涌入。美国既是世界上最大的外国直接投资国，也是最大的外国直接投资（Foreign direct investment，FDI）受益国。与每个主权国家一样，美国一直在寻求通过保护国家安全利益来缓和对开放市场的接纳。美国历来重视国家安全，随着国内外发展形势的变化，其国家安全战略的范畴从最初传统意义内容逐渐扩展到经济、环境、恐怖主义等领域。要实现国家利益与国家安全之间的平衡，就意味着要对美国经济中具有战略敏感性的领域设置一定的投资限制。

第一节　美国外商投资安全审查制度的研究基础

美国外国投资委员会成立于1975年，负责审查外国实体对美国公司可能损害国家安全的收购。最近一些引人注目的外国投资活动遭到安全审查的阻碍，包括中国字节跳动子公司TikTok并购案引发的争议，以及美国国会屡屡对中国企业的正常商业行为进行政治化解读，这些都让一些人认为美国的国家安全审查制度有泛化倾向。因此，对美国的国家安全审查政策进行审视与研究，无论理论与实践层面都有重要意义。

一、国内外研究动态

国内对美国的外国投资国家安全审查制度的研究始于21世纪初。随着我国"走出去"战略的发展，国内对外国投资安全审查制度开始持续关注，相关的研究逐步展开。

（一）国内研究动态

国内对美国安全审查机制的研究起步较早，主要集中在对其整体性机制的研究，随后进一步深入探讨美国安全审查机制的具体细节，有很多学者从企业视角分析研究该制度；此外，也有很多从跨学科的视角进行研究的相关成果。

1. 美国外商投资安全审查制度的整体性研究

黄进与张爱民的《在美国的收买投资与国家安全审查》[1]一文

---

[1] 黄进、张爱明："在美国的收买投资与国家安全审查"，载《法学评论》1991年第5期，第48－52页。

是目前可以查找到的最早介绍与研究美国安全审查制度的文章。该文章对国际并购中可能遭遇美国安全审查制度的不同情况进行梳理分析，是该领域的开拓性研究。邵沙平的《美国外资并购国家安全审查制度探析——兼论中国外资并购国家安全审查制度的构建》❶一文是分析美国外资并购国家安全审查制度的重要研究成果，在对美国相关制度分析的基础上，提出了构建中国外资并购国家安全审查制度的立法建议。孙效敏在《论美国外资并购安全审查制度变迁》❷一文中，梳理了美国外资并购安全审查的制度变迁，为其后的研究奠定了基础。此外，王小琼在《西方国家外资并购国家安全审查制度的最新发展及其启示——兼论开放经济条件下我国外资并购安全审查制度的构建》❸一书在分析美国及其他西方代表性国家外资并购国家安全审查制度最新发展的基础上，对中国外资并购国家安全审查制度的建构提出了一些建议。韩龙在《美国对外资并购的国家安全审查制度：中国之借鉴》❹一文中，主要针对《埃克森－弗罗里奥修正案》（Exon－florio Amendment）进行研究，并较早提出中国借鉴的具体思路。杨鸿在《美国外资国家安全审查制度的最新改革：对我国影响的评估及其应对》❺一文中对美国外资国家安全审查制度的相关发展以及2007年《美国外

❶ 邵沙平、王小承："美国外资并购国家安全审查制度探析——兼论中国外资并购国家安全审查制度的构建"，载《法学家》2008年第3期，第154－160页。

❷ 孙效敏："论美国外资并购安全审查制度变迁"，载《国际观察》2009年第3期，第65－72页。

❸ 王小琼：《西方国家外资并购国家安全审查制度最新发展及其启示》，湖北人民出版社2010年版。

❹ 韩龙："美国对外资并购的国家安全审查制度：中国之借鉴"，载《江海学刊》2007年第4期，第133－138页。

❺ 杨鸿："美国外资国家安全审查制度的最新改革：对我国影响的评估及其应对"，载《江淮论坛》2009年第5期，第118－124页。

国投资与国家安全法》中的修改内容进行了部分介绍，部分列举了美国外商投资安全审查制度的最新改革对我国赴美投资企业可能带来的不利影响。贺丹的《企业海外并购的国家安全审查风险及其法律对策》❶一文则从企业的视角，分析了在海外并购的过程中可能遭遇的国家安全审查风险，并提出通过不同的法律手段维护自身利益的办法。在近期的研究中，李巍、赵莉的《美国外资审查制度的变迁及其对中国的影响》一文则重点分析了美国前总统特朗普上台之后，对美国国家安全审查政策的加强，并认为中国应该积极寻求应对措施。同样，李锋在《美国外国投资安全审查制度发展态势》一文中，也对美国安全审查制度的最新发展趋势给予分析，对其可能产生的影响进行了预测。

2. 美国外商投资审查具体内容的分析研究

在对美国的安全审查制度中，早期文献多从整体视角进行分析，随着研究的深入，渐渐出现对美国安全审查制度中具体法律条款、执行情况、审查流程等内容的分析与研究。王小琼、何焰在《美国外资并购国家安全审查立法的新发展及其启示——兼论〈中华人民共和国反垄断法〉第 31 条的实施》中对美国安全审查实施细则草案的内容进行分析，对于实施细则降低安全审查过程中的模糊性，提高透明度等作用作出总结，并对中国的类似条款的改进提出相应观点。刘禹在《主权财富基金“去政治化”监管的困境与路径——以美国国家安全审查对国有实体投资监管为视角》❷一文中立足主权财富基金，重点分析了主权财富基金在国际

---

❶ 贺丹：“企业海外并购的国家安全审查风险及其法律对策”，载《法学论坛》2012 年第 2 期，第 48－55 页。

❷ 刘禹：“主权财富基金‘去政治化’监管的困境与路径——以美国国家安全审查对国有实体投资监管为视角”，载《北方法学》2020 年第 3 期，第 99－110 页。

投资中“去政治化”的过程，对我国主权财富基金的规范具有启示。沈梦溪在《美国投资安全审查中的“国家偏见”：现状、历史和趋势》一文中重点研究了美国国家安全审查中可能存在的“国家偏见”现象，面对美国国家安全审查越来越针对中国的现状，进行了分析与回应。此外，张怀岭的《美欧强化外资安全审查及其影响》[1] 以及《对等视阈下外资安全审查的建构逻辑与制度实现》[2]，从不同角度仔细分析了美国及欧盟的外资安全审查制度的强化趋势，并对我国的安全审查制度构建提出意见。甘培忠、王丹的文章《“国家安全”的审查标准研究——基于外国直接投资市场准入视角》则对“国家安全”的模糊性概念进行分析，力图从行业范围和影响程度两个维度进行研究。

3. 外商投资法律风险类别的研究

美国外资安全审查导致企业对外投资过程中可能面临一定的法律风险，随着安全审查制度的不断复杂化，企业面对的法律问题也越来越多，形成一个复杂的内容体系，很多学者通过不同的角度及方法对企业并购活动中面临的安全审查法律风险进行研究。屠新泉、周金凯[3]在其文章《美国国家安全审查制度对中国国有企业在美投资的影响及对策分析》中提到，中国国有企业在美国投资中遭遇大量安全审查，并从政府和企业层面给出对策建议。赵海乐在《论外资并购国家安全审查中的投资者保护缺失——以三

---

[1] 张怀岭：“美欧强化外资安全审查及其影响”，载《国际问题研究》2019 年第 5 期，第 65－85 页。

[2] 张怀岭、邵和平：“对等视阈下外资安全审查的建构逻辑与制度实现”，载《社会科学》2021 年第 3 期，第 40－52 页。

[3] 徐振东：“跨国并购的风险及其控制的主要途径”，载《中国工业经济》2000 年第 5 期，第 16－19 页。

一集团诉奥巴马案为视角》[1]一文中，具体分析了三一集团在遭遇美国安全审查后提起诉讼的过程，并对该案件所反映出的投资者保护缺失现象进行研究，认为这是安全审查中的“固有缺陷”。同样的，杜仲霞在《美国外资并购国家安全审查制度及对我国的启示——兼评三一重工、华为在美投资并购受阻案》[2]中，也对我国企业在美国安全审查中受阻的重要案件进行分析，并认为这种企业所面临的法律风险已经渐渐成为一种投资贸易壁垒。

4. 跨学科的视角

国家安全审查制度在政治学、经济与管理科学等领域也备受关注，从法学以外的跨学科视角进行分析，可以更全面地了解安全审查制度的来龙去脉。连增等人的文章《特朗普政府投资领域国家安全审查制度的新变化及其趋势解析》[3]主要分析在美国前任总统特朗普执政时期，国家安全壁垒扩大化，外资安全审查越发严格，贸易保护主义抬头等现象。王碧珺、肖河的《哪些中国对外直接投资更容易遭受政治阻力?》[4]一文分析了从2005年到2015年的22个因为东道国政治因素而受阻的中国对外直接投资案例，并分析了中国企业对外投资遭受政治阻力的原因。

（二）国外研究现状及动态

国外对外国投资国家安全审查制度的研究主要集中在国家安

---

[1] 赵海乐：“论外资并购国家安全审查中的投资者保护缺失——以三一集团诉奥巴马案为视角”，载《现代法学》2015年第4期，第139－147页。

[2] 杜仲霞：“美国外资并购国家安全审查制度及对我国的启示——兼评三一重工、华为在美投资并购受阻案”，载《现代经济探讨》2013年第3期，第74－78页。

[3] 连增、王颖、孙文莉：“特朗普政府投资领域国家安全审查制度的新变化及其趋势解析”，载《国际论坛》2019年第2期，112－124页。

[4] 王碧珺、肖河：“哪些中国对外直接投资更容易遭受政治阻力?”，载《世界经济与政治》2017年第4期，第106－128页。

全层面、外国直接投资对美国带来的影响，以及相关法律修订的背景和内容。

1. 从国家安全层面研究

国外学者对于国家安全研究十分重视，大量相关的论文与专著从不同的角度进行分析与研究，形成较为充分的国家安全研究体系。萨姆·萨克伊西恩，约翰·威廉姆斯，史蒂芬·辛巴拉合著的[1]专著系统性地分析了美国国家安全的概念、政策制定流程以及背后的政治倾向，是国外较系统地关注国家安全层面相关问题的专著。爱德华·格莱汉姆所著的《美国国家安全和外国直接投资》[2] 则将国家安全与外国直接投资相关联起来，他认为虽然外国直接投资（FDI）是美国经济的重要组成部分，但在美国的外国直接投资会定期引起公众和国会的警觉，并对迪拜港口世界公司竞标收购美国港口业务以及中海油试图收购美国能源公司优尼科的案例进行分析。这本著作提出加强当前机构间交易审查的方法，包括改进向国会报告的流程，以改善美国国家安全审查的现状。外国对国家安全层面较新的研究实践包括本顿·贺斯的《国家安全对经济秩序的新挑战》[3]，文章分析了全新的国家安全挑战，并考虑了其对经济秩序改革的影响。它表明，21 世纪国家安全政策的扩张破坏了我们现有的将安全措施与普通经济监管分开的模式。它认为，当前需要的是一种将经济秩序与国家安全状态重新整合

---

[1] Sarkesian, Sam Charles, John Allen Williams, and Stephen J. Cimbala. *US national security: policymakers, processes, and politics.* Boulder: Lynne Rienner Publishers, 2008.

[2] Hasnat, Baban. "US National Security and Foreign Direct Investment." *Thunderbird International Business Review*, Vol. 57, No. 3, 185 – 196, 2015.

[3] HEATH J B. "The New National Security Challenge to the Economic Order", *Yale Law Journal*, No. 4, 1020, 2019.

的新模式。此外，在安东尼·范杜泽与帕特里克·李伯朗❶编著的《促进和管理国际投资》一书中，从国家安全和国际投资政策的政治经济学视角出发，考察了世界各国政府越来越关注国际投资可能对其国家安全产生的影响的趋势。

2. 美国外商投资安全审查制度研究

美国外国投资委员会（Committee on Foreign Investment in the United States，CFIUS）是美国联邦政府的一个多部门联合执法的委员会，其职能为审查一切关乎美国国家安全的外国对美投资。因此，关于美国国家安全审查的制度性研究，很多都围绕该机构展开。西奥多·莫兰所著的《三种威胁：外国投资委员会流程的分析框架》❷是比较早对外国投资委员会相关问题进行研究的专著，作者从三类可能构成合法国家安全威胁的外国对美国公司的收购进行分析，第一种是对美国经济的运作至关重要的供应商的收购；第二种是可能以损害美国国家利益的方式转让关键技术及知识产权的收购；第三种则是可能渗透、监视或破坏关键经济领域的收购。威斯特·布鲁克的文章❸分析了外国投资委员会对企业并购安全审查的制度性演变，克里斯托弗·迪普勒的文章❹则主要对"国家安全"的定义进行分析，试图解决法规中的歧义。此外，很多文章集中分

---

❶ Van Duzer, J. Anthony, and Patrick Leblond, eds. *Promoting and Managing International Investment: Towards an Integrated Policy Approach*. Routledge, 2020.

❷ Moran, Theodore. *Three Threats: An Analytical Framework for the CFIUS Process*. Peterson Institute for International Economics, 2009.

❸ Westbrook, Amy Deen. "Securing the Nation or Entrenching the Board: The Evolution of CFIUS Review of Corporate Acquisitions." *Marquette Law Review*, Vol. 102, No. 3, 643, 2019.

❹ Tipler C M. Defining National Security. "Resolving Ambiguity in the CFIUS Regulations", *University of Pennsylvania Journal of International Law*, Vol. 35, 1223, 2013.

析外国投资委员会的改革及现代化转型的问题，对外国投资委员会及国家安全审查制度的演变提供学界建议，如格奥尔·基耶夫的文章❶分析了外国投资委员会通过改革，在持续对外商投资开放与国家安全之间试图寻求平衡。而赫斯·塔伯特❷的文章则分析了《现代化法案》是什么以及它的法律作用，并分析了《现代化法案》的出台将在未来几年给外国投资委员会带来的独特挑战。文章特别强调了与美国其他政府机构并行工作的复杂性、“大数据”的兴起以及加强与美国盟友合作的必要性。

3. 从跨国公司的角度研究

20 世纪 70 年代，随着跨国公司在全球的扩张和对主权国家监管带来的挑战，国家与市场的关系成为一个热门话题。雷蒙德·维诺❸较早对美国的跨国企业进行研究，探讨了美国跨国企业在全球扩张的过程中所面临的政治、经济和社会挑战。文章指出，美国跨国企业的规模和影响力已经超过了许多主权国家，引发了各种各样的反应和抵制，包括民族主义、保护主义、管制和征税等。文章认为，美国跨国企业需要适应不同的环境和利益相关者，建立更加灵活和协调的管理体系，以及与其他跨国企业和政府进行合作和沟通，以维护自身的利益和声誉。

在此之后，学者不断从各种角度分析跨国企业与国家主权之

---

❶ Georgiev G S. “The reformed CFIUS regulatory framework: mediating between continued openness to foreign investment and national security” . *Yale Journal on Regulation*, Vol. 25, 125, 2008.

❷ Tarbert H P. “Modernizing CFIUS”, *George Washington Law Review*, Vol. 88, 1477, 2020.

❸ Vernon R. “Sovereignty at bay: The multinational spread of US enterprises”, *The International Executive*, Vol. 13, No. 4, 1 -3, 1972.

间的关系，如塔妮亚·冯翁的文章❶从国际法的视角，探讨跨国企业与国家主权之间的关系和冲突。文章分析了主权的概念和演变，以及不同的主权理论对跨国企业的规制和责任的影响。文章认为，跨国企业并没有削弱或取代国家主权，而是与之相互作用和影响。随后的研究中，辛西娅·华莱士的著作❷分析了跨国企业在全球化经济中所面临的法律挑战和机遇，以及东道国如何通过不同的法律手段来保护其主权和利益。这本书从不同领域，如投资、贸易、税收、环境、劳工、人权等领域进行分析，并提出了一些改进现有法律框架和促进国际合作的建议。

从以上研究成果来看，目前的专著大多是从美国的角度来分析，从制度层面来分析和论述。从微观层面，尤其是外国投资企业的角度来进行研究的专著相对较少，这也是今后研究应该关注的方向。

二、整体机制分析研究

美国是世界上第一个以国家安全为由建立审查外国投资的全面监管框架的国家。❸

1975 年，时任美国总统福特通过一项行政命令正式成立了美国外国投资委员会，该委员会成为美国主管外国在美投资国家安全审查的机构。这个机构最初由 9 位内阁成员、2 名无投票权的成员和其他由总统委任的成员组成，由财政部主导并由财政部长担

---

❶ Voon T. “Multinational enterprises and state sovereignty under international law”, *TheAdelaide Law Review*, Vol. 21, No. 2, 219 –252, 1999.

❷ Wallace, Cynthia Day. *The multinational enterprise and legal control: host state sovereignty in an era of economic globalization*. BRILL, 2021.

❸ Masters, Jonathan, and James McBride. “Foreign Investment and US National Security.”, *Council on Foreign Relations* (2018).

任主席。外国投资委员会受权审查涉及外国在美投资的某些交易，以确定此类交易对美国国家安全的影响，尤其是涉及关键技术和关键性基础设施的交易。

美国成立外国投资委员会的最初目的是安抚国会对当时石油输出国组织（Organization of the Petroleum Exporting Countries, OPEC）对美投资增长过快、持有大量美国资产的担忧。20 世纪 80 年代后，外国投资委员会先后经历三次重要改革：第一次是在 1988 年，由于日本富士通公司拟收购美国仙童公司引发国会对国家安全的担忧，因此通过《埃克森 - 弗罗里奥修正案》（Exon - Florio Amendment），赋予了总统阻止或解除一项外国收购的权力，前提是有可信的证据表明，取得控制权的外国利益所采取的行动可能会威胁到国家安全。[1] 1990 年，时任美国总统布什运用这项权力否决了中国航空技术进出口公司收购美国西雅图飞机零部件制造商曼口公司。第二次是 1992 年，根据参议员罗伯特·伯德（Robert Byrd）提出的修正案，形成了《伯德修正案》（Byrd Amendment）。该修正案增加了外国投资委员会的审查标准，凡是属于下列情况必须接受国家安全审查：一是收购方由外国政府控制或代表外国政府行事，二是收购可能导致在美国从事州级贸易的个人受到外国政府控制。新增的两项标准使得外国国有企业或者受外国政府影响的企业进行投资并购活动变得困难。第三次是在 2007 年，美国颁布了《美国外国投资与国家安全法》（Foreign Investment and National Security Act of 2007, FINSA）及其实施细则，该法案解决了自 2005 年以来备受关注的许多问题：它规定了具体交易和一般国会通知的要求，建立了规定如何撤销提交给外

---

[1] Greidinger M. "The Exon - Florio amendment: A solution in search of a problem", *American University International Law Review*, Vol. 6, 111, 1990.

国投资委员会的申请的规则，并较为明确地规定了美国关键资产的含义。更广泛地说，该法案为审查和正式调查交易制定了更严格的规则，特别是那些涉及外国政府或关键基础设施资产的交易。它还要求高层参与各种必要的认证和报告，限制机构的授权。总的来说，该法案的规定传达了国会希望外国投资委员会机构在未来审查中秉持严肃态度。2018 年，美国出台《现代化法案》，进一步强化外国投资委员会的职能，使美国外商投资安全审查的范围前所未有地扩大。

具体来说，美国外国投资委员会重点关注三类潜在的国家安全威胁：第一，对美国经济至关重要的某些商品或服务提供商是否可能在外国控制之下；第二，外国投资过程中是否可能存在技术或专业知识的泄露；第三，防止海外并购过程被外国利用以渗透、监视和蓄意破坏美国的经济安全。在确定相关交易过程中是否存在这三类威胁时，还需要考虑行业集中度、行业垄断、其他国家类似行业的开放程度等情况。美国的国家安全审查制度被一些学者认为在国家安全保护和投资自由化之间达到一个相对较好的平衡，这也解释了为什么美国安全审查制度被视为一个制度范本，而且事实上已经为世界上许多国家所移植。❶ 尽管美国安全审查制度结构复杂，程序详细，但在实践中也遭遇了相当多的批评。对美国外国投资委员会程序最常见的指责是其审查过程的不透明以及过度政治化的倾向。

三、发展趋势分析研究

新冠疫情的蔓延影响了外国直接投资的国际流动，且持续对

---

❶ Masters, Jonathan, and James McBride. "Foreign Investment and US National Security.", *Council on Foreign Relations* (2018).

国际产业链造成影响，产业回流、产业链转移等现象不断涌现。大流行病之后的经济衰退也使许多企业的海外投资步伐减缓，而伴随着流行病的发展趋势，多国纷纷强化对外国投资的审查和限制，其中2020年2月正式生效的《美国外国投资风险审查现代化法案》实施条例尤为引人注目，该法案对西方国家的相关立法产生了一定的示范和带动效应。此外，近些年，随着数字经济的迅速发展，数据呈现爆发式增长，对经济发展、社会治理、公众生活都产生重要影响，数据安全成为国家安全中的重要内容。美国近年来在外国投资安全审查制度改革中重点关注了数据安全问题，并进行了针对性的制度构建。

（一）美国外商投资安全审查领域持续扩大

2018年《现代化法案》对外国投资委员会的程序进行了重大改革，增加了需接受外国投资委员会审查的新交易类型。外国投资委员会原来的安全审查权仅仅局限在外国投资是否可能控制美国企业的审查，《现代化法案》的颁布将该委员会的管辖权进一步扩大，对于外国投资者在关键性基础设施建设、关键技术、敏感行业的非控制性投资也在审查之列。也就是说，在委员会认定的关键基础设施建设、关键技术或是敏感信息产业中的投资或者并购的行为均有可能受到外国投资委员的审查，例如，若外国投资者在上述领域获得企业董事席位或者参与企业决策均有被安全审查的可能性。该法案还进一步规定，对与关键性基础设施建设相关上下游企业的投资并购也在审查范围内；对与关键性技术行业相关外围行业的投资也在审查范围内，由此大大扩充了审查对象和管辖范围。

2022年9月15日，美国现任总统拜登签署了一份《确保美国外国投资委员会对不断变化的国家安全风险进行强有力审查的行政令》

(Executive Order on Ensuring Robust Consideration of Evolving National Security Risks by the Committee on Foreign Investment in the United States，以下简称《行政令》)，就美国外国投资委员会（CFIUS）在评估外国投资风险时应考虑的国家安全因素作出正式指示。该行政令指出五组可对美国国家安全构成风险的具体因素：（1）供应链弹性；（2）美国的技术领导地位；（3）产业投资趋势；（4）网络安全风险；（5）美国个人敏感数据的风险。[1] 外国投资委员会随后公布了《外国投资委员会执法和处罚指南》。该指南虽然没有强制约束力，但可以看到美国国家安全审查不断扩张的管辖范围。

（二）美国外商投资安全审查程序的持续改革

美国的国家安全审查制度在《现代化法案》之后，不断进行改革，其程序也更加复杂，申报要求也更加严格。首先，首次增加了“强制申报”要求。对具有“实质性”外国政府利益的投资者提出强制申报的要求。具体来说，第一，外国政府在交易中直接或间接获得“重大利益”的，即外国投资者在美企业中直接或间接拥有 25% 或以上的表决权，且外国政府直接或间接拥有该外国投资者 49% 或以上的表决权的情况；第二，投资“外国投资委员会关键技术试点计划”范围内业务的美国企业，包括核能发电、半导体制造和生物技术等敏感领域的设计、研发和制造企业需要进行强制申报。此外，目前，外国投资委员会有权规定某项“受监管交易的类型”需要进行强制简化申报，或称为“声明”，这是

---

[1] The White House，FACT SHEET：President Biden Signs Executive Order to Ensure Robust Reviews of Evolving National Security Risks by the Committee on Foreign Investment in the United States，https://www.whitehouse.gov/briefing-room/statements-releases/2022/09/15/fact-sheet-president-biden-signs-executive-order-to-ensure-robust-reviews-of-evolving-national-security-risks-by-the-committee-on-foreign-investment-in-the-united-states/，2022.09.15.

《现代化法案》规定的一种新的申报流程，在实施细则出台后正式施行。其中，《现代化法案》明确规定了，当外国政府在某一外国投资者中持有直接或者间接“实质性利益”（具体将由外国投资委员会定义），该投资者对于受监管交易进行的非控制性投资，必须进行上述强制简化申报（声明）。该规定可能使国家控制的养老基金、财富基金或是由政府持有少数股权的公司受到强制申报条款的约束。❶

此外，美国外国投资委员会的最初审查期从 30 天延长至 45 天，随后的常规调查期为 45 天。《现代化法案》还授权外国投资委员会可以在“特殊情况下”延长一次期限，延长期限为 15 天，并给予美国外国投资委员会更多时间用于审查。在审查费用方面，美国外国投资委员会被授权收取被审查投资项目交易额 1% 的申请费，上限为 30 万美元。在罚款方面，它明确了美国外国投资委员会可以对违反投资审查要求的各方处以罚款，如对申报材料中的重大遗漏、错误或虚假陈述处以最高 25 万美元的民事罚款，对未遵守强制性申报程序处以最高 25 万美元或同等交易额的民事罚款。

大多数受外国投资委员会管辖的交易并不触发强制申报，这意味着各方可以选择是否自愿通知外国投资委员会。不自愿申报的风险在于，如果外国投资委员会随后了解到该交易，则可能会要求采取缓解措施或建议撤资以解决国家安全问题。在投资或并购行为之后，交易双方并没有任何合同保护措施来应对这种事后审查的行为。随着美国国家安全审查的不断发展，这已成为一个更重要的风险考虑因素，潜在的敏感交易越来越难以在不申报的情况下“平稳过渡”。例如，数据收集在十年前一般不被认为是国

❶ 刘禹：“主权财富基金去政治化监管的困境与路径——以美国国家安全审查对国有实体投资监管为视角”，载《北方法学》2020 年第 3 期，第 99－110 页。

家安全问题，但考虑到目前数据对广泛的行业产生重要影响，这已经成为美国外国投资委员会经常关注的领域，包括对已完成的交易进行审查。[1]

美国外国投资委员会也一直在通过申报来批准更多的交易。近年来，由美国外国投资委员会批准的申报比例有了大幅提高。在2020年，通过申报通知的案件中约有64%被美国外国投资委员会批准，这比2019年大幅增加，当时约有37%的申报案件获得美国外国投资委员会的批准。与2019年约28%的数值相比，对申报进行评估后的通知要求在2020年也下降到约22%的案件。总的来说，决定是通过申报还是通知来通告一项交易已经成为外国投资委员会战略规划中的一个关键问题，必须权衡各种因素，包括交易的复杂性和潜在的敏感性以及时间上的考虑。对于某些交易来说，这种改变也为投资者提供了弹性选择的空间，申报可以提供一种潜在的廉价而有效的方式来快速完成美国外国投资委员会的程序，但对于其他交易来说，最初以通知的方式申报可能更有效率。

（三）对供应链安全的关注

由于全球新冠疫情的影响，美国更加关注供应链安全问题。上文所说拜登总统签署的《行政令》中，明确指出，美国供应链安全应成为外国投资委员会在国防、军事背景下的审查重点，包括微电子、人工智能、生物技术和生物制造、量子计算、清洁能源、关键材料等部门均在安全审查的范围之内。因此，根据上述《行政令》的规定，任何与美国供应链安全有关的行业都可以被认

---

[1] Rose, Paul. "FIRRMA and national security." *Ohio State Public Law Working Paper* 452, 2018.

为存在国家安全问题，外国投资委员会的审查范围也将进一步扩大。

具体来说，目前外国投资委员会主要考虑以下因素来确定某一外国投资是否影响美国供应链安全：第一，外国投资者或者其他第三方关系参与美国供应链的程度；第二，美国在某一领域的制造能力、服务、关键矿产资源或技术方面的能力；第三，通过供应链中的替代供应商实现多样化的程度；第四，外资在特定供应链中的所有权或控制权集中度。总之，美国通过相关的立法活动，进一步增强了供应链治理中的国家政策干预、意识形态化以及国家安全泛化的概念。一方面，美国通过加强对供应链相关企业的安全审查，试图将其针对的国家排除出供应链体系；另一方面，随着全球地缘政治格局的不断变化，推动新一轮供应链的盟国化。

第二节　美国外商投资安全审查制度概述

美国的国家安全审查制度是以国家主权原则、公共利益原则以及国家安全原则为理论基础建构起来的法律制度，并且随着国家安全的内涵和外延在实践中的不断发展，上述理论内涵及外延均有发展与变化。在梳理了安全审查制度的理论基础之后，可以看到，美国国家安全审查制度的立法历程，从早期的一些限制性立法到目前覆盖范围广泛的安全审查体系。

一、理论基础及新发展

美国的安全审查的理论基础，主要是国家主权、公共利益以及国家安全的理论。从这些理论出发，可以建构对外资安全审查的合理性与合法性。

(一) 外商投资安全审查的理论基础

国家安全的相关理论是外资安全审查制度产生的基础，随着科技进步及全球经济政治局势不断演变，各国对国家安全的认知不断变化，使得经济安全愈加重要，绝大部分国家的外资安全审查制度正是在此基础上逐渐演变而来的。

1. 国家主权原则

在美国法学领域，国家主权原则无论是内涵还是外延均随着历史环境的发展而不断变化。最初国家主权这一概念主要指国家自然而然享有的一种政治上和安全上的独立和平等的权利。国家主权作为国家最高权力，不从属于其他权力，是国家在政治、经济、文化等多方面独立自主的前提。国家主权原则赋予了一国对自己领土内的任何人、财产及行为拥有管辖权。该原则包括两层基本内涵：首先，在国际社会，主权国家享有国家主权，各国主权平等，主权国有权独立自主决定本国事务，不受他国干涉；其次，在国内，主权为高于一切的权力，任何其他实体权力或权利皆在国家主权之下。

随着经济全球化的发展，国家间的交往日趋密切，相互依赖程度不断加强。在这一背景的推动下，国家主权原则受到重大影响，由于大量的国际条约的签订，国家为了发展经济，融入国际经贸社会而不断让渡自身的主权权利。由于条约必须信守作为国际习惯法，这意味着一旦国家加入某一条约，就应该遵守条约所规定的责任。在此背景下，美国的国家主权原则开始产生变化。从 20 世纪 80 年代开始，美国积极推动投资自由化，要求各国让渡一定的国家主权，减少对外国投资的限制。美国学者提出了所谓

"有限主权论"，以维护投资自由等理由积极干涉别国内政。

然而，随着经济全球化的持续发展，外商投资渐渐开始对国家的政治、经济利益产生负面影响。美国开始越来越关注外商投资可能对其国内的重要领域造成不利后果。基于此，美国开始再次重申国家主权原则，并将该原则作为外商投资安全审查的理论基础。进入21世纪，美国对国家主权原则的理解不断加深，开始将经济主权、能源主权、技术主权等概念不断扩展着美国国家主权原则的外延。

2. 公共利益原则

公共利益是一个抽象的概念，可以说，其内涵就是全体社会成员为实现个体利益所必需的社会秩序，其实现形式也包括国家制度和国家权力。公共利益是公众共同需求，具有社会共享性以及相对普遍的影响力。

外资并购可能导致国家安全受到威胁，公共利益便不可避免地受到牵连。美国学者认为外资并购对于美国国家产业链以及产业生态环境可能会造成一定的冲击；在外资并购后可能出现市场垄断的现象等，继而影响国家安全。因此，东道国有必要构建外资并购安全审查制度，以规避外资对国内公共利益的损害。

具体到国际投资法律规范中，通过习惯国际法和一般法律原则的途径，将源于国际利益攸关方（可以说是国际社会的支持者）之间的共识，即那些处理人类个人或集体关切的准则概括在国际投资法领域，从而形成国际投资法律规则的公共利益考量。习惯国际法如今主要侧重于法律确信，即国际社会对其视为法律的东西的看法，即其规范性评价。一般原则是关于法律秩序的核心价值和基本原则的国内共识的浓缩。因此，习惯国际法的基础是国际社会认为它们在国际层面的共同利益，而一般原则的基础是国内社会认为它们在国内层面的共同利益，这是全世界所有或大多数社会的共同利益。换句话说，国际法的两个来源都取决于全球范围的共同利益，即公众利益。它迎合了这样一种观点，即国际法承认的国内法的一般原则总会有具体化为习惯法的趋势。一般原则的这种特点，即在国际一级反复使用使其成为习惯，集中体现了一般原则和法律确信的类似核心。

因此，全球公共利益理论所固有的概念是，每一个公法体系，如国际投资法，都建立在个人与公共利益的平衡之上。因此，习惯国际法和一般法律原则逐渐被认为可以作为防止东道国作为全球公共利益的代理人而提出的侵犯投资者权利的防御措施。以因赛斯亚诉萨尔瓦多案为例，国际仲裁庭为了证明萨尔瓦多的同意不包括以欺诈手段获得的投资，所依据的国际法一般原则是所谓的“国际公共政策”。根据法庭的说法，国际公共政策的基本功能是维护国际法律制度的价值，反对与之相悖的行动。是否存在“国际公共政策”的一般国际原则，可以进行辩论，这里不讨论。然而，值得注意的是，通过提及“国际法律体系的价值”和接受一个世界性的“公共政策”概念，因赛斯亚案件仲裁庭含蓄地承认了全球公共利益的存在和相关性。[1]

3. 国家安全原则

从语义学的角度看，“国家安全”概念本身是不确定的、模糊的。关于国家安全，目前还没有一个普遍接受的定义，尽管早在20世纪40年代，人们就开始尝试定义国家安全。这一概念源于一个相对单一的定义，强调国防安全以及随后对军事威胁和政治胁迫的厌恶。正如沃尔特·李普曼在1943年对“国家安全”所下的

[1] Inceysa v. El Salvador, award, para 245. (2006. 08. 02).

定义指出，当一个国家不需要牺牲其合法利益来避免战争，并且能够在受到挑战时通过战争来维护这些利益时，它就拥有了安全。[1] 因此，国家安全最初的定义是军事安全和不受外国指挥的同义词。

当前，军事安全是国家安全的核心，但不是唯一的价值。国家安全的其他常见组成部分包括外交或政治安全、经济安全、环境安全以及自然资源和能源安全。军事安全是指一个国家防御军事侵略的完整能力，而政治安全则涉及保护一个国家社会秩序的稳定，防止主权受到非军事威胁。保护经济安全就是行使自由选择政策的权利，以发展国家经济，并以所希望的方式维持其经济运行的稳定。环境安全应对可能导致环境恶化的任何形式的威胁。从原则上讲，环境安全包括气候变化、森林砍伐、生物多样性丧失等跨国环境问题带来的威胁以及耕地短缺、水资源短缺等环境或资源短缺带来的威胁。与环境安全密切相关的自然资源和能源安全是指充足的自然资源和能源供应的可获得性和可持续性，因为缺乏这些资源和能源可能对一个国家的生存构成根本挑战。

同样重要的是，必须认识到国家安全概念的性质是不断变化和发展的。例如，最近，信息安全作为国家安全的一个突出和不断上升的方面已经得到了很多关注。信息安全原则上涉及保护数据的机密性、完整性和可用性。国家电子信息系统的安全对维护国家安全至关重要，未经授权和非法访问关键政府信息系统会产生网络安全威胁和漏洞，可能对国家安全的其他方面（如政治和军事安全）产生严重负面影响。然而，30 年前，人们对网络安全

---

[1] Romm, Joseph J. *Defining national security: the nonmilitary aspects*. Council on Foreign Relations, 1993.

根本没有进行严肃的讨论。

因此，国家安全的概念是相对开放式的，主要意味着一个国家消除内在和外在威胁以及持续保持这种状态的能力。国家安全首先是保证军事安全，其次对于关键领域的非军事安全，包括但不限于政治安全、经济安全、环境安全、能源和自然资源安全、网络安全的保障。

（二）美国外商投资安全概念的拓展

随着全球化不断的深入发展，美国越来越意识到外商投资可能带来的安全风险。近年来，美国积极诉诸外商投资安全审查，为针对俄罗斯、伊朗等国家的投资和贸易设置壁垒。这样做的基础是对国家安全的泛化，构成了包括意识形态、技术和经济在内的利益融合。这一扩大化的安全概念从根本上重新定义了外商投资安全审查的政策。总体来说，美国目前的外商投资安全的概念在不断地扩大，并推动全球国际经济结构的变革性调整。

首先，国际贸易和投资协定中的“国家安全”或“基本安全”的历史叙述，长期以来一直是从国与国争端中“使用武力”的角度来理解的，即国家的实际防御。[1] 在二战后的几十年里，全球治理鼓励非歧视性贸易和积极的跨境投资，外商投资安全这一概念是以国际法的必要性原则为思想基础的。一个国家在国际经济协议中对其进行规定时，一般主要关注比较典型的国家利益，如人类及动植物生命健康，维护考古及历史性遗迹完整等。

在2020年特朗普政府的一系列演讲中，美国正在将看似不相关的威胁连接起来，将它们凝聚成外商投资安全更广泛的概念。

---

[1] 秦亚青：“国家身份、战略文化和安全利益——关于中国与国际社会关系的三个假设”，载《世界经济与政治》2003年第1期，第10－15页。

例如，前美国国家安全顾问罗伯特认为，有的国家对新兴技术的补贴是对美国经济实力和美国技术优势的严重威胁。此外，美国特别关注数据安全，认为外商投资中可能会有损害美国数据安全的行为。美国联邦调查局局长克里斯托弗（Christopher Asher Wray）认为，美国的经济和技术优势正受到来自其他国家的威胁，这种威胁十分严重，对美国企业和整个经济的潜在伤害几乎无法计算。前司法部长威廉巴尔认为经济竞争和经济治理模式的对抗是对美国经济优势的威胁，再次肯定了丧失优势构成外商投资安全风险的观点。根据这一概念，保持首要经济大国的地位构成一个典型的合法安全利益。前国务卿蓬佩奥在其演讲中特别提到有些国有公司会构成“国家安全威胁”。蓬佩奥认为，类似的企业正在推动与美国价值观不同的价值取向，美国不能再忽视从意识形态层面考虑国家安全因素。因此，蓬佩奥的讲话证实，经济、技术和意识形态利益的融合形成了美国对外商投资安全威胁的新认识。[1]

在外商投资安全概念中，国家安全例外条款是各国为了维护自身利益而较为普遍采用的一项法律工具。目前，对国家安全例外的解释相对较少，事实上，世界贸易组织（以下简称世贸组织）的第一次解释直到 2019 年才出现。然而，该例外一直被解释为在防御军事威胁或领土完整的范围内，而不是一些非军事目标。甚至一个国家在极端金融危机期间采取的措施也没有被认为符合必要性，除非一个国家面临灾难性的金融崩溃，导致政府和国家即将崩溃，这可以说涉及领土稳定和国家的实际防御。[2]同样，2020

---

[1] McFaul, Michael. “Cold war lessons and fallacies for US – China relations today.” *The Washington Quarterly*, Vol. 43, No. 4, 7 – 39, 2020.

[2] Boklan, Daria, and Amrita Bahri. “The first WTO’s ruling on national security exception: Balancing interests or opening Pandora′s box?” *World Trade Review*, Vol. 19, No. 1, 123 – 136, 2020.

年世贸组织专家组在解释《与贸易有关的知识产权协议》的安全例外时，认为基本安全利益被归结为对人口和领土的防御，当与国防或军事利益，或维护法律和公共秩序利益有关的威胁足以确定国际关系中的紧急情况的存在时，就会触发基本安全利益。所确定的基本安全利益是那些明显与国家的基本职能有关的利益，即保护其领土和人口免受外部威胁以及在内部维护法律和公共秩序。

由于目前对于国家安全例外的概念没有形成一致性解释，因此，美国的国家安全例外概念也在不断发展。第一，美国认为国家安全威胁不再仅仅限于武装攻击或对领土完整的威胁。网络威胁、经济战争、环境威胁和恐怖主义等新兴安全威胁对国家安全的影响不亚于军事冲突。此外，国家安全不仅在军事领域得以体现，还包括捍卫国家利益的一系列重要领域，如和平、繁荣和稳定。第二，美国感到其霸权地位受到威胁，近来在各种贸易和投资背景下广泛援引国家安全，其理由远远超出了武装冲突或人身防御的历史叙述。例如，美国一直声称国有企业会对美国国家安全构成威胁，因而对国有企业的外国投资特别关注。[1]

毋庸置疑，与俄罗斯、伊朗等国家的地缘政治竞争的影响极大地影响了美国对国家安全概念的扩大化。在加速外商投资安全审查制度的严格化的同时，美国宣称对新兴市场国家的高新科技有安全方面的担忧，表明了新兴技术与霸权竞争之间的相互关系。美国在宣布实施《现代化法案》之后，仍在出台行政命令，继续更新和加强外国投资委员会的能力，以解决对外国投资过程中日

[1] Cartwright, Madison. "Internationalising state power through the internet: Google, Huawei and geopolitical struggle.", *Internet Policy Review*, Vol. 9, No. 3, 1 - 18, 2020.

益增长的国家安全关切。美国已经更新了其出口管制条例，特别是高超声速技术、量子计算、人工智能、生物技术以及其他新兴和基础技术有关的先进技术领域。

事实上，美国新的安全概念化从传统概念出发，融合了经济领域以及技术和意识形态方面的相关因素。如上所述，经济支配地位渐渐被视为构成基本安全利益的因素之一。美国将外商投资安全的考虑扩大到包括相对经济业绩或经济支配地位，将创造一个前所未有的广泛的安全概念。目前来看，美国认为军事攻击不再是攻击或征服另一个国家的唯一手段；领土完整不是主权的唯一标志。在很大程度上，经济战是军事冲突的替代。此外，安全威胁可能不会构成直接的严重危险，但可能会在虚拟空间或网络层面出现，如计算机病毒破坏基础设施，导致经济崩溃和社会不稳定；或操纵选举，破坏目标国家的政治基础。因此，对别国的攻击可以通过经济或技术手段来完成，不一定涉及领土完整或武装冲突。

二、美国外商投资安全审查制度的起源与发展

客观来讲，美国的国家安全审查机制，从立法基础、机构设置、审查程序、信息公开等方面，在一定意义上已成为西方国家的“标杆”，尤其是美国外国投资委员会（外国投资委员会），能为其他经济体构建相关体系提供一定参考。自 1975 年建立安全审查制度以来，美国外资国家安全审查机制几经演变，有效平衡了美国吸引外资与维护国家安全的需要。为了服务于美国国家利益，美国从第一次世界大战至今，创设并不断调整国家外资安全审查制度，逐渐形成了成熟、全面的外资安全审查制度，现今美国外资安全审查机制设计得比较严密，外资安全审查制度具有体系完

备、可操作性较强等特点。

（一）美国外商投资安全审查制度的起源

美国自建国起便奉行外资开放政策，在国际社会长期推行投资自由化政策，它也是最早建立外资安全审查制度的国家。1977年起美国的外国直接投资增速首次超过其海外投资增速，外国直接投资规模与其海外投资规模持平。快速增长的外国投资引起了美国的关注，甚至给美国带来恐慌。为了防止外国投资垄断本国经济、本国先进的技术经验外溢他国，美国开始构建并不断完善外资国家安全审查制度。

外资并购可以迅速占领东道国市场，有效利用被并购方企业已有的市场资源等诸多优势，因此外资并购方式现在已经成为外商直接投资的主要方式。然而，不可否认的是，外资并购在给东道国带来资本、先进技术和管理经验、增加就业机会的同时，也可能对东道国经济产生负面影响，危及本国企业发展，垄断东道国市场，破坏竞争秩序甚至影响本国国民经济健康运行等。

如何在利用外资发展经济的同时，保证外国投资者在收购美国企业的时候不会造成国家安全风险，是当时困扰美国的难题。这就是为什么美国在过去50年里一直在努力强化外商投资安全审查制度。一方面美国政府为外资创造一个开放的环境，另一方面克服外资并购带来的负面影响，以维护国家安全，从这两个立法目的出发，美国的外资并购安全审查制度寻求外资开放政策与外资并购安全之间的平衡。

1975年，时任美国总统福特通过一项行政命令正式成立了美国外国投资委员会（CFIUS），根据1950年《美国国防生产法》第721条，外国投资委员会被赋予审查外国收购的权力，该法在1988年被《埃克森－弗罗里奥修正案》修正，随后被1993年的《伯德修正案》、2007 年的《美国外国投资和国家安全法》（FINSA）和 2018 年的《美国外国投资风险审查现代化法》（《现代化法案》）所修改。《现代化法案》大幅扩大了美国外国投资委员会的管辖范围，对美国外国投资委员会的审查程序进行了重大改革，其动机是立法者认为需要增加美国外国投资委员会的监管能力，以解决美国目前面临的外国投资带来的日益严重的国家安全风险。

（二）美国外商投资安全审查制度的制度变迁

美国的国家安全审查制度的立法主要经历了四个时期，从制度初建期到成型、成熟以及最后的制度改革时期。

1. 制度初建期

第一阶段是制度初建期，审查宽松。在第一次世界大战期间，一名德国外交官将文件遗失在美国，其中有德国对美投资目的，是提高德国作战能力的内容，引发美国关于国家安全的反思，美国认为一些国家的外国投资很可能对国家安全构成重大风险。因此，美国国会于 1917 年通过了《美国与敌国贸易法》（Trading with the Enemy Act，TWEA），赋予总统在战争或国际紧急情况下采取措施阻止敌对国家投资国内公司的能力。法案赋予美国政府权力，可以干涉外国跨国公司控制的美国子公司与其母公司之间的内部交易，并有权没收外国在美国的投资，将敌对国家控制的资产国有化。第一次世界大战后，美国国会针对无线电广播、电信、电力、航运、银行等特殊领域进行专门立法，通过了《美国无线电法》《美国紧急银行救济法》《美国电信法》《美国联邦电力法》《美国商船法》等一系列相关法律法规，对这些行业的外资进行专门管理。这些法律在一定程度上限制了 20 世纪 30 年代以来外国投资涌入美国的关键行业和特殊部门。1950 年朝鲜战争爆发后，美国为了支持其战争的需要，制定并颁布了《美国国防生产法》。该法案第 721 条经过多次修订，已成为美国外商投资安全审查制度的基础条文。总体而言，这一时期美国对外商投资安全审查相对宽松，国内大部分行业对外资非常开放，没有全面的外国投资审查法律，也没有专门的审查执法机构来限制外国在美投资。

2. 制度成型期

第二阶段是制度成形期，审查开始强化。早在 20 世纪 70 年代，由于美国的石油价格飙升，欧佩克成员国积累了大量的美元利润；与此同时，美国经济遇到了滞胀，美元贬值。石油资源丰富的欧佩克国家趁机开始通过收购美国公司的方式将其美元储备投入美国市场，这引起了公众对这些投资可能产生安全隐患的关注。美国社会各界纷纷担忧其投资的真实意图，怀疑其投资可能威胁到美国的国家稳定与安全。由于缺乏专门处理外国直接投资安全问题的机制，国会开始考虑对外国投资进行严格的监管，于 1974 年和 1976 年相继出台了《美国外国投资研究法》（Foreign Investment Study Act of 1974）、《美国国际投资调查法》（International Investment Survey Act of 1976），授权美国总统以及商务部、财政部可以监测和追踪大量流入美国的外国投资相关信息并向国会提交报告。1975 年，时任美国总统福特发布了第 11858 号行政命令，根据这个命令建立了美国外国投资委员会。这个委员会的主要任务就是对外国在美直接投资进行监督，并规范美国国内的外国投资政策，此外，外国投资委员会的另一重要任务是对外国投资进行监测与分析。

1988 年由时任美国总统里根签署了《美国综合外贸和竞争力法案》，其中第 5021 节的修正案被称为《埃克森 - 弗罗里奥修正案》，该法案授权总统在有“可信的证据”表明拟议的交易“威胁到国家安全”的情况下，暂停或禁止在美国从事州际贸易的人的任何收购、合并或接管。1991 年，时任美国总统老布什颁布了《美国外国人兼并、收购和接管条例》。该条例作为上述修正案的执行条例，从实体内容和程序两个方面都对修正案作了重要的补充。1992 年，美国第 109 届国会修订了《埃克森－弗罗里奥修正案》，作为 1993 财政年度国防授权法案的一部分，该修正案也被称为《伯德修正案》（Byrd Amendment）。由参议员罗伯特·伯德提出并以其名字命名。《伯德修正案》对《埃克森－弗罗里奥修正案》进行了重大修订，这些修订主要是由于国会对《埃克森－弗罗里奥修正案》颁布后审查记录不满意。因此，《伯德修正案》包括对外国政府控制的交易进行强制性调查，增加了审查期间需要考虑的因素，以及定期向国会报告的制度。

3. 制度成熟期

第三阶段是制度成熟期，审查范围扩大。自 1993 年《伯德修正案》通过以来，公众对外国投资及其伴随的国家安全影响的关注已经减少。同时，接受美国外国投资委员会审查的交易数量不断下降。然而，在“9·11”恐怖袭击事件发生后，国家安全问题被再次重视起来，国会试图对美国外商投资安全审查的程序进行重大修改，以适应当下的情势。2001 年 10 月时任美国总统小布什签署颁布了《美国爱国者法》（USA Patriot Act），将国家安全的含义延伸到本国重要基础设施，强调与金融服务、电信、能源、交通相关的关键行业对国家安全的重要性。2006 年，迪拜港口公司收购东方航运公司的案件再一次引发了美国国内对于国家安全的重视，呼吁进一步强化外商投资安全审查意见成为主流，许多法律提案被提交给国会，要求在第 109 届国会对外商投资安全审查制度进行法律改革。经过国会的反复斟酌，第 110 届国会于 2007 年 7 月 11 日通过了《美国外国投资和国家安全法》。《美国外国投资与国家安全法》剔除了先前提案中较为激进的建议，并实现了对《埃克森－弗罗里奥修正案》相对谨慎的修改。《美国外国投资与国家安全法》于2007年10月24日生效。2008年11月21日，财政部颁布了《美国关于外国人士兼并、收购和接管的条例》，作为《美国外国投资与国家安全法》的实施条例。除了对《美国外国投资与国家安全法》中规定的术语进行详细解释外，2008年条例还提供了许多过去由美国外国投资委员会审查的、涉及国家安全的交易类型的说明，以证明可能引发美国外国投资委员会审查的情况。该法案扩大了外商投资安全审查的具体范围，正式将重点行业和关键技术纳入外商投资安全审查制度的领域，加强了对有政府背景的外国企业的审查机制，此法案及实施细则的颁布标志着美国外商投资安全审查制度逐步成熟。

4. 制度改革期

第四阶段是制度改革时期，审查全面加强。在2007年通过《美国外国投资和国家安全法》的10年后，国会重新开始了关于是否需要改革外国投资委员会审查程序的辩论。改革的动力来自一种共识，即美国现在正面临着外国投资带来的新型安全威胁，而以前的立法未能减轻这种威胁。特别是，特朗普上台以来，信奉保护主义，加速收紧外商投资管制，限制外国跨国公司在重点敏感行业的投资，力图维护美国的核心竞争力，进而启动对外商投资安全审查制度的全面立法改革。在此背景下，提出改革美国外国投资委员会审查程序并使之现代化的新立法在参议院和众议院都获得了普遍支持。2017年11月8日，约翰·科宁（John Cornyn）在参议院联合其他参议员提出一项立法议案，旨在大幅修改外国投资委员会的审查程序。该法案的正式名称是《美国外国投资风险审查现代化法案》，也被称为“科宁法案”。拟议的现代化法案立即获得时任美国总统特朗普执政下的白宫的正式支持。这一法案是自2007年《美国外国投资与国家安全法》出台以来对美国外商投资安全审查制度进行的最大规模的改革，对外国投资委员会的审查对象、审查范围、审查程序等进行了全面系统的修订。《现代化法案》通过扩大"涵盖交易"的范围，扩大了美国外国投资委员会的管辖权。《现代化法案》还修改了外商投资安全审查的类型，以包括外国人对从事关键基础设施、生产关键技术以及维护或收集美国公民敏感个人数据的美国企业的"其他投资"，即使该交易没有导致对国内实体的外国控制。美国通过《现代化法案》力图实现保护国家安全和维护美国长期开放投资政策的双重目标。这些法案的修订意味着美国在这一阶段全面加强外资审查，进一步防范外国投资给国家安全带来的不利影响。

三、美国外商投资安全审查制度立法历程

对应上述美国安全审查制度的不同时期，美国在安全审查制度的立法也存在着不同的阶段，从早期的一些限制性立法，到晚近时期的扩张性立法实践，美国的安全审查制度立法体系不断完善与丰富。

（一）早期立法

1. 美国早期外商投资安全审查立法

美国在1988年出台《埃克森-弗罗里奥修正案》之前的外资限制性立法可以统称为美国早期外资安全立法。纵观这些限制性立法无一不是因为国会担心外国投资可能造成国家安全威胁而推动产生的。依照国会的立法线索，将其总结如下。

外商投资安全审查制度立法最早可追溯至1917年美国国会通过的《美国与敌贸易法》（Trading with Enemy Act）。第一次世界

大战之前，德国、英国和法国的大量投资涌入美国，而在第一次世界大战期间，德国在美国化学工业中的主导地位引发了人们的担忧，即在美国投资的德国公司可能持有超出常规商业运作的秘密议程，1915 年德国外交官不慎所泄露的文件证实了这一怀疑。在此之后，美国国会为维护美国国家安全，逐步推行了审查外国投资的法律法规。美国在 1917 年卷入第一次世界大战的事实加速了 1917 年《美国与敌国贸易法》的颁布，该法案明确赋予总统审查涉及国家安全的任何交易的权力，并在必要时控制或禁止此类交易。

美国政府还限制外国资本在特定领域投资。例如，1920 年的《美国商船法》禁止外国投资者进入海运行业，也不允许外国投资者在美国领土上注册他们的船只。1920 年的《美国矿产租赁法》规定，美国所有有价值的土地和矿产资源只对美国公民开放，外国投资者被禁止在美国开采煤炭、石油、磷酸盐和钠，除非开采这些资源对外国投资者所在国家的美国公民是对等的。由于其国家重要性，美国航空业也被政府认为是战略性和关键的，因此，外国投资在美国航空业受到严格监管。1926 年的《美国航空商业法》和 1926 年的《美国航空公司法》禁止外国投资进入美国航空业，任何在美国注册的飞机都必须符合美国公民或美国州或联邦政府所有的条件。

1934 年的《美国通讯法案》禁止外国资本在美国投资或经营大众媒体。美国广播电台的执照不能发给外国政府或其代表，1934 年的《美国通信法案》（Communications Act of 1934）后来被 1996 年的《美国电信法案》（Telecommunications Act of 1996）取代，新法案仍然严格限制外资参与美国媒体行业。

1958 年的《美国贸易协定延期法》规定，只要政府部门或私营行业的任何利益相关方提出要求，就必须对进口贸易进行调查。如果这种进口贸易被证明对国家安全构成威胁，总统“可能会采取行动，将进口调整到不会威胁到损害国家安全的水平”。1962 年《美国贸易扩张法》第 232 条授权美国商务部长在进口商品可能影响美国国家安全时发起调查。

美国政府对产业部门专门立法，限制外国投资进入并不仅局限于上述领域，还涉及能源、土地、银行金融等多个领域。上述限制美国境内外国投资的立法都产生于“一战”之后，这些法律迄今为止依然有效，它们与之后出台的一系列外商投资安全审查制度法案构成美国限制外国投资的主要法律渊源。

2. 《埃克森－弗罗里奥修正案》分析

（1）立法背景。美国拥有悠久的外国投资历史，自 19 世纪美国大规模的工业化以来，外国投资者就被鼓励参与美国的经济发展进程中。外国投资在美国国民经济发展中发挥了重要作用，但外国资本历来被视为对美国经济存在潜在威胁。随着跨境贸易和投资越来越成为国内经济发展的重要组成部分，美国开始对其国内法进行修订，以包括经济保护和国家安全问题。国会通过 1974 年的《美国外国投资研究法》，要求财政部长和商务部长对美国的外国投资进行全面审查。该法案通过其对美国外国投资政策的审查，最终得出结论，美国应该构建适当的外国投资监督机制。

随着 20 世纪 70 年代，欧洲传统强国对美国恢复性投资的增多、石油输出国组织石油美元（即出售石油所赚取的报酬）的增多、日本经济的崛起以及经济全球化的不断增强，美国境内外国直接投资增速超过了其海外投资增速，这一现象逐渐引起美国对外国投资的关注。尤其是进入 20 世纪 80 年代，日本经济飞速发展，许多企业选择投资美国，获取更多利益。日本企业在这一阶段展开的多起并购，触动美国本已经敏感的神经。日本企业赴美投资，逐步演变成立一个政治问题。此时，美国国内也出现很多相关的新闻报道和研究，如苏珊·托尔钦等合著的《出卖我们的安全》一书，阐述了允许外国投资技术企业的种种风险，并最终导致美国丧失科技先进性与研发潜能。并且，她认为美国一旦丧失经济独立，就会失去制定对外政策中的独立性。因此，1975 年，作为《美国外国投资研究法》的延伸以及国会对缺乏执行全面审查的强有力机制的担忧，时任美国总统福特成立了美国外国投资委员会。从此，美国的国家安全审查制度开始不断发展与完善。

（2）法案修订史。考察一部法案，其立法史十分重要，从中可以看出争议焦点，即法案的重点所在，也可作为我国立法过程的镜鉴。对美国外商投资安全审查立法的修订史进行考察可知，立法难点主要集中在管辖范围、审查标准、最终决定权这三大层面。

在立法过程中，关于法案的管辖范围的修改尤为频繁。在具体的管辖范围上，参众两院经联席会议协商，决定其管辖权应是将外国人定义为美国公民和受美国法律管辖的国民以外的任何人，包括由外国人直接或间接控制、在美国以外的国家拥有主要营业地点的组织。因此，该法案也适用于外国资本收购一家美国公司，然后由同一家公司收购其他美国公司。

国会两院联合会议上还协商更改了议案的审查标准。在《埃克森－弗罗里奥修正案》的最初草案中，该条款涉及影响美国“国家安全和基本商业”的投资。“基本商业”一词是国会和政府激烈辩论的焦点。时任美国总统里根认为，草案的措辞将把国家安全的定义从传统的军事、国防概念扩大到包括强大的经济组成部分的概念。政府相关人员反对该提案的这一方面，并最终成功地促使国会从该措施中删除了“基本商业”一词，并大幅减少了总统在做出决定时必须考虑的因素。在“国家安全”的内涵及外延的规定上，国会倾向于模糊处理。不过，财政部官员表示，在审查或调查期间，外国投资委员会的每个成员都应适用与该代表机构的具体立法授权相一致的国家安全定义。

国会两院联合会议上还协商修改了修正案对总统权力的规范。国会指示，在援引该权力之前，总统必须得出其他美国法律不足以或不适合保护国家安全的结论；且有“可信证据”表明外国投资将损害国家安全。因此，在考虑了上面列出的两个条件后，总统被授予几乎无限的权力，在总统认为适当的时间采取行动，暂停或禁止任何可能损害美国国家安全的外资并购交易。

为了获得更多行政部门的批准，该法案的最终版本还在具体的外商投资安全审查机制上做了一些修改，例如，在法案提交国会两院投票时，立法否决条款被删除。该法案还删除了众议院法案中让商务部长担任外国投资委员会调查负责人的条款；如果任何行政长官（众议院版本）或某些政府官员（参议院版本）认为一笔交易可能对国家安全构成威胁，外国投资委员会可以直接发起调查。此外，最终法案提高了总统使用否决权的门槛，如果他需要“可信证据”来相信外国利益集团对美国人的控制对国家安全构成威胁。

（二）晚近立法及修订

在《美国外商投资与国家安全法》颁布之后十多年，外国投资委员会发现自己正处于另一个历史性转折点。在21世纪，与外国投资相关的国家安全格局开始发生变化，其变化的幅度超过了外国投资委员会45年历史上的任何其他变化。这些巨大的变化引

发了有关投资安全的立法辩论，并在美国国会引起广泛的关注。❶

1. 美国安全审查立法修订的原因

在2008年全球金融危机之后的10年里，美国外国投资委员会的案件数量大幅增加。与此同时，传统的私营企业并购让位于各种新型的外国投资，这些投资具有更复杂的股权和基金结构。其中一些交易暴露了美国外国投资委员会在管辖权方面的关键漏洞。21世纪以来，技术和数据运用的重大革命，美国外国投资的安全审查范围也开始渐渐扩大，美国面临着新兴市场国家的经济崛起，这些变化为美国外国投资委员会的立法改革提供了必要的动力。❷

美国外国投资委员会在21世纪面临的最明显的挑战是其案件量的增加。从案件数字来看，外国投资委员会的平均案件量从2009年和2010年的不到100件稳步增长到2017年的近240件。与此同时，财政部和其他成员机构分配给外国投资委员会的工作人员相对保持不变。但案件数量大量增加并不是外国投资委员会审查的唯一挑战，案件的内容也变得比前几十年复杂得多。❸

虽然很难实际衡量案件的复杂性，有一个衡量指标是案件进入45天调查阶段的比率，这对美国外国投资委员会来说意味着需要投入更多资源进行深入分析。2007年，大约4%的案件进入了调查阶段，到2017年，大约70%的案件进入了调查阶段。另一个衡

❶ 韦宗友："中美战略竞争、美国'地位焦虑'与特朗普政府对华战略调整"，载《美国研究》2018年第4期，第51－74页。

❷ Biden Jr J R. "Why American Must Lead Again：Recusing US Foreign Policy after Trump", *Foreign Affairs*, Vol. 99, 64, 2020.

❸ Hassija, Vikas, et al. "A survey on supply chain security：Application areas, security threats, and solution architectures." *IEEE Internet of Things Journal*, Vol8, No. 8, 6222－6246, 2020.

量复杂性的潜在标准是美国外国投资委员会确定为解决国家安全问题而必须采取措施的案件数量。缓解措施通常要求各方就最终由外国投资委员会决定的措施进行谈判，以使交易获得批准。例如，目标美国企业可能被要求在外国买家完成投资之前剥离敏感产品线或子公司。因此，这类案件通常需要大量的工作人员和资源。从2008年到2015年，这类案件在美国外国投资委员会审查的总交易中占不到10%，到了2017年，这一数字翻了一番，约占美国外国投资委员会当年审查的交易总额的20%。[1]

国家安全和商业活动之间关系的持续演变也促成了这些交易的复杂性。国家安全中，一直存在着对具有军事和民用用途的“军民两用”产品如何妥善处理的问题。国防工业的进步会刺激商业创新，如喷气式飞机、互联网和全球定位系统的发展。但随着21世纪科技的发展，“军民两用”产品越来越多，也越来越普及。无人机、无人驾驶汽车和先进的半导体的使用可以作为未来军事应用的基础技术，也是日常商业活动中使用的重要科技产品。

此外，不断增长的数字、数据驱动的经济创造了前所未有的国家安全漏洞。无论是社交网络、医疗保健还是金融，大量公民的个人身份信息被存放在由外国投资者购买的公司中。在美国外国投资委员会的历史上，这也许是第一次需要认真审查每个案例中的数据漏洞。总而言之，21世纪以来，从国家安全的角度来看，收购一家科技公司有时会引起与收购一家国防或航空航天公司一样严重的关切，而后者是外国投资委员会的传统重点领域。

---

[1] CFIUS Reform：Administration Perspectives on the Essential Elements：Hearing on Examining the Role of the Committee on Foreign Investment in the United States Before the S. Comm. on Banking，Housing，& Urban Affairs，115th Cong. 4（2018）（testimony of Hon. Heath P. Tarbert，Assistant Secretary of the Treasury）.

由于美国外国投资委员会的案件迅速变化，其管辖权很快就变得僵化了。问题在于，美国外国投资委员会的管辖权已经有三十多年的历史。根据立法内容，外国投资委员会只有权审查那些导致外国“控制”美国企业的合并、收购和兼并。这在 20 世纪八九十年代也许是合理的。但到了 21 世纪，非控制性投资和合资企业变得越来越流行。其中许多并不属于外国投资委员会的正式管辖范围。因此，美国外国投资委员会经常被告知对于某些交易没有审查权限。

同样，美国外国投资委员会推测，一些当事方可以安排他们的交易，使其刚好低于控制权的门槛，以避免政府审查。同时，一些关键技术和相关的专业知识从美国公司转移到海外合资企业，以避免“美国企业”的管辖权问题。国会议员丹尼斯·赫克是《现代化法案》的最初发起人，他曾经指出，可能存在故意设计交易的空间，使有目的地逃避外国投资委员会审查成为可能。[1]

2. 美国外商投资安全审查晚近立法内容分析

特朗普担任总统期间，恰逢《2018 年外国投资风险审查现代化法案》的颁布，这是美国外国投资委员会自 20 世纪 70 年代成立以来制定得最系统、最全面的法规，支撑着该委员会的发展和运作。《现代化法案》不仅得到了两党的广泛支持，而且还在国会两院获得了几乎一致的投票。美国外国投资委员会审查的绝大多数交易都是在内阁以下级别决定的。而且，这些交易中的大多数往往被批准。自从美国外国投资委员会成立以来，这一直是一个惯例。因此，外界对美国外国投资委员会程序的看法是有偏

[1] CFIUS Reform Hearing, testimony of Hon. Heath P. Tarbert, R Assistant Secretary of the Treasury.

差的。

美国的跨机构行政部门外国投资审查实体美国外国投资委员会（CFIUS）成立于1975年，开创了对入境投资交易进行国家安全监管的先河。半个世纪后的今天，许多其他国家——主要是其他发达国家——正在建立自己的外国投资监管制度或加强这方面的法律框架，越来越多的发展中国家现在也在进一步加强这种监管做法。

在全球范围内，监管入境外国投资的国家安全风险的举措激增，美国在2018年颁布了第一部完全由外国投资委员会制定的法规《现代化法案》（《美国外国投资风险审查现代化法》）。《现代化法案》及其随后的实施条例系统地、详细地规定了美国外国投资委员会的运作原则、程序和部门分类，在这些方面，对跨境交易（包括那些已经完成的交易）的国家安全监督是最严格的。在《现代化法案》通过前后或之后不久，超过25个国家有了专门的入境投资审查程序，或正在这样做的过程中，如澳大利亚、奥地利、比利时、加拿大、捷克共和国、丹麦、芬兰、法国、德国、匈牙利、冰岛、印度、爱尔兰、日本、拉脱维亚、立陶宛、墨西哥、荷兰、新西兰、挪威、波兰、葡萄牙、罗马尼亚、韩国、斯洛伐克、南非、西班牙和英国。[1] 此外，在区域层面，欧盟（EU）已经建立了一个关于非成员国入境外国投资的信息共享框架。这为所有欧盟成员国提供了一个程序，以提出关于一个成员市场的潜在交易的国家安全影响问题，即使它不直接涉及跨越其他成员边界的资本流动。同时，虽然一些国家没有建立统一的或自成一体的外国投资监管法定框架，但它们确实通过其他手段和渠道来审查这种

---

[1] Meunier S, Nicolaidis K. "The geopoliticization of European trade and investment policy", *Journal of Common Market Studies*, Vol. 57, 103 - 113, 2019.

投资，包括（1）限制或禁止外国拥有土地；（2）通过许可要求限制外国投资；（3）规定具体部门的外国投资百分比限制。

在过去的几年里，关于什么是外国投资可能对国家安全构成威胁的敏感部门的定义已经大大扩大了。可以说，在这方面，美国比其他任何发达国家都更积极，尽管其他发达国家现在也已经紧跟美国的步伐。几十年来，传统的重点是监管外国在国内公司的交易或真正的国防和安全领域的活动。到了21世纪初，监管范围被扩大到包括基础设施，其中一些设施，从表面上看，似乎有脆弱的国家安全风险。可以说，最著名的案例是2006年拟将几个美国港口的港口管理服务合同权利从一个外国实体转让给另一个。购买者是阿联酋的一家国有公司迪拜港口世界公司。这些港口服务合同已经被一家英国公司拥有。然而，在迪拜港口世界公司收购铁行轮船公司后，这些合同将由迪拜港口世界公司控制。尽管这一转让已经得到美国外国投资委员会的批准，但美国国会还是通过立法来阻止这一交易。一个对比鲜明的例子是2013年将猪肉产品公司美国史密斯·菲尔德食品有限公司（以下简称美国史密斯公司）出售给中国公司（双汇国际控股有限公司）（以下简称双汇国际）。当时，这是历史上中资对美国公司最大的一次收购。就在美国外国投资委员会决定是否批准该交易的过程中，美国参议院农业委员会史无前例地举行了听证会，讨论拟议的交易将对美国食品供应链的安全带来的威胁。这项收购与中国在美国市场上销售猪肉的利益几乎没有关系；相反，双汇的目标是实际增加美国对中国的猪肉出口，它后来也做到了。这确实是美国外国投资委员会程序政治化的一个重要时刻。

在2007年通过《美国外国投资与国家安全法》的10年后，国会重新开始了关于是否需要改革外国投资委员会审查程序的辩论。改革的动力来自一种强烈的信念，即美国现在正面临着外国投资带来的新的和前所未有的与安全有关的威胁，而以前的立法未能减轻这种威胁。

在美国对外商投资安全审查越来越重视的背景下，提出改革外国投资委员会审查程序并使之现代化的新立法在参议院和众议院都获得了普遍支持。参议院第一份《现代化法案》提案的牵头人、参议员约翰·科宁（John Cornyn）表示，外国投资委员会改革背后的动机是，美国一直面临着新的国家安全威胁，外国投资委员会现在可能太过时了，无法应对当下的国家安全威胁。具体来说，外国投资者现在不断在美国寻求创新和新兴技术的投资机会，这些技术目前只与商业有关，但可能涉及未来的军事敏感性和适用性。这些技术的适用范围包括机器人、人工智能、自动驾驶等。尽管如此，在此前的国家安全审查框架下，外资收购开发此类技术的美国公司可以避开审查。美国国会的一些政客甚至对外国投资的“武器化”表示严重担忧，指出外国投资者的战略目的是通过收购美国公司来获得军民两用技术和专有技术。2017 年 11 月 8 日，由参议院中排名第二的共和党人约翰·科尔尼领导的一群参议员在参议院联合提出一项立法议案，旨在大幅修改外国投资委员会的审查程序。该法案的正式名称是《外国投资风险审查现代化法案》，也被称为“科尔尼法案”（S. 2098）。拟议的《现代化法案》立即获得了特朗普政府的正式支持。白宫新闻秘书在 2018 年 1 月发表了一份声明，指出根据《现代化法案》修订外国投资委员会的审查，将实现保护国家安全和维护美国长期开放投资政策的双重目标。众议院的《现代化法案》版本，即 H. R. 5841 法案，于 2018 年 5 月 16 日在众议院提出。参议院和众议院的协商者随后举行了会议，开始对法案进行商讨。众议院于

2018 年 7 月 26 日批准后，众议院和参议院共同同意的《现代化法案》最终版本于 2018 年 8 月 1 日在参议院获得批准，并被纳入《2019 财政年度约翰麦凯恩国防授权法》（NDAA）。时任美国总统特朗普于2018 年 8 月 13 日签署了该法案，使之成为法律。自 2017 年 11 月在国会提出法案提案以来，在国会两党以及行政部门的一致支持下，《现代化法案》只用了 10 个月就成为法律。[1]

2019 年 9 月，财政部发布了实施《现代化法案》条例草案，2020 年 1 月 13 日，美国财政部发布《关于外国人在美国进行特定投资的规定》及《关于外国人在美国进行有关不动产特定交易的规定》。新设的法规旨在阐明非控制性投资的范围，这是一种根据《现代化法案》接受外国投资委员会审查的新型交易，具体规定了关键技术、关键基础设施和敏感个人数据涵盖的场景。新规还澄清了《现代化法案关于房地产交易的规定》，这是另一种新增加的“涵盖交易”类型，列出了特定机场、海港和军事设施的名称和位置，作为“涵盖地点”，以及其他条款。

对于《现代化法案》的内容进行分析，可以发现其对美国国家安全审查制度作了下列更新。

首先，《现代化法案》通过扩大“涵盖交易”的范围，扩大了外国投资委员会的管辖权。在《美国外国投资与国家安全法案》中，“涉及的交易”是指“由任何外国人或与任何外国人进行的任何合并、收购或接管，可能导致外国控制任何从事美国州际贸易的人”。根据《现代化法案》，除了这一范围外，外国投资委员会现在还有法定管辖权审查四种新类型的涵盖交易。第一类涉及外国人对靠近敏感政府设施的私人或公共房地产的购买、租赁或特

---

[1] Jalinous, Farhad, et al. “CFIUS Reform Becomes Law: What FIRRMA Means for Industry.” *White & Case* (2018).

许权。外国投资委员会过去曾审查并在几个案例中禁止基于这种考虑的交易，《现代化法案》现在将这种做法纳入法律，以提供法定依据。其次，《现代化法案》还修改了“涵盖交易”的定义，将外国人对从事关键基础设施、生产关键技术以及维护或收集美国公民敏感个人数据的美国企业进行的“其他投资”包括在内，即使该交易并没有导致国内实体的“外国控制”。这种投资被认为是一种明显的企图，目的是通过收购某些关键或敏感的美国企业的股份以外的任何参与来获取无关紧要和非控制性的投资。第三项扩展包括“外国人对其投资的美国企业权利的任何变化”，如果这种变化导致外国控制了美国企业或“其他投资”。第四类涉及旨在规避外国投资委员会审查的任何其他形式的交易、转让、协议或安排。

其次，《现代化法案》为简化备案开辟了一条新途径，即“简化申报”，涉及交易的任何一方都可以向外国投资委员会提交一份原则上不超过5页的“声明”，而不是提交一份正式启动外国投资委员会审查程序的书面通知。如果外国投资委员会决定在30天内完成有关该交易的所有行动，上述声明可能会大大缩短整个流程的时间。《现代化法案》还规定，对于涉及“外国政府直接或间接拥有大量利益的外国人”收购美国企业“大量利益”的交易，必须进行强制性申报。这给了外国投资委员会一定的自由裁量权，当投资者与外国政府有关系时，可以要求涉及交易的各方在交易完成前与外国投资委员会进行接触。

再次，《现代化法案》进行了一些重大的程序改革。最明显的修改是外国投资委员会时间安排的延长。以前框架中的30天审查时间现在延长到45天。《现代化法案》还允许外国投资委员会在“特殊情况”下外国投资委员会还可以再延长15天调查期限。15

天的总统决定期没有改变。这意味着根据《现代化法案》，相对复杂的案件的总审查期限可达立案后的120天，而不是之前参考的90天（如果当事人不撤回并重新提交通知）。

最后，《现代化法案》引入为外国投资委员会设立资金，每财政年度为外国投资委员会的运作提供2 000万美元的资金。《现代化法案》还建议为希望向外国投资委员会提交自愿通知的交易方设置一笔申请费，金额为交易价值的1%或30万美元中较低者。

值得注意的是，通过的《现代化法案》最终版本取消了之前众议院和参议院版本中提出的几项条款，这些条款被认为对某些来源的投资者过于激进或具有歧视性。例如，S. 2098提议修改审查期间考虑的四个现有因素，此外还增加了9个新因素。此外，S. 2098建议引入一个名为“特别关注国家”的新概念，据此将确定一个特定国家的框架，其中包括“对美国国家安全利益构成重大威胁的国家”。与来自非提名国家的投资相比，来自某些特别关注国家的投资者的交易将受到外国投资委员会更严格的审查。《现代化法案》的最终版本从法规中删除了这两项建议，大概是为了避免外国投资委员会审查范围的过度扩大和对某些来源的投资者的公然歧视。

《现代化法案》的颁布，代表着美国加强和收紧对外国投资审查的强烈倾向。其中一些修改反映了外国投资委员会多年来的实践，但尚未被编纂成成文法。其他新条款被认为是对当前外国投资委员会审查程序的彻底改革，旨在应对当前环境下不断演变和加剧的国家安全威胁。根据《现代化法案》，国会争取建立一个改革后的外国投资委员会，以尽可能减少对企业的监管影响，对以前“不受监视”的交易进行监督与审查。新的外国投资委员会是会成为一个更高效、更有效的程序，带来更多的可预测性，还是会成为一个导致额外延迟和增加交易成本的更长程序，仍有待实践观察。

至于在《现代化法案》颁布后生效的条款，其中大多数是对当前外国投资委员会实践的编纂或澄清，主要是内部的和程序性的。只有少数立即适用的条款将对外国投资委员会当前的程序产生重大变化。最突出的变化是审查期限从最多 90 个日历天延长到最多 120 个日历天，立即适用的另一项重大变化是加强了缓解协议的使用，包括制订额外的合规计划，为此类缓解协议的执行提供信息。

就《现代化法案》将带来的长期影响而言，监管后果是深远的，特别是在与新兴和突破性技术相关的快速增长行业。评论人士预测，既然外国投资委员会获得了“直接授权，可以继续积极解读”“涵盖交易”的范围，外国投资委员会将继续以逐步扩大的权限进行国家安全审查，特别是在审查涉及解读“关键基础设施”和“关键技术”的交易时。在《现代化法案》实施细则正式生效之后，美国国家安全审查的具体执行情况如何，仍有待观察。[1]

如前所述，《现代化法案》的大部分条款在《现代化法案》生效 18 个月后，或财政部条例颁布 30 天后（以较早的日期为准）才开始生效。而其他条款在总统签署《现代化法案》后立即生效，其中包括延长外国投资委员会的审查时间，加强缓解协议的使用和遵守程序，以及为外国投资委员会的经费设立申请费。在这方

---

[1] Shah S. “The problem with foreign investment: using CFIUS & FIRRMA to prevent unauthorized foreign access to intellectual property”, *Administrative Law Review*, Vol. 6, 1, 2020.

面，本书着手讨论目前从实质性和程序性角度有效的外国投资委员会审查框架；《现代化法案》的规定只有在目前已经生效并构成目前外国投资委员会框架的一部分时才会被提及。

2018 年《外国投资风险审查现代化法案》对美国外国投资委员会的程序进行了重大改革，包括增加了需要接受美国外国投资委员会审查的新交易类型，并首次规定在某些情况下必须向美国外国投资委员会通报。全面实施《现代化法案》改革的新法规于 2020 年 2 月 13 日生效，此后，随着外国投资委员会利用其更大的权力和资源，美国国家安全审查的力度会越来越大。

（三）行政命令

2022 年 9 月 15 日，拜登总统签署行政命令，再次提出要确保美国外国投资委员会对不断演变的国家安全风险进行强有力的审查。这个行政命令定义了外国投资委员会在评估交易时需要考虑的其他国家安全因素。拜登政府认为，维持健全的外国投资审查程序来识别和应对不断变化的国家安全风险是十分重要的。因此，随着国家安全环境的演变，包括试图损害美国国家安全的国家和个人的行为，美国外国投资委员会的审查程序也必须更新。

自外国投资委员会于 1975 年成立以来，该行政命令是第一个就委员会在审查涵盖交易时应考虑的风险提供的正式总统指示。该命令认为，一些国家利用外国投资获取敏感数据和技术的访问权，以达到损害美国国家安全的目的。同时，该命令要求确保外国投资委员会在现在和未来仍然是应对这些威胁的有效工具。更广泛地说，该命令明确将外国投资委员会的角色、行动和能力与政府的整体国家安全优先事项（包括保持美国的技术领先地位、保护美国人的敏感数据和增强美国供应链的弹性）联系起来，以确保美国的国家安全工具和目标是一致且相辅相成的。

具体来说，这个行政命令通过详细说明现有的法定因素为外国投资委员会提供指导，并增加了几个国家安全因素供外国投资委员会在其审查过程中参考。该命令还承认持续改进外国投资审查程序的重要性，并指示外国投资委员会继续定期审查其程序、做法和法规，以确保其对不断变化的国家安全威胁保持积极响应。该命令指示委员会仔细审查以下五组具体因素。

第一，供应链安全。特定交易对美国关键供应链弹性的影响，这些供应链可能对国家安全产生影响，其中包括国防工业基础之外的供应链。外国投资将某些制造能力、服务、关键矿产资源或对国家安全至关重要的技术的所有权、权利或控制权转移给外国人，可能会使美国容易受到未来关键商品和服务供应中断的影响。该命令规定，委员会应酌情考虑涵盖交易对国防工业基地内外供应链弹性和安全性的影响。这些考虑因素包括供应链中替代供应商的多样化程度；供应链企业与美国政府的关系；以及外国人在特定供应链中的所有权或控制权的集中。

第二，技术领先地位。特定交易对美国在影响美国国家安全领域的技术领先地位的影响，包括但不限于微电子、人工智能、生物技术和生物制造、量子计算、先进清洁能源和气候适应技术。尽管外国投资在许多情况下有助于促进国内创新，但保护美国的技术领先地位至关重要，尤其是当外国投资涉及对美国国家安全至关重要的领域时。该命令特别确定了对美国技术领导地位和国家安全至关重要的行业，包括但不限于微电子、人工智能、生物技术和生物制造、量子计算、先进清洁能源、气候适应技术以及农业产业基础的要素对粮食安全有影响，并指示委员会考虑涉及的交易是否涉及制造能力、服务、关键矿产资源或此类领域的技术。委员会应考虑受管辖的交易是否会合理地导致未来可能破坏国家安全的技术进步和应用，以及参与交易的外国人是否与可能对美国国家安全构成威胁的第三方有联系。

第三，行业性的投资趋势影响。一个外国人在某一部门或技术上的某些投资，如果孤立地看，可能不会构成有限的威胁，但如果结合以前的交易来看，就会发现这种投资可以促进关键行业的敏感技术转让，或以其他方式损害国家安全。例如，一个外国公司或国家收购一个部门的单一公司可能会有相对较低的威胁，但一个外国公司或国家收购该部门的多个公司则会有更大的威胁。为了应对这种威胁，该命令规定，委员会应酌情考虑在单一部门或相关部门的多个收购或投资背景下所涉及的交易产生的风险。

第四，网络安全。有能力和意图进行网络入侵或其他恶意网络活动的外国人的投资可能对国家安全构成风险。该命令指出，委员会应考虑所涵盖的交易是否可能为外国人或其相关的第三方关系提供进行此类活动的途径，此外，还应考虑交易各方的网络安全态势、做法、能力以及可能允许外国人或其相关的第三方关系表现出此类活动的途径。

第五，敏感数据的安全风险。数据是监视、追踪、跟踪和锁定个人或群体的一个日益强大的工具，对国家安全有潜在的不利影响。此外，技术的进步，加上对大型数据集的访问，越来越多地使曾经无法识别的数据被重新识别或去掉名字。该命令指出，委员会应考虑所涉及的交易是否涉及能够接触到美国人敏感数据的美国企业，以及外国投资者是否已经或与外国投资者有联系的各方已经寻求或有能力利用这些信息来损害国家安全，包括通过使用商业或其他手段。

该行政命令是拜登政府为了保持美国经济和技术领先地位的更广泛战略的一部分，特别是在保护国家安全方面。这既包括在国内加强投资和竞争力，也包括加强与其盟友的合作，同时利用所有可用的工具来保护美国的优势，并且扩大安全审查的范围，以确保美国在网络、数据及产业链等环节的国家安全。

2022年10月，拜登政府发布《国家安全战略》（National Security Strategy），可以说拜登政府对其国家安全的策略形成了完整、清晰的表述。拜登政府认为，当下世界正处于一个拐点，如何应对今天面临的巨大挑战和前所未有的机遇，将决定其执政方向。拜登政府希望通过对国家安全政策的重构来推进美国的重要利益，使美国能够应对挑战。美国要结束特朗普时期的单边主义策略，积极与其盟友和伙伴加强合作与沟通，共同应对挑战。

可以看到，拜登政府将传统的"国家安全"概念进行了拓展。一方面，国家安全现在也意味着气候问题、粮食安全问题、公共卫生问题、恐怖主义、能源短缺、通货膨胀等非传统安全问题；另一方面，美国将其国家利益和国家安全扩展到全世界，意图在加强国际合作的前提下，形成"价值观"一致的国家安全共同体。这种国家安全政策，不仅凸显美国意图重构全球影响力以称霸的野心，也体现出其将构建更具扩张性和主动性的国家安全审查体系。

第三节 美国外商投资安全审查实体制度研究

美国安全审查制度的具体分析，可以从审查机构、审查范围、审查标准以及具体的审查程序展开。从分析中可以发现，美国的国家安全审查制度具有较强的国际投资保护主义特征。

一、审查机构

美国负责外资安全审查的机构主要是美国外国投资委员会。美国外国投资委员会是根据福特总统1975年5月最初发布的第1185号行政命令设立的一个机构，负责对与国家安全有关的拟议交易进行逐案审查。

（一）审查机构成员

外国投资委员会由9个美国部门和办公室的主管官员组成，即财政部长、国土安全部长、商务部长、国防部长、国务卿、美国司法部长、能源部长、劳工部长、国家情报局局长，以及总统认为合适的其他行政部门、机构或办公室的主管，在一般情况下或根据个案情况而定。在这个意义上，美国外国投资委员会的成员被扩大到可能是无限的。在上述9个部门和办公室中，其中2个部门，即劳工部长和国家情报局局长，在外国投资委员会中担任当然职务，在审查过程中不拥有投票权。此外，美国贸易代表（USTR）和科技政策办公室主任也是美国外国投资委员会的正式成员，这使美国外国投资委员会总共有11名成员。

外国投资委员会是由美财政部主导的联邦政府跨部门外资审查机构，主要负责审查影响美国国家安全的关键性基础设施和关键技术领域的海外投资。从机构组成来看，外国投资委员会成员分为三类：一是常规成员，包括9个联邦政府部门主管；二是在适当情况下参与外国投资委员会活动的部门成员；三是当然成员的负责人，包括国家情报局主管和劳工部部长。其中，美国贸易代表、科学技术政策办公室负责人等2个常规成员，以及管理和预算办公室负责人等5个参与成员，均为2008年外国投资委员会改革的新增成员。

表 2－1 美国外国投资委员会架构

常规成员	财政部、司法部、国土安全部、商务部、国防部、国务院能源部、美国贸易代表办公室、科学技术政策办公室
参与成员	管理和预算办公室、经济顾问委员会、国家安全委员会、国民经济委员会、国土安全委员会
当然成员	国家情报局局长、劳工部部长

内容来源：The Committee on Foreign Investment in the United States 官方网站。

从行政架构看，外国投资委员会的日常业务运行职能由财政部承担，具体归属于国际事务办公室下设的投资安全办公室。除委员会主席外，外国投资委员会另设一名常务主席，通常由投资安全办公室主任担任。

（二）审查机构的发展过程

外国投资委员会成立于 1975 年，根据总统授权行事，初衷主要是政治目的而非经济动因，即为了安抚国会对当时石油出口国（OPEC）对美国投资增长过快、持有大量美国债权资产组合的担忧。1980—1987 年，外国投资委员会主要根据国防部要求开展相关调查。成立之后 30 年间，外国投资委员会在法制基础、职责定位、监督、报告等方面不断强化，在防范外资威胁美国国家经济安全方面发挥了关键作用。以该机构为依托，美国逐步构建了一个较为全面的国家外商投资安全审查制度。

从发展历程看，外国投资委员会成立之初（1975—1987 年），职责定位宽泛，工作内容以信息收集为主，业务偏重审查政治风险。时任美国总统福特1975年的行政命令确立了外国投资委员会的基本结构，并指示财政部长是该委员会的主席。该行政命令规定，该委员会将在行政部门内继续承担主要责任，监测外国对美国的直接投资和投资组合投资的影响，并协调美国对此类投资政策的实施。在当时，外国投资委员会被指示主要负责：安排准备对美国外国投资的趋势和重大发展的分析；就与外国政府就拟在美国进行的重大外国政府投资进行事先磋商的安排提供指导；审查认为可能对美国国家利益产生重大影响的在美投资；研究必要的有关外国投资的新立法或条例的建议。1988年之后，外国投资委员会执法基础历经四次关键性变革，逐步强化，形成多层次的法律法规体系，确立了以外国投资委员会为核心的美国外商投资安全审查机制。

第一次是1988年颁布两项法规，一是国会批准了《美国国防生产法》的《埃克森－弗罗里奥修正案》，该修正案规定了审查外国投资的程序。二是对1950年《美国国防生产法》第721节进行修订，确立了美国外商投资安全审查制度，明确对外国企业合并、收购和接管进行审查的权力。在行政命令中，时任美国总统里根将其执行《埃克森－弗罗里奥修条款》的权力授权给外国投资委员会。由于里根的授权行动，外国投资委员会从一个审查和分析外国投资数据的有限权力的行政机构转变为美国外国投资政策的重要组成部分，具有广泛的审查权力，可以就外国投资交易向总统提供建议，并可建议暂停或阻止一些交易。

第二次改革发生于1993年前后，依据1992年《伯德修正案》修订了外商投资安全审查制度的具体规定，要求外国投资委员会在满足两个条件的情况下调查拟议的合并、收购行为：（1）并购者由外国政府控制或代表外国政府行事；（2）并购导致对在美国从事国际贸易的人的控制，可能影响美国的国家安全。这两条标准强化了对外国政府企业以及受外国政府控制企业相关投资的审查。

第三次是2007年颁布了《美国外国投资与国家安全法》及其实施细则，该法案通过法律规定了外国投资委员会的成员，并为国家情报局局长设立了明确的角色，作为当然成员，他必须评估交易对国家安全的影响。该法案还要求公布条例，以规范申请程序，以及外国投资委员会向各方通报结果的程序。它还要求美国外国投资委员会公布有关提出国家安全考虑的交易类型的准则，这对试图决定是否做出所谓的自愿申报决定的公司可能会有帮助，特别是现在撤回将受到更严格的监管。第三次修订大大提升了外国投资委员会工作机制的规范性和透明度。

第四次是2018年颁布《美国外国投资风险审查现代化法案》并在2020年1月发布了关于此现代化法案的两项实施细则。基于上述法案的正式生效，外国委员会实现了有史以来最大规模的审查权限扩张，例如可以对非控制性投资进行审查；在审查期或调查期内即可暂停交易，而无须获得总统指令；进行国别差异对待，允许对特定国家享受部分审查豁免等。这些变化体现出美国试图改变以往外商投资安全审查制度管辖范围不够明确，并且落后于投资实践的情况。

（三）审查机构的职责

外国投资委员会没有规定审查中的重点领域，从理论上来说，任何行业或者部门的并购协议都有可能成为外商投资安全审查的目标。然而，某些部门明确突出了其国家安全的顾虑，包括在“国防、安全、信息技术、电信、自然资源及环境、能源、重要工业产品”等部门，以及其他有可能影响美国国家安全或者可能被间谍活动所破坏的领域，被财政部作为重大关注的部门。虽然目前外商投资安全审查清单相对广泛，但美国财政部一再强调，国家风险的存在方式十分多样，目前部门清单仅仅是说明性的，并不是描述外国投资委员会在审查交易时可能识别和分析的所有国家安全考虑。

从外国投资委员会审查“受管辖交易”行业分布情况看，“制造业”与“金融、信息和服务业”占比最大。2009—2015年，上述两类行业交易受审查数量占总量比重高达73%。

表2-2 2009—2015年外国投资委员会审查案例行业分布情况

单位：宗

年份	制造业	金融、信息和服务业	采矿、公共事业和建筑	批发、零售和交通	总数
2009	21（32%）	22（34%）	19（29%）	3（5%）	65
2010	36（39%）	35（38%）	13（14%）	9（10%）	93
2011	49（44%）	38（34%）	16（14%）	8（7%）	111
2012	47（39%）	36（33%）	23（20%）	8（70%）	114
2013	35（36%）	32（33%）	20（21%）	10（10%）	97
2014	69（47%）	38（26%）	25（17%）	15（10%）	147
2015	68（48%）	42（29%）	21（15%）	12（8%）	143
总数	325（42%）	243（32%）	137（18%）	65（8%）	770

数据来源：外国投资委员会2021年年报。

依据《埃克森-弗罗里奥修正案》，外国投资委员会在对外资影响的调查聚焦于拟议的或待决的外国人合并、收购或接管美国人的行为是否影响国家安全。因此，在调查过程中外国投资委员会须回答四个问题：（1）交易中是否存在一个外国人；（2）并购目标是否为一个参与国际商事交易的美国人；（3）交易是否会产生外国人控制美国人的结果；（4）交易对于美国的国家安全将产生何种影响。对前两个问题的回答是较为直观的，但因“控制”在该修正案及《关于外国人合并、并购和接管条例》（简称《1991条例》）均给予较模糊定义，故对第三个问题的回答需要外国投资委员会的自由裁量。最后一个问题，关于交易是否具有国家安全性影响，最为复杂，也最需要外国投资委员会的审慎裁量。该修正案及条例均未界定何为“并购”“收购”“接管”。在《1991 条例》中，直接运用“并购”囊括上述三种交易行为。另外在《1991 条例》中，外国投资委员会特别界定了“接管”一词。将“接管”定义为表决权征集，使得在接管行为造成控制权易手于外国人时能够落入该修正案的管辖范围。由此可见，外国投资委员会认为未造成公司控制结果的表决权征集不应属于管辖范围。《1991 条例》对“并购”一词的界定以掌握公司证券或资产所有权为核心。因此，并购包括通过美国人有投票权的证券购买，可转换的有股票权证券的转化，或是对于可转化投票权证券的收购等方式获得公司所有权的行为。另外，合并也属于可能被审查的并购行为。

此外，五位官员（或其指定人员）在外国投资委员会中只担任观察职务，“并酌情参与外国投资委员会的活动并向总统报告”，即管理和预算办公室主任、经济顾问委员会主席、总统国家安全事务助理、总统经济政策助理以及总统国土安全和反恐事务助理。美国外国投资委员会特意将具有独特的，有时甚至是紧张的职能的机构包括在内，以便作出既考虑经济又考虑安全的判断。

财政部长担任外国投资委员会的主席。财政部长或总统也会根据具体情况，自行指定外国投资委员会的一名（或多名）成员作为牵头机构。除了领导审查和调查过程，牵头机构还负责根据自己的专长和知识，谈判、修改、监督和执行各方与外国投资委员会之间达成的任何缓解协议或条件，并就此类协议或条件的任何重大修改向外国投资委员会提供定期报告。

二、审查范围

美国安全审查的范围主要考虑交易的类型以及对于“外国投资者”的认定。从审查范围来看，美国的安全审查倾向于扩大其管辖的范围，从而更好地保护国家安全利益。

（一）受管辖的并购交易

1. 受管辖的并购交易的范围

美国外国投资委员会采用了“涵盖交易”一词来指代将接受其审查的交易。具体来说，“涵盖交易”是指由任何外国人提出的或与任何外国人共同提出的、可能导致外国控制的任何合并、收购或接管行为。

财政部的具体解释是，以下情况被认为是“涵盖交易”：首先，无论交易规定条款中的控制安排如何，外国人的合并或收购导致对美国企业的实际控制；其次，外国人将美国企业的控制权转让给另一个外国人的合并或收购行为；再次，外国人的合并或收购导致对外国公司的美国分公司或美国附属公司的控制；最后，外国人与美国企业的合资企业，并且外国人可以控制该合资企业。

值得注意的是，有几种类型的外国投资被财政部明确排除在“涵盖交易”之外，具体说明如下：首先，在不涉及控制权变化的情况下的股票分割或按比例的股票利息；其次，仅出于被动投资的目的，由持有美国企业 10%（包括）以下的流通投票权的外国人进行的合并或收购；再次，外国人仅作为证券承销商进行的证券收购；最后，为履行与忠诚、担保或伤亡有关的保险合同的义务而进行的收购。绿地投资和间接投资可以免于国家安全审查。

2. “控制”的认定

在外资并购安全审查过程中，除了对国家安全的界定外，还有一个非常重要的概念——“控制”，也就是说外资并购安全审查涉及的交易会导致“外国人”控制在美国从事商业活动的实体。立法对“控制”的重视表明了美国国会基本的价值取向和基本的态度：如果外资并购交易会导致外国人控制在美国范围内从事商业经营的实体，那么该交易就可能会严重威胁到美国国家安全。“控制”主要用于以下两个场合：一是评价外国实体是否会控制一个美国公司；二是评价外国实体是否实际上被外国政府控制。“控制”的概念经常出现，它不但界定了并购人的性质和并购交易本身，而且还是“外国人”和“外国政府控制的并购交易”两个定义的核心范畴。

“控制”这一概念在美国安全审查中倾向于广义的解释。“控制”被定义为拥有决定被并购实体重要事项的权力，无论这项权利是被直接行使还是间接行使，无论这项权力是已经行使还是可被行使。控制典型存在于并购人可影响下列事项决定时：（1）买卖、租赁或出资实体财产，无论这些行为是否发生于普通商务之中；（2）解散实体；（3）关闭或迁移实体的产品、研究成果和设备；（4）实体终止或不全面履行合同；（5）修改实体的公司章程或设立协议中关于前四项的规定。

美国外商投资安全审查法律制度中定义了“控制”的许多构

成要素，这意味着外国投资者通过多数或占主导地位的董事会席位、代理投票权、特别股、协议安排、正式或非正式的一致行动安排以及其他方式，能够实现同样的目的，即直接或间接地决定对美国公司至关重要的事项。无论收购方是否直接或间接行使该权利，或者该权利是否被行使，都将被视为具有“控制”能力的行为。此外，如果一家以上的外国企业在同一家美国企业中拥有权益，如果这些外国企业以某种方式存在联系，或者如果它们通过正式或非正式协议联合起来并一致行动，或者如果他们被同一外国政府或其附属公司控制，则上述所有情况均构成对美国企业的“控制”。

自 2018 年 11 月以来，美国外国投资委员会根据《现代化法案》开展了一项与关键技术有关的试点计划。该临时试点计划通过规定经《现代化法案》修订的 1950 年《国防生产法》第 721（a）（6）（A）条中定义的关键技术的具体覆盖范围以及 27 个试点计划行业，来执行关于关键技术非控制性投资交易的规定。试点计划还引入了对涉及关键技术的外国交易（包括控制性和非控制性投资）的强制性声明，并在交易完成日期前至少 45 天提交。如果不遵守强制性声明，将导致交易双方被处以民事罚款。因此，涉及关键技术的交易，无论是否寻求对目标实体的外国控制，都将受到美国外国投资委员会的事先审查。关键技术被定义为：（1）列入美国军火清单的国防物品或国防服务；（2）列入《美国出口管理条例》商业管制清单的物品；（3）与核有关的设施、设备、材料、软件和技术；（4）特定制剂和毒素；（5）《2018 年美国出口管制改革法》第 1758 条规定的新兴和基础技术。

3. 不受管辖的并购交易

2022 年 1 月，美国财政部发布的一项最终规则，修改了其实施《现代化法案》的法规中“例外外国”和“例外房地产投资国”的定义。最终规则中，外国投资委员会将澳大利亚、加拿大和英国确定为“例外外国”，同时还略微放宽了“例外投资者”的资格标准（与“例外房地产投资者”相同）。

该条例没有规定外国投资委员会如何选择被列入例外国家名单的标准，只是规定了，首先必须被外国投资委员会确定为合格的外国国家；其次在2022年2月13日之后，包括现有的例外外国国家继续留在名单上、美国外国投资委员会必须确定该国已经建立并正在有效利用一个强力的程序，以分析外国投资的国家安全风险和促进与美国在投资安全相关事项上的协调。美国外国投资委员会今后将考虑一个国家是否制定了这种“强而有力的外商投资安全审查程序”的具体因素。

值得注意的是，最初的例外国名单很少，仅限于四个有特殊情报共享安排的“五眼联盟”国家。条例所附的评注特别指出，选择这些国家是由于它们与美国有强大的情报共享和国防工业基地整合机制。评注还承认，有限的名单反映了例外的外国国家规则是一种全新的尝试，扩大应用对美国的国家安全有潜在的重大影响。这意味着例外外国名单不是静态的，将来可能会发生变化。

确定一个特定的外国人是不是“例外投资者”（或“例外房地产投资者”）的过程是复杂的。要成为“例外投资者”，外国人必须属于以下三类之一：（1）是一个或多个例外国家名单上的国民。（2）是由一个例外的外国政府进行的投资。（3）一个外国实体，其本身及其每个母公司都符合以下五个标准：①根据一个例外国家的法律或者美国法律组建的；②主要营业地在一个例外国或美国；③其董事会或同等管理机构中75%或以上的成员是美国国民或专门属于一个或多个例外国的国民；④任何单独或作为一个外国团体的一部分，持有10%或更多的投票权、经济利益、利润利益或解散后的资产利益，或可能以其他方式控制该实体的外国人必须是（a）一个或多个例外国的国民，（b）一个例外国的外国政府，（c）一个根据例外国的法律组织的外国实体，其主要营业地点在一个例外国或美国；⑤该实体的“最低限度的例外所有权”——其定义为主要在例外国或美国的交易所公开交易的实体的大多数投票权、利润和资产权益以及任何其他实体的至少80%的投票权、利润和资产权益——必须由每个人单独或合计持有，这些人要么不是外国人，要么符合上述标准④中（a）、（b）或（c）。

（二）对投资者的认定

对投资者的认定，则主要针对识别“外国人”、外国实体，针对不同的投资者，安全审查制度的具体管辖措施也会有区别。

1. 外国实体

在美国成立的企业无疑不被视为外国实体，但它可能被归类为外国人。一个简单的情况是外国国民拥有美国企业100%的股份。很明显，美国企业受到外国控制，导致其本身被归类为外国人。然而，在更复杂的情况下，一家美国公司60%由美国公民持有，40%由外国公民持有，问题就出现了，外国公民是否对美国企业施加了控制权。外国投资委员会将“控制”宽泛地定义为影响实体的重大决策的能力。即使不拥有超过50%的业务，外国投资者也可以通过其他方式实现控制，如董事会代表、管理决策，或获得关键技术或知识产权。在上述情形中，如果外籍人士均未行使控制权，且与该公司的任何其他股东不存在一致行动安排，则该公司不被视为外国人。另外，如果任何少数外国股东对美国企业有重大影响，则该企业被视为外国实体。

2. 外国政府及其控制的交易

美国政府一直十分重视由外国政府所控制的海外并购项目。特别是，在2022年9月15日，美国总统拜登签署了一项总统行政令（Executive Order），就美国外国投资委员会在审查受管辖交易时应考虑的国家安全风险做出正式指示。其中详细阐述和扩展了外国投资委员会在进行外商投资安全审查过程中必须考虑的因素。虽然该行政令并未改变外国投资委员会的正式审查流程，也未变更外国投资委员会的司法管辖权，但是总统作为有权禁止或阻止拟议交易的单独个人，在外国投资委员会审查流程中发挥着关键作用，拜登总统的个人指令势必会影响外国投资委员会的日常审查活动。

该行政令并未提及任何特定国家，但提到了直接或间接涉及外国对立方和其他特别关注国家的投资所构成的威胁，考虑到参与交易的外国人（包括外国政府）的法律环境、意图或能力，这些投资可能对美国国家安全构成不可接受的风险。该行政令出台之际，美国官员对国际贸易安全问题表示担忧，尤其是技术领域的投资，同时显著加强了针对俄罗斯的贸易管制。

外国政府及其控制的交易中很大的一部分内容是对国有企业的质疑。美国认为其对国有企业投资监管的逐步严格审查是一种必要的发展。当生产资料由国家控制时，作为经济自由主义基础的公共实体和私人实体之间的界限变得模糊，其在美国的投资行为往往被区别对待。在国内，国有企业是履行公共职能的私营实体，他们提供公共服务，实施产业政策，然而以外国投资者的身份进行外资并购行为时，国有企业被怀疑仍旧存在这种非商业性，仅仅充当政府所有者的工具。因此，国有企业会被认为可能会优先考虑本国的利益，而不是商业成功。简而言之，美国外商投资安全审查程序下，国有企业是重要审查方向。在《现代化法案》之后，外国投资委员会会考虑一笔交易是否涉及一个“特别关注”的国家，是否会威胁到美国在这些领域的领导地位。此外，外国投资委员会还将评估潜在投资对网络安全和可能威胁国家安全的个人数据的影响。

三、外商投资安全审查制度的标准

美国的国家安全审查标准的规定十分详尽，从不同领域、不同角度进行规定，并且随着科技发展，其标准也在不断地变化。

（一）美国的国家安全审查标准

1. 要素考察

自外国投资委员会成立以来，国家安全的概念一直很突出。《美国国防生产法》第 721 条规定的外商投资安全审查标准是确定有可信的证据表明，外国投资可能采取损害国家安全的行动。第 721 条没有定义国家安全的概念，但列出了在确定一项交易是否可被视为威胁到美国国家安全时可考虑的因素。这份清单是开放式的，因此美国外国投资委员会的审查权力在理论上是十分广泛的。

由于“国家安全”并没有明确的定义，因此没有任何门槛或任何其他类型的条件来触发审查。根据第 721 条的规定，即 1988 年 8 月 23 日之后，由任何外国人提出的或与之有关的任何合并、收购或接管，可能导致外国控制任何在美国从事国际贸易的人。如果委员会认为一项交易可能对美国的国家安全产生影响，那么就可以启动国家安全调查。

然而，《现代化法案》给这个过程带来了重要的变化。现在有两种情况必须进行审查和调查：第一，对于外国政府控制的交易，即相关交易可能导致外国政府或由外国政府控制或代表外国政府行事的实体控制任何在美国从事国际商业的人；第二，在某些情况下，交易将导致对关键基础设施的控制。在《现代化法案》之前，外国投资委员会的管辖权仅限于可能导致外国控制任何美国企业的交易。《现代化法案》保留了外国投资委员会对此类交易的管辖权，并赋予外国投资委员会两个新的管辖权基础：（1）对涉及关键技术、关键基础设施或敏感个人数据的某些美国企业的某些非控制性投资；（2）某些房地产交易。法规提供了美国企业运营或房地产资产的详细标准，这将导致更多交易落入这些新的管辖范围。将更多的并购交易纳入外国投资委员会的管辖范围反映了过去几年在外国投资委员会的案件量中表现出的可能存在的国家安全漏洞，以及美国政府对维持外商投资安全审查制度可靠性的努力。

美国外国投资委员会审查某些非控制性投资的管辖权是基于投资的性质和目标美国企业的性质。《现代化法案》的规定是指，投资的性质必须使外国人获得以下一项或多项：（1）接触到美国关键技术业务所拥有的任何重大非公开技术信息；（2）在美国关键技术企业的董事会（或同等机构）中拥有成员资格或观察员权利，或有权提名个人担任该职位；（3）除通过股份投票外，参与美国工业发展署有关关键技术、关键基础设施或敏感个人数据的实质性决策。

2. 关键技术

由《美国外国投资与国家安全法》增加并由《现代化法案》加强的外国投资委员会程序的一个要素是增加了“关键行业”和“国土安全”作为可接受外国投资委员会外商投资安全审查制度的

经济活动的广泛类别，表面上扩大了外国投资委员会的授权。2001年的《美国爱国者法案》和2002年的《美国国土安全法案》为这一行动开创了先例，这两个法案定义了关键行业和国土安全，并将这些行业的责任分配给各个联邦政府机构。《美国外国投资与国家安全法》参考了这两个法案，并借用了其中关于“关键行业”和“国土安全”的表述。在“9·11”的恐怖袭击之后，国会通过并由布什总统签署了2001年《美国爱国者法案》（通过提供拦截和阻挠恐怖主义所需的适当工具来团结和加强美国）。在该法案中，国会规定了对“关键行业”的特别支持，该法案将其定义为对美国至关重要的系统和资产，无论是实体的还是虚拟的，这些系统和资产的丧失或破坏将对安全、国家经济安全、国家公共卫生或安全，或这些事项的任何组合产生削弱性影响。

该法案的其他条款在某种程度上加强了这一广泛的定义，这些条款确定了某些经济部门有可能被考虑作为国家关键基础设施的组成部分。这些部门包括电信、能源、金融服务、水、运输部门，以及对维护美国的国防、政府的连续性、经济繁荣和生活质量至关重要的网络和物理基础设施服务。

此外，《美国国土安全法》在关键基础设施（CI/KR）清单中增加了“关键资源”，并将这些资源定义为“对经济和政府的最低运作至关重要的公共或私人控制资源”。通过一系列指令，国土安全部确定了17个经济部门属于关键基础设施、关键资源的定义范围，[1] 并将这些部门的主要责任分配给各联邦部门和机构，这些部

---

[1] 这些部门包括：(1) 农业和食品；(2) 国防工业基地；(3) 能源；(4) 公共卫生和保健；(5) 国家纪念碑和图标；(6) 银行和金融；(7) 饮用水和水处理系统；(8) 化学；(9) 商业设施；(10) 大坝；(11) 应急服务；(12) 商业核反应堆、材料和废物；(13) 信息技术；(14) 电信；(15) 邮政和航运；(16) 交通系统；以及 (17) 政府设施。

门被指定为特定部门机构（SSA）。[1] 2008 年 3 月 3 日，时任美国国土安全部长切尔托夫签署了一份国土安全部内部备忘录，指定关键制造业为 CI/KR 清单上的第 18 个部门。

2013 年，通过一项总统政策指令改变了关键行业的名单。该指令列出了 3 个“战略要务”，作为联邦加强关键基础设施安全和复原力的驱动力：(1) 完善和澄清联邦政府的职能关系，以促进国家统一努力，加强关键基础设施的安全和复原力；(2) 通过确定联邦政府的基线数据和系统要求，实现有效的信息交流；(3) 实施整合和分析功能，为关键基础设施的规划和运营决策提供信息。

《现代化法案》增加了关于关键技术的相关内容。第一，根据《联邦法规》第 22 章 M 分章的《国际军火交易条例》中规定的美国军火清单上的国防物品或国防服务。第二，列入《联邦法规》第 15 章第七章 C 分章的《出口管理条例》第 774 部分第 1 号补充规定的商业管制清单的物品，以及根据多边制度，包括与国家安全、化学和生物武器扩散、核不扩散或导弹技术有关原因的物品；以及与区域稳定或秘密监听有关的原因而受到管制的物品。第三，《联邦法规》第 10 章第 810 部分（关于援助外国原子能活动）所涉及的特别设计和准备的核设备、零部件、材料、软件和技术。第四，《联邦法规》第 10 章第 110 部分（关于核设备和材料的进出口）所涵盖的核设施、设备和材料。第五，《联邦法规》第 7 章第 331 部分、第 9 章第 121 部分或第 42 章第 73 部分所涉及的特定制剂和毒素。第六，根据 2018 年《美国出口管制改革法》第 1758 条控制的新兴和基础技术。

---

[1] 具体部门的机构包括以下部门：农业部、国防部、能源部、卫生与公众服务部、国土安全部、内政部、财政部和环境保护署。

3. 关键基础设施

外国投资委员会发布的最终版《现代化法案》实施条例更具体地界定了成为美国关键基础设施的要求。《现代化法案》指示美国外国投资委员会将其对“关键基础设施”投资的管辖权限制在可能对美国外资安全特别重要的关键基础设施子集（在条例中被称为“所涉及的投资关键基础设施”）。该条例在一个详细的附录中对这一子集进行了精确的定义，该附录确定了28种类型的基础设施。具体来说，包括如下内容。（1）电信：某些互联网协议网络、电信和信息服务、互联网交换点、海底电缆系统和相关设施（包括某些数据中心）；（2）电力：某些用于发电、输电、配电或储存电能的系统，包括大宗电力系统、用于该系统的工业控制系统，以及某些与大宗电力系统实际连接的电力储存资源；（3）石油和天然气：某些炼油厂、原油储存设施、液体天然气（LNG）进口或出口终端、天然气地下储存设施或液体天然气调峰设施、州际石油和天然气管道，以及相关的工业控制系统；（4）水：某些公共供水系统和处理工程，以及相关的工业控制系统；（5）金融：某些具有系统重要性的金融市场公用事业，证券和期权交易所，以及核心处理服务提供商；（6）国防工业基地：直接为某些军事设施服务的光缆，直接为某些军事设施或位于这些设施的工业控制系统提供发电、输电、配电或储存的设施，直接为某些军事设施和工业控制系统服务的公共供水系统或处理工程，直接为战略石油储备服务的州际石油管道，被指定为国防部战略铁路走廊网络一部分的铁路线和相关连接线，直接为国防部及其组成部分提供服务的卫星或卫星系统，在美国制造某些特种金属、覆盖材料、化学武器解毒剂以及碳素、合金和装甲钢板的设施，除市售现成物品外，为重大国防采购计划、主要系统的合同或订单制造或运营的某些工业资源，或由工业基地基金、快速创新基金、制造技术计划、国防后勤局（DLA）相关计划或合同资助的工业资源；（7）港口：受外国投资委员会新的房地产管辖的机场和海运港口。

4. 主要生产者认定

美国情报局（USIC）认为外国政府或公司会企图获得拥有“关键技术”的美国龙头企业。美国对于这项审查要素的设定主要是为了保护美国企业，使美国企业保持行业领先优势，保护美国的经济安全。主要生产者的认定对象为美国企业，外国投资委员会在审查投资交易时，针对并购时会评定被并购的美国企业是否为该产业的龙头企业，针对绿地投资时会评定美国是否为该行业的主要生产者以及该行业是否有美国的龙头企业。美国政府并非阻止一切针对美国龙头企业的投资，实际上，只要对美国龙头企业的投资是少数股权投资，不会撼动美国龙头企业的地位，那么外国投资委员会就不会否决该项投资，甚至不会审查该笔投资。

2020 年 10 月 15 日，美国白宫发布《关键和新兴技术国家战略》(《CET 战略》)。该战略中列明了 20 类关键和新兴技术清单，并要求采取多项措施以促进美国国家安全创新、保持美国在关键技术领域的国际领导地位，包括在多边机制下对关键和新兴技术的出口管制、推动盟国建立与美国类似的外商投资安全审查制度、评估全球科技政策确保供应链安全等。在此基础上，对主要生产者的认定，突破了传统的行业领导者的概念，开始聚焦关键的新兴技术。2022 年清单进一步列明了人工智能技术中的机器学习、深度学习、强化学习、感官知觉和识别、下一代人工智能、计划、推理和决策、人工智能安全与保护等人工智能技术。关键和新兴技术清单本身并不是美国的立法战略，但后续将作为美国政府制定技术竞争和国家安全战略的重要参考。在管控关键和新兴技术时，美国政府主要考虑核心技术本身，而非技术的应用层面。

5. 其他审查要素

根据美国国会相关报告规定，安全准入审查要素还包括被审查对象信息是否公开透明，即被审查对象是否能提供审查要求的信息，所提供信息是否真实准确；同时还包括被审查对象是否遵守美国法律，即是否遵守美国的知识产权及出口管制法律。

此外，随着科技发展，数据安全越来越受到重视。《现代化法案》没有包含关于敏感个人数据的定义或划分原则，只是指可能被利用以威胁国家安全的数据。为了解决这个问题，最终版《现代化法案》实施条例设立了两类敏感个人数据。

第一，敏感的个人数据包括个人的基因测试结果，包括任何相关的基因测序数据，只要这些结果构成“可识别的数据”，并且无论这些数据的数量或收集的人群。这一定义不包括来自美国政府维护的数据库的数据，以及为研究目的而例行提供给私人的数据。

第二，敏感的个人数据包括“可识别的数据”，它被定义为可用于区分或追踪个人身份的数据，但前提是满足以下类别和收集要求。

首先是满足类别要求，即可识别数据属于10个确定的类别之一，这些类别是：(1) 可用于确定个人财务困境或困难的财务数据；(2) 消费者报告中的数据（有某些例外）；(3) 健康或其他类型的保险申请中包含的数据；(4) 与个人的身体、精神或心理健康有关的数据；(5) 美国企业用户之间的非公开电子通信（电子邮件、文本、聊天等）；(6) 美国企业的产品或服务的用户之间的非公开电子通信（电子邮件、文本、聊天等)，如果促进第三方用户通信是此类产品或服务的主要目的；（7）地理定位数据；（8）生物识别注册数据；（9）用于生成州或联邦政府身份证的数据；（10）有关美国政府人员安全审查状态的数据或者申请人员安全审查或在公共信任职位就业的数据。

其次应该满足收集需求，即维护或收集可识别数据的美国企业，以任何负责情报、国家安全或国土安全的美国行政部门或军事部门，或其人员和承包商为目标，或为其定制产品或服务；在交易“完成日期”、执行有约束力的交易协议、提交美国外国投资委员会通知或声明，或某些其他交易相关行动（以最早者为准）之前的12个月内，拥有超过100万个人的此类数据（除非它能证明在完成日期之前没有能力收集或维护任何此类数据）；或有一个明显的商业目标，即维护或收集超过100万个人的此类数据，并且此类数据是美国企业的产品或服务的一个组成部分。

任何维护或收集这两类“敏感个人数据”的美国企业，除了有限的例外，都被视为关键的美国企业。

（二）国家安全的概念

在国家安全审查中，最关键的概念就是“国家安全”，从这一概念出发，可以确定某一外资并购活动是否有可能损害国家安全利益，传统的“国家安全”概念主要集中在国防、军事等领域，而随着时代发展，这一概念也开始包括各种“非传统安全”，而成为复合概念。

1. 传统“国家安全”概念

在20世纪，在以保护投资及投资者为主的国际投资体系下，国家安全是资本自由流动的一个例外。对国家安全考虑的评估似乎正在从国际法转向国内法，并将其作为在设立前阶段拒绝投资的理由。国家安全现在在国内法中被确立为一个总体类别，超出了国防或外交事务的考虑，还包括对战略行业或部门、基础设施和电信等关键技术的投资的担忧。

国家安全概念的扩展以两种不同的趋势不断发展。第一，通过扩大相关立法框架，例如增加需要审查的新行业或活动，降低启动审查程序的门槛，扩大可能需要审查的外国投资的定义及其适用范围，或延长外国投资者的披露义务。其次，通过对国家安全概念的广泛定义，在更广泛的新地缘经济秩序中，国家安全是解释国际治理层面向国内治理层面转变的力量。

国际贸易和外国投资在20世纪下半叶被认为是实现世界和平与经济发展的途径。因此，制定了贸易和投资条约，以规范从卫生和环境到能源和税收的国内政策。最近，这开始引起人们对尊重国家主权的担忧。国际贸易和投资条约包括了“安全阀”，以防各国认为自己的主权受到过度限制。这些安全阀通常采取“安全例外”或“基本利益例外”的形式。[1]

虽然自20世纪70年代以来就开始出现外商投资安全审查制度，但随着国际经贸发展，外商投资安全审查制度不断增多，程序更加复杂，所涉范围也越来越大。其中，“国家安全”几乎总是审查的最主要原因。美国是这方面最典型的例子，因为它传统上使用更广泛的理由进行外商投资安全审查，比如国会并未明确“国家安全”的概念，但却明示其需要进行广义解释，这就导致具体实践中外商投资安全审查制度的自由裁量权很大。

这种宽泛的国家安全概念在不同国家都得到相对普遍的适用，且国家安全通常不局限于国防或外交事务。澳大利亚所采用的“国家利益测试”似乎比严格意义上的国家安全更进一步。欧盟立

---

[1] 李英、罗维昱：《中国对外能源投资争议解决研究》，知识产权出版社2015年版，第5页。

法框架还提到了“安全”和“公共秩序”，这些概念可能被解释为比国家安全更广泛的概念。根据学者的分析，美国的“国家安全”概念可能相对来说还是比较限缩的概念，努力聚焦于切实的安全威胁，并尽量排除了所谓的不公平竞争问题。

由于“国家安全”概念的不明确，对外国投资委员会审查流程的分析、现有数据、重大跨境交易的案例研究以及其他可用信息表明，这些成本是巨大的。从 2008 年到 2012 年，共有 538 宗交易接受了外国投资委员会的审查，但这一数字每年都在增加。此外，因为许多其他因素造成了额外的成本，真实的成本没有反映在这个数据中。首先，未能明确界定国家安全，增加了不确定性，拖延了交易，大大降低了交易价值。其次，双方往往会花费大量时间和资金就交易结构达成一致，但当外国投资委员会明显会阻止交易时，交易就会破裂。再次，由于外商投资安全审查缺乏明确的方向，委员会的监督和审查费用较大。最后，国家安全方面缺乏透明度，使得委员会和总统可以出于看似政治的原因阻止交易，这可能导致被阻止投资的公司所在国采取报复措施。如果不修改规定，更清楚地解释国家安全评估过程，这些费用可能会继续上升。因此，应修订法规，为投资者提供更多的清晰度，降低这些成本，促进更多的外国直接投资，同时不削弱委员会阻止威胁美国国家安全的交易的能力。

2. 当前“国家安全”概念

外国投资者对美国国内经济的贡献尤为显著。在美国的非美国跨国公司与美国跨国公司一样，支付更高的工资，提供更大的福利，展示更高的生产率，出口更多的商品和服务，参与更多的研发。与此同时，外国投资者对美国企业的技术、管理和质量控制程序的升级构成了竞争压力，并经常为美国企业提供学习和模仿的渠道。事实上，最新的数据显示，在过去20多年里，美国经济中企业的所有生产率增长中，有12%可以追溯到外国投资者的溢出效应。这种溢出效应来自金砖国家的外国投资者以及总部设在经济合作发展组织成员国的外国公司。[1] 然而，对外资可能存在安全威胁的考虑一直存在。因此，近年来美国对国家安全的关注越来越多，这不仅体现在措施的数量上，也体现在对“国家安全”这一概念的不断扩张上。

如上所述，《现代化法案》的出台大大扩展了国家安全的内涵和外延，但对外国投资委员会案例的实证研究表明，国家安全的威胁可以分为三种不同的类型。

第一种威胁来自敏感技术可能被泄露给外国公司或政府，而这些公司或政府可能运用或出售这种技术，从而损害美国的国家利益。评估第一种威胁的合理性需要两步。第一步是分析如果该技术被运用到针对美国利益的地方可能造成的损害；第二步是分析这种技术在国际市场上有多大的可得性，以确定拒绝向外国转让是否有意义。如果被收购公司所持有的技术的替代来源很普遍，那么阻止交易就不会有利于国家安全。

第二种威胁来自外国收购者的能力，即独立行动或根据投资者国家政府的指示，对目标企业的收购所能造成的后果。要评估这种威胁的程度，也需要一个两步的分析过程。第一步是分析收购的企业或企业所生产的产品有多“关键”或“重要”，在这里，关键或重要的定义也比较宽泛，主要包括对美国关键供应链弹性的影响；美国相关领域的技术领先地位的影响；对美国网络及数

---

[1] Moran, Theodore H. “CFIUS and national security: Challenges for the United States, opportunities for the European Union.” *Peterson Institute for International Economics*, Vol. 19, 1 - 24, 2017.

据安全的影响等方面。第二步是分析国际产业的集中程度，被收购公司的生产工艺或产品的近似替代品的丰富程度以及转换成本的高低。如果被收购的公司产品和服务是广泛存在的，而且转换成本很低，那么对美国的国家安全就没有可信的威胁。

第三种威胁来自收购一家美国公司可能会让外国公司或其政府渗透到美国公司的系统中，以监控或在这些系统中放置破坏性恶意软件等手段对国家安全进行危害。这种网络威胁越来越成为现实，美国已经多次表示，其他国家所实施的网络攻击，对国家的公共利益造成了实质性的威胁。[1] 在评估涉及关键基础设施的外国收购时，这种威胁尤为严重。在当前的美国外商投资安全审查制度中，弄清楚如何在全球化供应链的世界中应对这一威胁，尤其是在信息技术领域，是一个难题。

因此，美国国家安全审查的概念正处在一个剧烈变化的阶段。在这种情况下，投资者需要谨慎应对，积极分析投资过程中可能出现的安全审查风险，避免陷入审查的漫长流程而导致投资失败。

四、外商投资安全审查制度的程序

具体来说，美国的国家安全审查主要有非正式磋商、通知、初次审查、详细调查、申报撤回与重启、总统决定、风险缓和以及国会监督等程序。

（一）非正式磋商

在提交正式通知之前，鼓励双方与外国投资委员会协商，并在适当情况下，向外国投资委员会提交通知草案或其他适当文件，

[1] Cybersecurity & Infrastructure Security Agency, Russia Cyber Threat Overview and Advisories, https://www.cisa.gov/russia, 2022-10-22.

以帮助外国投资委员会了解交易，并为外国投资委员会提供机会要求在通知中包含额外信息。此类通知前磋商和通知草案至少在自愿正式通知提交前5个工作日进行。此外，任何一方或各方在此阶段披露或提交给外国投资委员会的所有信息和文件材料将被视为随后提交给外国投资委员会的正式通知的一部分，并将受到信息保密的保护。

关于非正式磋商和通知草案的内容，外国投资委员会在程序的这一阶段不会就一笔交易是否可能引发国家安全担忧或是否被视为受审查的涵盖交易发表咨询意见。非正式磋商过程可以提高外商投资安全审查效率，使美国外国投资委员会能够尽快获得未决交易的有效信息，从而进行快速准确的安全风险分析。同时，双方可以尽快了解外商投资安全审查制度的要点，尽快考虑并谈判缓解协议，促进外商投资审查的顺利进行。

为鼓励并购交易方积极进行通知前非正式磋商，该阶段交易方披露或提交的信息均可在提交通知后视为其一部分，受到信息保密制度保护。

（二）通知

美国外国投资委员会的审查程序将由以下两种情况触发：一是任何所涉交易的任何一方（或多方）向美国外国投资委员会提交自愿通知；二是美国外国投资委员会的任何成员（或多方）或美国总统向美国外国投资委员会提交单边通知。任何一方或多方都可以通过向财政部长提交一份关于该交易的书面通知来启动对该交易的审查。这种自愿通知可以撤回，但必须向外国投资委员会提交撤回的书面请求，并得到其批准。

总统或任何副部长或在外国投资委员会有代表的部门或机构的适当副部长可以启动审查，这被理解为“单方面启动审查”。在实践中，美国外国投资委员会总是建议各方在审查即将开始时自愿提交通知，而且，通常企业的律师也建议各方提交自愿通知，以避免未来可能出现的外国投资委员会审查。交易方也可以掌握事后可能撤回的权力，因为只要外国投资委员会接受这种撤回，自愿通知也可以由交易方在事后自愿撤回，而单方面的通知是不能撤回的，除非最初提交通知的外国投资委员会成员或主席希望这样做。

《现代化法案》为审查交易提供了双轨制方法。一些公司被允许向美国外国投资委员会提交声明，并可获得快速审查程序，而涉及外国政府直接或间接拥有重大利益的交易将被要求提交书面通知并接受更严格的审查。最终法规允许任何公司有机会提交一份简短的声明，但如果外国投资委员会认为有必要的话，可以要求提交一份较长的申报材料。

合并、收购或接管的任何一方的首席执行官必须书面证明，提交给外国投资委员会的书面通知中的信息完全符合外国投资委员会的要求，并且信息是准确和完整的。这份书面通知还将包括作为外国投资委员会批准的一部分的任何缓解协议或条件。

根据外国投资委员会的最新规定，对于在 28 项指定活动中生产、设计、测试、制造、制作或开发一项或多项关键技术的某些美国企业的外国投资，必须进行强制性的申报和审查程序（通过申报）。这 28 项活动是（1）互联网协议或电信服务；（2）某些互联网交换点；（3）海底电缆系统；（4）海底电缆登陆系统；（5）海底登陆设施的数据中心；（6）为国防部服务的卫星或卫星系统；（7）为重大国防采购计划制造或经营的工业资源；（8）根据数字化转型优先等级合同制造的任何工业资源；（9）制造某些特种金属、化学武器、碳；（10）任何由《国防生产法》、工业基地基金、快速创新基金、制造技术计划、国防后勤战备计划或国防后勤局增援和维持计划资助的工业资源；（11）电能储存系统；（12）与大宗电力系统相连的任何电力储存系统；（13）军事设施的电能发电、输电或配电；（14）大宗电力系统使用的任何工业控制系统，或直接支持军事设施的设施；（15）某些炼油厂；（16）某些原油储存设施；（17）某些液化天然气进口或出口终端或某些天然气地下储存设施；（18）具有系统重要性的金融市场公用事业；（19）某些金融市场交易所；（20）重要服务供应商计划中的技术供应商；（21）任何被指定为国防部战略铁路走廊网络一部分的铁路；（22）某些州际石油管道；（23）某些州际天然气管道；（24）州际石油或天然气管道使用的任何工业控制系统；（25）某些机场；（26）某些海运港口或码头；（27）公共供水系统；（28）公共供水系统或处理工程使用的任何工业控制系统。这一要求适用于与美国企业在一个或多个法规中规定的部门（以前在试点计划中规定）的活动有关的关键技术，或由美国企业专门为一个或多个规定部门的使用而设计的关键技术。这一转变还扩大了美国外国投资委员会对交易的审查范围，不仅仅是那些使外国投资者获得控股权的交易，还包括外国投资者不因外国投资而对美国企业拥有控股权的投资。具体来说，如果这种非控制性投资将使外国投资者获得美国企业所拥有的“重大非公开技术信息”；在董事会中的成员或观察员权利；或参与有关关键技术的任何实质性决策，那么这种非控制性投资将被涵盖，或受到审查。

在外国投资委员会程序的任何时候，各方都可以撤回并重新提交通知，例如，允许有更多的时间讨论外国投资委员会对未决问题的拟议解决方案。根据《美国外国投资与国家安全法》和《现代化法案》，总统保留其作为唯一能够暂停或禁止并购和收购的官员的权力，并且这些措施对那些在全面审查完成之前撤回申报后重新提交申报的公司提出了额外要求。

（三）初审程序

在收到书面的自愿通知或单方面通知之后，外国投资委员将会开始总共45天的审查，以确定该交易是否对美国国家安全有影响。45天的时间是从财政部长接受该通知或者单方面开始审查之日开始算起。

如果在45天的审查过程中，外国投资委员会明确了，其所涉及的交易是受到外国政府控制的交易，那么外国投资委员将结束初审程序，进入详细调查阶段。

在初步审查完成之后，如果美国外国投资委员会认定其交易符合下列情况之一，将对此次并购进行详细的调查程序。这些情况包括：首先，美国外国投资委员会的一名成员（不包括当然成员）向财政局长提出建议，认为该交易有危害国家安全的威胁，而且这种威胁通过措施没有得到缓解；其次，初审的牵头机构认为应该进行调查阶段；最后，外国投资委员会确定，所涉及的交易将导致外国控制美国关键基础设施。

如果被通知的交易似乎不符合上述任何情况，那么整个审查过程就完成了，拟议的外资并购可以继续进行。

当然，在初审过程中，外国投资委员会需要对并购交易中的当事人信息进行保密，因为随着国会监督机制的加强，对外商投资安全审查制度中的商业秘密的要求也逐渐加强。

（四）调查程序

一旦审查程序进入调查期，一项并购交易将受到更全面和严格的审查。在调查期间，美国外国投资委员会更加注重审查以下事项：第一，由任何外国人进行的或与外国人进行的交易是否会导致外国对美国企业的控制；第二，是否有可信的证据支持对该美国企业行使控制权的外国投资者可能采取任何威胁到国家安全的行动；第三，但并非最不重要的是，其他法律条款是否为保护美国国家安全提供了充分和适当的授权。

在审查或调查期间，美国外国投资委员会和指定的牵头机构有权与交易各方谈判、施加或执行任何协议或条件，以减轻对美国国家安全的任何威胁。这种协议是基于对交易所构成的威胁的风险分析。另外，如果在外国投资委员会完成任何审查或调查之前，交易通知被撤回，委员会可以制定如下措施：（1）临时保护措施，以解决在各方重新提交通知之前对交易的具体关切；（2）重新提交通知的具体时间框架；（3）跟踪交易各方采取的任何行动的程序。

（五）申报撤回与重启

已提交自愿通知的并购交易的一方（或双方）可以在外国投资委员会审查结束前的任何时候以书面形式要求撤销该通知。这种请求应直接提交给财政部长，除非外国投资委员会另有决定，否则原则上将被批准。

单方面通知也可以撤回，但只能由最初提交通知的外国投资委员会成员撤回。这种撤回应以书面形式提出，并且只有在得到外国投资委员会的批准后才会生效。

一方或多方可以在之前的撤回后重新提交通知，只要重新提交的时间是在财政部长通知各方并在批准撤回时书面说明的时间范围内。重新提交的通知被认为是一个新的通知，其中所有的法定时限将被重新计算。在实践中，外国投资委员会越来越多地强制要求投资者重新向外国投资委员会提交申报材料，这就起到了重新启动法定时限的作用，原因是外国投资委员会可能没有足够的时间在一个单一审查程序里进行全面审查。例如，在中国凯桥资本公司（Canyon Bridge Capital）对美国莱迪思半导体公司（Lattice Semiconductor Corporation）的拟议收购中，美国外国投资委员会两次要求各方重新提交文件，使得整个审查过程总共超过 9 个月，才得到总统的最终决定。因此，美国外国投资委员会审查的整体事实时间框架很可能超过法定的时间限制，这使得审查程序的可预测性降低。

（六）总统决定

在完成或终止调查之后，外国投资委员会将该交易提交给总统，要求总统在以下情况下作出最终决定：(1) 外国投资委员会建议总统暂停或禁止该交易；(2) 外国投资委员会无法就是否暂停或禁止该交易达成决定；（3）外国投资委员会要求总统作出最终决定。

然后，总统在 15 天内就是否采取行动暂停或禁止拟议的交易作出最终决定。只有当总统发现有可信的证据使总统相信行使控制权的外国利益集团可能会采取威胁到国家安全的行动；同时，根据总统的判断，其他法律规定没有为总统保护美国国家安全提供充分和适当的权力时，总统才可以禁止一项所涉交易。为了落实和执行总统的决定，总统可以指示美国司法部长在美国地区法院寻求适当的救济，包括撤资。

此外，总统的决定不受司法审查，尽管决定交易处置的过程可能受到司法审查，以确保有关各方的宪法权利得到维护，正如美国哥伦比亚特区地区法院在罗尔斯公司上诉美国外国投资委员会一案的裁决中强调的那样。

（七）风险缓和机制

美国外国投资委员会或代表美国外国投资委员会的牵头机构

有自由裁量权，可以与拟议交易的各方进行谈判、达成或强加以及执行任何协议或条件，以减轻上述交易对国家安全的威胁。为了行使这一权力，美国外国投资委员会首先需要进行基于风险的分析，以确定所涉及的国家安全风险，并提出解决该风险所需的合理的缓解措施。

一旦达成缓解协议或条件，牵头机构负责根据指定的牵头机构的专长和知识，谈判、修改、执行并监督这种协议或条件。另一方面，美国外国投资委员会负责制定和商定评估缓解协议或条件遵守情况的方法，并充分保证这种遵守。根据外国投资委员会自己的理解，缓和协议或条件应该是适当的，而且不应该给拟议交易的各方带来不必要的负担。

如果缓和协议对所涉交易有效，美国外国投资委员会或牵头机构应制定、遵守并不断更新监测该协议遵守情况的计划。如果美国外国投资委员会或牵头机构确定缓解协议没有得到遵守，可以采取行动，包括使用禁令救济，以纠正不遵守协议的行为。

（八）国会监督机制

在调查结束后，财政部长和牵头机构的负责人必须在可行的情况下尽快向国会议员转交一份经认证的书面报告。每份经认证的通知和报告都应确认，根据外国投资委员会的判断，所涉及的交易不存在尚未解决的国家安全问题。

一方面，这些关于个别交易的报告义务反映了国会试图对外国投资委员会的决策过程施加更密切的国会监督；另一方面，为避免国会过度施压和干涉，外国投资委员会被要求证明一项通过审核的交易（未经总统决定）不涉及国家安全问题，但这只是在审查过程正式完成后。然而，事实证明，仅仅是报告要求在减少政治化方面是无效的，因为许多高度公开的收购案仍然受到国会的反对和干预，最终导致了这些收购案的失败。

此外，财政部长被要求在每年 7 月 31 日之前向参议院和众议院相关委员会的主席和排名靠前的成员递交一份年度报告，内容涉及在 12 个月期间完成的所有覆盖交易。值得注意的是，除了全面涵盖报告期内所有通知、审查、调查、撤销、总统决定和缓解措施的具体信息、历年情况及发展趋势外，年度报告中还应详细讨论所涉及的交易对美国国家安全或关键基础设施的所有感知的不利影响。

第四节　美国外商投资安全审查制度评析

美国的国家安全审查制度的制定起步较早，是全球最为完善的安全审查制度，其制度对全球其他国家起到了重要的示范作用，其制度的创新之处值得其他国家借鉴，但是近年来，安全审查制度出现了政治性过强，制度外溢的效果，并且导致国内分歧的加大，需要各国吸取教训，在国内安全审查制度构建过程中，尽力避免出现此类问题。

一、制度的创新

具体来说，美国的国家安全审查制度，在投资自由化与保护国家利益之间，力图取得平衡；此外，安全审查制度在实践中与国家安全战略能够实现有机结合，使得国家安全目标更容易实现。

（一）自由投资与国家安全“再平衡”的尝试

美国的国家安全审查制度的加强，对盟友国家的相关制度产生示范效应，例如，德国、法国等国家均对其国家安全审查的制度进行改革，并积极推动欧盟层面安全审查制度的完善。因此，欧洲相关国家及欧盟开始构建并完善自身安全审查制度的过程，也必然会与美国的安全审查制度进行互动。因此，美欧安全审查制度的立法影响不仅在于对这些国家自身投资监管体系的完善，也对全球其他国家安全审查机制立法规则的确立与发展起到重要推动作用。在此过程中，全球国际投资的自由化倾向与国家安全考量将面临"再平衡"的局面。

随着投资行为的复杂化，国家安全领域的扩大化，可能威胁到国家安全的投资行为也逐渐变多，美国的安全审查制度随之不断调整。投资来源国、投资者身份、投资领域的变化都会引发投资对国家安全的影响。近两年，安全审查从并购扩张到绿地投资、从外国资本控制到非控制性的投资、从外国企业到本国企业、从传统行业到高科技、数字领域，安全审查范围的扩张一方面是基于近些年国家安全在全球地缘政治变化下越来越重要；另一方面，则是国际投资自由化的倾向被不断质疑，这是对国际投资中安全因素越来越重视的结果。❶

在这样的背景下，美国的安全审查机制已经不再单纯是投资监管中的一道重要防线，而是与美国国家安全发展相匹配，成为平衡投资与国家利益中的"关键措施"。该措施可能成为限制美国盟友国家之外的投资者的有效法律武器。因此，投资自由化倾向与国家安全的再平衡既是投资行为的变化引起的，也是国家间战略态势变化促发的。从美国的国家安全审查制度的最新变化，可以看出美国政府试图再次把握投资与安全利益之间的平衡点，试图在国家发展过程中，通过安全审查机制，对其关键技术、关键

---

❶ OECD, Current trends in investment policies related tonational security and public order, November 2018, pp. 4 -5.

领域以及美国的领先地位加以保护。

（二）外商投资安全审查措施与国家安全战略的有机结合

投资安全审查机制作为一种外资监管机制，应该按照 OECD 于 2009 年发布的《投资接受国与国家安全相关的投资政策指南》中的规定，满足所谓的“非歧视性原则”。[1] 非歧视性原则是指投资接受国政府应该依靠普遍适用的措施，以类似的方式对待处理类似的投资者。如果此类措施被认为不足以保护国家安全，则针对个别投资采取的具体措施应基于对国家安全构成风险的个别投资的具体情况。具体而言，透明度原则要求对于特定投资进行安全审查的理由是明确清晰的；审查机构应该有明确且可以公开获得的信息；拒绝或者限制某项投资的决定应该在满足了商业秘密的前提下公开。然而，目前很多国家的安全审查机制都背离了 OECD 的原则，特别是美国，明确强调对于“特别关注国家”以及“投资资金来源”的关注。

当前，国际竞争从传统的军事、经济、科技等实力竞争渐渐发展到融合了规则构建、意识形态、话语体系在内的复杂竞争模式，其中既融合了传统的国家实力因素，也引入了更多非传统因素。[2] 因此，国家安全战略的复杂性与融合度不断提高，既包括对现实安全因素的识别与防范，也包含了对潜在安全威胁的提前识别与阻断；此外，在国际规则与秩序的变化与改革中，如何把握话语权，成为秩序改革构建的主要力量，也是大国竞争中的关键环节。因此，国家积极创造本国优越发展潜力，使自身发展不至

---

[1] OECDInvestmentDivision, Guidelines for recipient country investment policies relating to national security, 25 May2009, p. 3.

[2] 孙晋平：“国际关系理论中的国家安全理论”，载《国际关系学院学报》2000 年第 4 期，第 3－9 页。

于落后。因此，美国的安全审查制度在发展过程中，充当了两个角色。第一，利用投资审查的措施，遏制与美国存在所谓竞争性关系的国家的发展；第二，美国在安全审查制度中，将先进、关键领域，新兴与基础技术，如生物技术、量子技术、人工智能等视为关系公民利益、国防发展、国家重大利益的领域并加强相关领域的安全审查力度。

安全审查机制在发展过程中，与国家安全战略实现有机结合，改变了曾经被动的“壁垒”或者“防线”式的角色定位，在外商投资领域积极回应国家安全战略的发展需要。“国家安全”概念的不断拓展，国家间战略竞争态势的升级，都深刻地影响了安全审查制度的机构设置、对象选取、标准设定等内容；而在国家安全审查战略中被重点关注的国家及其投资者，自然也成了安全审查机制的重点关注对象。美国通过对安全审查制度的改革与发展，使其更好地为国家安全战略服务，力图达到国家战略发展的目的。

二、外商投资安全审查制度的缺陷

美国的国家安全审查制度也存在很多缺陷，具体来说，其政治偏见过于明显，且安全审查范围的不断扩大，导致国内分歧加大，此外，安全审查制度开始出现较强的外溢效应，其他国家需要警惕。

（一）美国外商投资安全审查政治偏见突出

美国国家安全审查制度在发展过程中，其政治性越发突出，对于不同国家的政治偏见也不断加强。在中国“走出去”战略的引领下，中国企业的海外投资显著增长，虽然中国的海外投资取得长足进步，但与发达国家相比，我国对外投资规模还相对较小，特别是对美国投资。根据全球商业联盟（Global Business Alliance）2021 年的数据来看，中国对美国的直接投资数额仅有 55 亿美元，在全球对美国投资国家中排第 16 名，比日本、加拿大、德国等国家的投资数额少很多。[1] 然而，根据 2021 年外国投资委员会的统计数据显示，涉及中国投资者的交易数量显著增加。2020 年涉及中国投资者的公告数量为 17 件；到 2021 年，这个数字跃升至 44 个，增幅超过 150% 。[2] 可以看到，外国投资委员会目前的审查倾向政治化明显，以“国家安全”为借口大量阻挠中国的投资，造成大量的中国投资交易由于国家安全的原因被迫中途“自愿”停止。

另一方面，美国财政部表示，来自所有“五眼联盟”（Five Eyes Alliance）国家的合格投资者将继续享受外国投资委员会对某些非控股类交易、房地产交易和法律规定的强制申报要求的例外豁免权。至此，加拿大、英国、澳大利亚、新西兰这些国家都继续被排除在外国投资委员会的某些房地产和非控股类交易的投资审查之外，可以直接进行投资。《现代化法案》也提出了例外国家（FES）和例外投资者（EI）的概念，首批白名单国家中有澳大利亚、加拿大和英国。这种例外制度的构建，更加显示出，美国安全审查制度渐渐远离其制定的初衷，其政治化、“武器化”趋势明显，很可能对国际经贸正常秩序产生不利影响。

（二）美国外商投资安全审查机制的内部分歧加大

目前，美国联邦政府利用安全审查制度，对中国的外商投资进行阻挠，其保守化的政治倾向和逆全球化的政策选择在美国联邦层面基本达成共识。不过，由于美国的政治体制特点，各州均

---

[1] Global Business Alliance, Foreign DirectInvestmentin theUnited States2021, https://globalbusiness. org/resources/foreign - direct - investment - in - the - united - states - 2021/, 2022. 12. 23.

[2] U. S. Departmentof The Treasury, Treasury Releases CFIUS Annual Report for 2021, https://home. treasury. gov/news/press - releases/jy0904, 2022. 08. 02.

有自己的法律规范、营商政策，因此，联邦政府的保守态度不一定会改变美国地方政府引进中国资本的积极性。美国各州为了更好地引进外国资本以实现经济增长和促进社会就业，会给予外国资本税收优惠、用地优惠等政策，有的州还在大力改善基础设施，为外国投资者创造良好的投资环境。例如，根据中国商务部的美国概况来看，诸如北卡罗来纳州、加利福尼亚州、纽约州等，均出台大量投资激励措施，吸引外国投资者。以北卡罗来纳州为例，目前该州截至2021年末，共有31项激励政策，如工作发展投资补助金（Job Development Investment Grant）；小型企业贷款计划（Small Business ResearchLoan）以及大量的培训计划及服务基金项目。目前在该州投资的中资企业已经接近60家。中国资本的注入，对这些州的经济发展是重要助力，并创造了大量就业机会。因此，州政府与联邦政府之间关于外商投资安全审查的分歧渐渐加大，在短时间内难以有效调和。

（三）美国外商投资安全审查的域外效力加强

美国政府正在寻求引入立法，允许其以国家安全为由审查境外投资。此举实际上将建立一个境外版的美国外国投资委员会（外国投资委员会），这将是美国首次尝试对其管辖范围以外的目标并购交易进行监督。2022年，作为《美国竞争法》的一部分，该法第四章提出，根据1974年《美国贸易法》建立了一个法定程序，以便美国政府审查可能影响国家关键行业的交易。《美国竞争法》已于2月4日在众议院获得通过，参议院于3月28日通过了一项修正案，并于8月9日成为法律，即《美国芯片与科学法案》。

鉴于与某些国家的紧张关系加剧，美国政府正在寻求引入出境条款，这并不令人惊讶。很明显，人们普遍对扩大美国外国投资委员会的管辖权以触及新类型的威胁或案件感兴趣，或者将美国外国投资委员会作为可能开发新权限的模式。在《美国芯片与科学法案》生效后，美国社会舆论普遍认为，这预示着美国外国投资委员会已经成熟的强大而谨慎的机构的成功以及应对威胁环境的演变。供应链和数据安全的风险跨越了以前可能不与国家安全风险相关的部门。

司法部对涉及电信、执法、反间谍，特别是数据保护和隐私的案件特别感兴趣。数据保护和隐私跨越了许多部门，在这些部门中，有一些公司和交易并不严重涉及技术发展，或尖端技术，如人工智能或半导体。在这个意义上，任何拥有美国人重要数据的行业都是一个可能存在国家安全问题的行业。虽然被设想为外国投资委员会，但该法案并没有建议进一步扩大现有委员会的任务，不是像《现代化法案》那样，而是建议成立一个类似但独立的委员会。该委员会将由美国贸易代表主持，审查有可能破坏美国在某些关键领域的对外交易，不仅是投资，还有某些许可证和合资企业。

至少从 2017 年起，境外审查的概念就在美国出现了，尽管它一直处于被搁置状态。境外审查最初是在美国外国投资委员会的第一次修订中提出的，但由于行业的强烈反对没有通过。然而，随着高科技产业竞争加大，美国最终在 2022 年通过了《美国芯片与科学法案》，这表明美国对重要行业境外审查越来越重视。

美国外国投资委员会的出境审查可能会面临一些美国公司的严重反对，特别是那些在国际舞台上广泛运作的公司。通过对美国相关智库的报告分析可知，对其他国家和地区的投资进行境外审查，并分析其对美国安全的影响，是一种与传统国家安全审查非常不同的规范。《美国芯片与科学法案》所体现出来的侵略性问题可能对其他国家的投资活动产生重大影响，其中，针对特点国家的歧视性条款甚至违背了世界贸易组织的公平贸易宗旨。从该法案可以看出，美国近年来在经贸领域越发保守的立法趋势。

虽然对外审查委员会的建议在性质上与外国投资委员会相似，需要注意的是，任何委员会都是一个独立的实体，事实上，外国投资委员会的运作方式与这个新委员会的起草方式存在着一些立法上的差异。据消息人士透露，该法案将建立一个在许多方面相似但有关键区别的程序。外国投资委员会对任何向该委员会提交的通知都有自愿和强制的成分，而《美国竞争法》目前的语言表明，这些类型的申报有可能是强制性的。❶

与美国外国投资委员会一样，如果该委员会认为某项交易或投资，或无论最终如何定义所涵盖的交易，属于其职权范围，该委员会将拥有单边权力，启动类似于美国外国投资委员会的自身审查。预计该委员会将成为一个独立的委员会，而不是将其置于外国投资委员会制度的保护之下。然而，鉴于它将是一个类似的机构间委员会，在人员配置方面可能会有一些交叉因素。预计它将由美国政府内各行政机构的负责人组成，因此商业、国防、美国贸易代表办公室和几个在美国外国投资委员会有代表的机构将参与其中。尽管如此，很可能会有不同的制度来处理不同的问题，美国外国投资委员会非常关注入境投资，而这个新委员会则关注出境交易。这将给美国公司带来巨大的额外尽职调查，任何希望进行外国投资的实体都必须考虑整个新的工作流程。如果这个法案真的通过，寻求境外投资机会的美国公司可能不得不考虑将某

---

❶ Phillips, Trisha, et al. "America COMPETES at 5 years: An analysis of research - intensive universities' RCR training plans." *Science and Engineering Ethics*, Vol. 24, No. 1, 227 - 249, 2018.

些关键技术要素保留在美国本土。[1]

第五节　美国外商投资安全审查制度实践分析

从1988年开始，美国的国家安全审查制度不断发展，根据对数据的比较分析，可以看到实践中，安全审查制度的发展与流变轨迹。

一、外商投资安全审查制度实践概述

表2-3展示了1988年至2021年外国投资委员会审查的次数。截至2021年年底，外国投资者共提交了4 095份自愿通知，引发了1 111项调查、370项撤回和20项总统决定。

表2-3　1988-2021年的外国投资委员会通知、调查和总统决定

年份	申报数量	审查期间撤销的申报	进一步调查数量	进一步调查期间撤回申报	总统决定
1988	14	/	1	0	1
1989	204	/	5	2	3
1990	295	/	6	2	4
1991	152	/	1	0	1
1992	106	/	2	1	1

[1] Katzenstein P J. Regions in Competition: Comparative Advantages of America, Europe, and Asia [M]//America and Europe in an Era of Change. Routledge, 2019: 105-126.

续表

年份	申报数量	审查期间撤销的申报	进一步调查数量	进一步调查期间撤回申报	总统决定
1993	82	/	0	0	0
1994	69	/	0	0	0
1995	81	/	0	0	0
1996	55	/	0	0	0
1997	62	/	0	0	0
1998	65	/	2	2	0
1999	79	/	0	0	0
2000	72	/	1	0	1
2001	55	/	1	1	0
2002	43	/	0	0	0
2003	41	/	2	1	1
2004	53	/	2	2	0
2005	65	/	2	2	0
2006	111	14	7	5	2
2007	138	10	6	5	0
2008	155	18	23	5	0
2009	65	5	25	2	0
2010	93	6	35	6	0
2011	111	1	40	5	0
2012	114	2	45	20	1
2013	97	3	48	5	0

续表

年份	申报数量	审查期间撤销的申报	进一步调查数量	进一步调查期间撤回申报	总统决定
2014	147	3	51	9	0
2015	143	3	66	10	0
2016	172	6	79	21	1
2017	237	4	172	70	1
2018	229	2	158	64	1
2019	231	0	113	30	1
2020	187	1	88	28	1
2021	272	2	130	72	0
总数	4 095	80	1 111	370	20

数据来源：The Committee on Foreign Investment in the United States 官方网站。

自 1988 年颁布《埃克森－弗罗里奥修正案》以来，通知数量从 1988 年的 14 份急剧增加到 1989 年的 204 份，随后在 1990 年达到 295 份。对这一趋势的一个合乎逻辑的解释是，外国投资者不熟悉新制定的审查程序，并决定谨慎行事，以避免强制性审查造成的任何意外交易成本。

关于 1988 年以来通知数量的另一个观察结果在文献中有详细记载，即调查数量很少。从 1988 年到 2007 年，每年进行 45 天调查的通知不到 10 份；从 1993 年到 1997 年以及 1999 年和 2002 年，没有进行任何调查。

在 1993 年通过《伯德修正案》后，直到 2005 年，通知的数量明显减少，并保持在两位数的水平。自 2006 年以来，每年的通报数量保持在 100 起左右。自 2007 年通过《美国外国投资与国家安全法》以来，每年的调查数量持续飙升。2008 年，在 155 份通知中有 23 份调查，占提交通知的 14.8%。随后调查的数量继续逐年大幅增加，2017 年，调查数量达到历史峰值 172 起，占当年备案通报的 72.5%。显然，美国外国投资委员会在过去几年里通过发起更多调查来发挥其监管力度。一个可能的解释是，来自外国政府控制的美国实体的流入外国直接投资增加了，导致更多的国家安全问题，从而导致更多的外国投资委员会调查，因为当投资者由外国政府控制时，调查是必须经历的流程。

《美国金融服务管理法》颁布后，调查期间撤销通知的数量也在增加。例如，2016 年，在外国投资委员会审查和调查阶段，有 27 份通知被撤回。如前所述，历史上最具争议和最受关注的交易通常以外国投资者在审查或调查期间自愿退出而告终。当外国投资者面临国会、行政部门或公众的强烈反对时，他们会撤回申请，或者希望避免因总统决定而对其商业声誉造成的潜在损害，或者只是因为不值得这么麻烦而不再继续下去。

最后，从 1988 年到 2021 年，在 4 095 项通知中，只有 20 项总统决定，显然，总统否决权的使用是相当谨慎的。

二、近期年度报告分析

通过对 2020 年、2021 年的外国投资委员会年度报告的分析，可以看出，在《现代化法案》法规下，美国的安全审查制度的实践表现与变化。

（一）2020 年年度报告

外国投资委员会于 2021 年 8 月发布了《2020 年年度报告》（以下简称《年度报告》）以及部分案例统计数据，从中可以了解外国投资委员会的近期趋势。这些数据反映了尽管新冠疫情大流行，但外国投资委员会在2020年仍有大量的申请，快速申报选项成功普及开来，需要采取缓解措施进行审查的案件减少。此外，外国投资委员会首次正式报告其加大了识别可能引发国家安全担忧的未通知交易的努力。总体而言，该年度报告反映了正在接受外国投资委员会审查的公司的一些积极趋势，同时继续强调了仔细规划以成功管理外国投资委员会流程的必要性。年度报告中的数据为外国投资委员会在2020年的趋势提供很好的观察方向，尤其值得注意的是，这是自《现代化法案》生效以来发布的首个官方数据。以下是从报告中得出的结论。

第一，2020年申请总量略有下降，但由于投资者采用了新的简短申报选项，外国投资委员会审查的交易数量有所增加。2020年共提交了187份通知，而2019年为231份，2020年提交了126份申报（包括10份作为试点计划的一部分提交的申报和2份根据《美国房地产条例》提交的申报），高于2019年的94份。随着2020年《现代化法案》的实施，任何接受外国投资委员会审查的交易都可能通过声明得到通知，这为某些交易完成外国投资委员会流程提供了一种可能更便宜、更便捷的选项。在2020年2月之前，只有根据试点计划必须进行强制性申报的交易才有资格进行申报。2020年的数据显示，申报数量增加，通知数量减少，这可能反映了更良性交易的投资者正在利用申报选项。由于每年都有一些案件被撤回并重新立案（有些案件不止一次），因此很难评估报告的通知数量所代表的实际交易数量。外国投资委员会没有具体说明其审查的交易数量，但《年度报告》指出，尽管2020年提交的通知数量较2019年有所下降，实际上委员会审查或评估的交易总数大幅增加，原因是引入了申报作为向委员会提交任何类型交易的一种方法。

第二，外国投资委员会批准的申报比例大幅上升。2020 年，通过申报通知的案件中，约 64% 得到了外国投资委员会的批准。这比 2019 年大幅增加，当时约 37% 的申报获得了外国投资委员会的批准。这一增长在很大程度上是由于“漠视”，即外国投资委员会不批准交易，但也不要求各方提交通知的案件减少了。2020 年，只有大约 13% 的申报受到了“漠视”，而 2019 年这一比例约为 34% 。2020 年，申报评估后的通知请求也下降至约 22% ，而 2019 年约为 28% 。由于 2019 年的数据仅限于试点计划（该计划要求对符合某些高度敏感性标准的交易进行申报），因此，当各方可以自行选择通过申报来表明投资行为的正当性的时候，往往愿意进行主动申报，这种情况下外资并购审查的通过率有所提高并不令人惊讶。总体而言，决定通过声明或通知的方式通知交易已成为外国投资委员会战略规划中的关键问题，必须权衡各种因素，包括交易的复杂性和潜在敏感性以及时间方面的考虑。对于某些交易，申报可能是快速完成外国投资委员会流程的一种潜在的廉价而有效的方式，但对于其他交易，最初提交申请并发出通知可能更有效。

第三，外国投资委员会继续在没有采取缓解措施的情况下清理大多数交易，而在 2020 年，为了减少清理案件，需要采取缓解措施。2020 年，外国投资委员会在缓解的基础上批准了 16 项通知（约 9% ），低于 2019 年通过缓解批准的并购案件数量约 12% 。在外国投资委员会通知当事人没有可以解决其并购活动中的国家安全隐患的缓解措施并准备将此事提交总统决定后，或外国投资委员会提出了当事人选择不接受的缓解条款后，共有 7 份通知（约 3.7% ）被撤回和放弃。这与 2019 年的统计数据一致，其中约 3.5% 的通知因外国投资委员会的担忧而被撤回和放弃。值得注意的是，上面反映的百分比是基于通知，这意味着导致交易减轻或外国投资委员会停止的外国投资委员会申请总数分别远低于9%和3.7%，因为只有超过40%的交易是通过声明通知的，其中只有约22%的交易导致了深入调查。尽管绝大多数已通报的交易最终都没有得到缓解，但确实引发国家安全担忧的案件可能会给交易方带来重大挑战，需要谨慎处理。

第四，外国投资委员会所构建的安全审查程序很大程度上仍是一个投资者自愿申报的程序。《现代化法案》最显著的变化之一是，对涉及符合“关键美国企业”标准的目标的某些交易，即涉及关键技术、特定关键基础设施或美国公民敏感个人数据的某些企业，引入强制外国投资委员会备案。《年度报告》指出，根据各方规定，2020年申报中有34项属于强制申报要求。除去两项房地产申报（因为房地产交易不需要强制性申报），大约27%的申报是强制性申报。外国投资委员会没有具体说明有多少通知是强制性的，但由于在外国投资委员会管辖范围内的绝大多数交易不符合强制性申报标准，因此该比例不太可能大幅提高。与我们的经验一致，这反映出，在不触发强制性备案要求的交易中，如果交易与美国国家安全有明显关联，交易各方往往仍会选择主动通知外国投资委员会。事实上，特别是考虑到外国投资委员会越来越多地追查未通知的交易，交易各方往往更愿意在交易一开始就寻求批准。

第五，加拿大是申报数量最多的投资国，日本在通知数量上位居榜首。加拿大是2020年申报最多的投资国，共有20项申报，日本紧随其后，有18项申报。鉴于加拿大是美国的强大盟友，在加拿大进行的交易中，有相当多的当事人选择通过声明提交申报，这并不奇怪。2020年，日本投资者提交的通知最多，达19份，保持了通知数量的领先地位。2019 年，日本投资者主导了申报（根据试点计划）和通知。2020 年，中国仍是外国投资委员会通知数量第二多的国家，提交了 17 份申请，但鉴于近年来中国在美投资的总体下降，以及外国投资委员会对中国投资的非通知程序的高度关注，其中一些通知是外国投资委员会要求的非通知申请，而不是新的交易。

第六，外国投资委员会首次报告了未通知交易的数据。外国投资委员会一直在积极利用其《现代化法案》分配的资源，加大力度识别未通知的利益交易。2020 年的年度报告是外国投资委员会首次在未通知的交易中加入一节。外国投资委员会在 2020 年共审议了 117 宗已确定的未通知交易，并要求对其中 17 宗进行通知。《年度报告》没有具体说明外国投资委员会在其他 100 起案件中与当事人取得联系的程度，其中一些交易的当事人可能在 2021 年收到了《年度报告》未涵盖的通知请求。年度报告指出，未通知的交易是通过跨部门推荐、公众提示、媒体报道、商业数据库和国会通知来识别的。《年度报告》还指出了外国投资委员会可以改进识别未通知的利益交易流程的方法。总体而言，外国投资委员会显然打算继续积极追查未通知的交易。

第七，《现代化法案》以多种方式改善了外国投资委员会的时间表，但对通知的调查仍然很常见，2020 年撤回和重新提交的情况有所增加。2018 年 8 月《现代化法案》颁布后，通知的初始审查期从 30 天增加到 45 天。这导致 2019 年进入调查阶段的通知数量显著下降（从 2018 年的约 69% 降至约 49%）。2020 年，进入调查期的通知比例进一步小幅下降至约 47%，但 2020 年的数据证实，提交通知的各方仍应计划进入调查期，因为近一半的时间证明这是必要的。2020 年撤回和重新提交的案件数量也有所增加——当事人在约 11% 的通知中使用这种方法延长了外国投资委员会的时间表，高于 2019 年约 8% 的通知。调查以及撤回和重新提交的编号都可能反映出，一般来说，更复杂的案件是通过通知提起的——要么是最初的通知，要么是在评估声明后回应外国投资委员会的请求，要么是根据非通知程序。

第八，外国投资委员会在 2020 年没有发起任何重大执法行动。《年度报告》指出，美国外国投资委员会目前正在监测 166 项缓解协议和条件。外国投资委员会在 2020 年期间没有发现任何严重违反缓解协议或条件的行为，外国投资委员会也没有因重大违约行为而评估或施加任何处罚，或对已清算的交易发起单方面审查。2020 年，外国投资委员会对三起轻微违规案件采取了补救行动，但在 2020 年没有采取任何其他执法行动。外国投资委员会官员此前曾表示，该委员会正在制定执法指导方针，但没有提供何时发布这些指导方针的信息。

（二）2021 年年度报告

2022 年 8 月 2 日，美国外国投资委员会（外国投资委员会）向国会发布了 2021 年年度报告。该报告反映了 2021 年美国外国投资委员会提交的总体文件比 2020 年增加了近 40%。尽管数量大幅增加，但指标表明，外国投资委员会在处理申请方面的效率基本保持不变，在某些情况下略有提高。此外，由于外国投资委员会的担忧而需要减轻或放弃交易的百分比没有显著增加，尽管一些需要减轻的案件需要更长的时间才能解决，与前一年相比，外国投资委员会还发现了更多未通知的交易，但最终要求的备案总数减少了。总体而言，虽然各交易方通知的交易数量大幅增加，但外国投资委员会仍在批准绝大多数案件，且未得到缓解，以下是从报告中得出的主要结论。

第一，2021 年，美国外国投资委员会提交的文件大幅增加。在实施《2018 年外国投资风险审查现代化法案》（《现代化法案》）的第一个完整年度，外国投资委员会的备案数量较 2020 年跃升 39%，达到历史最高水平。2021 年共有 436 份申请（包括通知和声明），平均每天 1.2 份申请。与此同时，并购交易总体上非常繁忙。2021 年共收到 272 份通知，其中 6 份是关于房地产交易的，这比 2020 年（187 份通知）增长了 45%，是 30 多年来年度通知数量最多的一年。然而，值得注意的是，这一数字还包括在 2021 年期间被撤回和重新提交（有时不止一次）的 52 份通知。因此，向外国投资委员会通报的交易总数远远少于 272 宗。2021 年有 164 项"快速通道"申报，即简短申报，比 2020 年的 126 项申报增加了 30%。考虑到 2020 年通关统计数据的改善，以及成功申报的时间和成本优势，这一增长并不令人惊讶，特别是因为 2021 年是向外国投资委员会通报的任何交易都可以通过申报提交的第一个完整年份。

第二，大多数情况下申报都是成功的——外国投资委员会批准了 73% 的申报，只有 18% 的申报要求通知。在 2021 年，超过 73% 的申报得到了清算，高于 2020 年的 64%。2021 年的公告请求略少，为 18%，而前一年为 22%。与此同时，外国投资委员会不批准交易或要求发出通知的数量也从 2020 年的 13% 下降到 2021 年的 7%。总体而言，年度报告关于申报的数据对交易各方来说是令人鼓舞的。然而，仍需提醒，各方应仔细评估特定交易的备案形式。值得注意的是，在外国投资委员会的一次会议上，来自美国国防部（外国投资委员会成员机构之一，积极参与多项审查）的几名官员对以申报方式通知的交易数量和类型（尤其是控制权交易）表示了担忧。

第三，尽管案件数量有所增加，但外国投资委员会审查案件的效率基本保持一致——尽管一些涉及缓解的案件需要更长时间。2021 年，48% 的案件进入了 45 天的调查期，这与《现代化法案》颁布以来的历史比例基本一致（2020 年为 47%，2019 年为 49%）。该报告还显示出委员会内部效率提高的一些迹象，这也是财政部官员最近在 2022 年 6 月份外国投资委员会成立大会上提出的目标。外国投资委员会改善了对草案通知的预备案意见（2021 年平均为 6 个工作日，低于 2020 年的近 8 个工作日）和接受正式通知（平均为 6 个工作日，低于 2020 年的 9 个工作日）的周转时间。报告还确认，各方应计划进行申报评估、审查和调查，以便在外国投资委员会分配的全部法定时间内完成（尽管一些调查结束得更快）。报告中一个值得注意的部分表明，外国投资委员会的效率下降涉及撤回和重新提交的交易，这可能是因为需要更多的时间来谈判缓解措施。

第四，2021 年，更多的申请被撤回，但被外国投资委员会叫停的交易减少了。2021 年，27% 的通知被撤回，较 2020 年的不到 16% 大幅增加。然而，重新提起的撤回案件的百分比从 2020 年的 72% 大幅增加到 2021 年的 85%。与此同时，导致交易被阻止的通知比例在 2021 年略有下降，根据外国投资委员会确定其担忧无法缓解或当事人不愿接受缓解要求，约 3.3% 的通知被放弃。这是自 2015 年以来第一次没有总统封锁令。在 2020 年和 2019 年，基于外国投资委员会的担忧，大约 4% 的通知要么被放弃，要么导致被总统封杀。此外，报告指出，在外国投资委员会确定交易构成国家安全风险后，大多数通知被撤回，以便让各方有更多时间考虑外国投资委员会的缓解条款。因此，根据以往的经验，在某些情况下，减轻措施的谈判时间超过了法定规定的 90 天审查和调查期，有时需要不止一次撤回和重新提交。因此，似乎需要采取缓解措施的交易各方应在交易时间表中留出更多时间进行缓解谈判。

第五，在通知中要求减轻的比例略高，但绝大多数已通知的交易在没有减轻的情况下继续清算。2021 年，9. 6% 的通知得到缓解，略高于 2020 年的 8. 6%，低于 2019 年的 12%。然而，鉴于撤回和为谈判缓解措施而重新提交的交易有所增加，通过要求施加缓解措施的交易比例较高。同样值得注意的是，该报告指出，外国投资委员会机构目前正在监测 187 项缓解协议，其中 8 项缓解协议于 2021 年终止（另有 4 项进行了实质性修改）。外国投资委员会在 2021 年没有采取任何执法行动或发布与执行缓解、措施不力相关的处罚。这反映出外国投资委员会继续积极监督企业执行缓解措施，通常侧重于与企业合作解决任何问题，而不是采取惩罚性行动。

第六，加拿大仍然是申报的主要投资国，尽管许多国家的投资者利用了简易申报程序。加拿大连续第二年在投资国中处于领先地位，2021 年共有 22 项申报（前一年为 20 项），占申报总额的 13. 4%。考虑到加拿大作为一个例外的外国国家和强大的美国盟友，这并不令人惊讶，加拿大投资者通常可能会表现出有利于成功申报的内容。在加拿大之后，许多投资国家都有申报，日本、德国、韩国和新加坡并列第二（6. 7% 或 11 项申报），其次是英国（6% 或 10 项申报）、法国和根西岛（5. 5% 或 9 项申报）和澳大利亚（5% 或 8 项申报）。

第七，中国实体提交的通知最多，不过这可能反映了未通知交易的增加以及中国投资者更倾向于提交通知。中国以 44 份（16. 2%）的通知超过日本，成为通知最多的投资国。日本跌至第三位，次于加拿大。此前两年，中国一直位居第二。当然，通知数量的增加并不必然意味着外国直接投资（FDI）从中国大量流入美国。更确切地说，它反映了多种因素的结合。首先，这一数字可能包括未通知的交易，包括一些由于重新提交而被多次计算的交易以及一些涉及 2021 年之前结束的交易。其次，尽管 2021 年中国对美国的外国直接投资总额没有显著增长，但考虑到外国投资委员会对来自中国投资的关注程度以及更激进的不通知流程，更多的中国投资者可能倾向于通知交易。自 2020 年 7 月以来，中国香港特区被纳入统计可能促成了这一增长。尽管如此，由于被阻止的交易没有出现相关的激增或缓解，这表明外国投资委员会已经批准了某些中国交易——可能是涉及更良性的美国企业的交易。

第八，大多数外国投资委员会的通知仍然是自愿的。尽管《现代化法案》在 2018 年首次引入了强制性申报，但大多数外国投资委员会的申报仍然是自愿的。报告指出，根据规定，2021 年只有 29% 的申报（47 项）是强制性申报。然而，这一数字不包括在完整通知中披露的、需要强制通知的交易，因此强制申报的总数更高（报告中未具体说明）。总体而言，外国投资委员会加大了对未通知交易的识别和审查力度，促使各方在决定是否主动通知交易时更仔细地评估风险。

第九，根据房地产法规提交的文件很少。《现代化法案》的实施条例包括投资和房地产交易的单独规定，同一笔交易不能同时适用两套规定。与投资法规不同，房地产法规不包括强制性备案要求。2021 年外国投资委员会提交的申请中，只有不到 2% 是根据房地产法规提交的，因此报告中讨论的统计数据几乎完全属于外国投资委员会投资部门提交的申请。虽然几乎所有的外国投资委员会文件都是根据投资法规提交的，但房地产法规对投资交易很有用，因为它们提供了一些参数，可以评估并购目的地在美国的地点是否会引发国家安全担忧，因为这些地点靠近美国政府的敏感设施。当交易涉及来自威胁较高国家的投资者时，这种评估尤其重要。

第十，外国投资委员会继续积极努力识别未通知的交易，但没有要求提交很多文件。正如我们去年报道的那样，外国投资委员会一直在扩大其识别和审查未通知的并购交易的努力。2021 年，外国投资委员会考虑的未通知交易（135 笔）比 2020 年多（2020 年为 117 笔，这是外国投资委员会报告未通知交易的第一年），尽管它只要求对 8 笔未通知交易（6%）发出通知，而 2020 年为 17 笔（15%）。尽管外国投资委员会在 2021 年没有要求像 2020 年那样多的正式申请，但外国投资委员会考虑的未通知交易数量确实有所增加，这与已经进行了通报的并购交易数量迅速增加同时发生。我们最终并不认为，未通知的申报请求的减少表明外国投资委员会对此类交易的追查已经放缓，特别是考虑到用于此类工作的资源有所增加的情况。然而，这些数字确实证实，被外国投资委员会就未通知的交易联系并不一定意味着外国投资委员会最终会要求提交申请——事实上，这体现出外国投资委员会权力不断增大的趋势。展望未来，外国投资委员会很可能将此项工作作为重点，甚至雇用更多工作人员来寻找未申报交易中的可疑交易。这一趋势值得投资者注意。与以往任何时候相比，外国投资委员会了解到一笔交易并在其认为存在潜在国家安全风险的情况下展开调查的风险越来越大。

第六节　美国外商投资安全审查制度司法案例分析

在美国安全审查的发展历程中，下述案例对于制度的形成与演变起到了关键性的作用，通过对具体案例的分析，可以把握美国安全审查制度的发展特点及实践中的审查倾向性。

一、美国仙童案与美国固特异案

在美国国内对外资并购安全问题的探讨声中，两例并购案件的出现被认为是《埃克森－弗罗里奥修正案》出台的导火索，其中之一是1986年日本富士通公司收购美国仙童公司案。这场并购交易中的最大问题就是日本可能会获得美国仙童公司掌握的领先技术。在1986年10月，两家公司一起宣布了这起并购之后，顿时引来美国国内的议论，主要集中在并购成功后对美国国家安全产生的潜在负面影响。在日本富士通公司发起这个并购之前，已经掌握了美国另一家高科技公司的一半股份，因此反对者认为对美国仙童公司的并购会使得日本富士通公司成为世界半导体领域的绝对领先者，导致美国在此领域的科技竞争力被削弱。

1986年11月8日，外国投资委员会任务组宣布对该项目并购协议进行安全审查，外国投资委员会考虑的核心因素是贸易发展与国家安全的平衡关系。随着外国投资委员会调查的深入，美国相关政府机构纷纷发声，总体认为美国一直秉持的外资开放的政策并未赢得其他国家的互惠。虽然批判声不绝于耳，但也有表示支持的观点。如美国财政部副部长表示，美国一直坚持对外资开放的政策，不应该忽略外资对美国经济发展起到的推动作用。事实上，美国仙童公司的大股东就是法国公司，既然法国公司作为股东时没有出现危及国家安全的情况，换成另一个国家的公司又何以会有如此大的安全威胁。然而，面对大众和政府的消极评论，日本富士通公司迫于压力，最终决定终止并购谈判。[1]

此时出现的另一个有巨大影响力的并购案是“固特异”案。英国史密斯爵士准备发起对美国固异特轮胎橡胶公司的并购。美国固异特公司在业内极负盛名，然而在经历了20世纪80年代初期美国中西部的经济衰退之后，美国固异特公司决定采取多样化经营方式度过危机，为了筹集资金，决定卖掉其非轮胎类产业，集中力量用于橡胶产业发展。因此便有了史密斯爵士对美国固异特公司的并购。这一并购案同样引起了美国国内的讨论，因为该公司作为一家生产轮胎橡胶的公司与美国国防部之间签署过大量采购合同。美国国会众议院反垄断委员会举办了数次公开听证会，对于该并购案发起反垄断审查。迫于压力，史密斯爵士也撤销了他的并购竞标，并将已经购得的该公司股份出售。

这两个案件被认为是颇具影响力的跨国并购案例，引起了美国历史上首次对外资并购进行的激烈争议。这也被认为是国会采取行动控制外资并购，进行国家安全审查立法的直接诱因。

二、中海油收购美国优尼科案

2005年1月，美国第九大石油公司美国优尼科公司（Unocal Corportion，以下简称优尼科）因经营不善亏损严重申请破产挂牌出售。2月，美国优尼科向中国海洋石油有限公司（以下简称中海油）

---

[1] Hensel, Nayantara. “Globalization and the US defense industrial base: the competition for a new aerial refueling tanker: what are the real issues?” *Business Economics*, Vol. 43, 45 - 56, 2008.

发送部分公司资料，邀请中海油参加这次收购。4 月，美国雪佛龙－德士古公司（Chevron Texaco，以下简称美国雪佛龙）向美国优尼科报价 160 亿美元。6 月 10 日，美国联邦贸易委员会经过反垄断审查程序批准了美国雪佛龙的收购计划。6 月 23 日，中海油向美国优尼科报价 185 亿美元。同日，美国财政部长（兼任外国投资委员会主席）斯诺在回答议员提问时表示，如果中海油收购美国优尼科，美国政府将从国家安全角度考虑对这一收购进行审查。6 月 24 日，美国优尼科在其官方网站上声明已收到中海油的报价，正在对该报价进行评估，并表示可以随时与中海油就收购事宜进行谈判。2005 年 6 月 29 日，美国雪佛龙收购优尼科的计划已得到美国证券交易委员会的审批。由于美国联邦贸易委员会已在 6 月 10 日批准了美国雪佛龙的收购计划，美国雪佛龙已完成收购的外部政府审批程序，只等本次交易的最后一道程序，即优尼科股东会的表决。同日，美国优尼科对外称将于 8 月 10 日召开股东大会对美国雪佛龙的收购方案进行表决，在股东会表决前会把公司对中海油收购计划的评价结果通报给各股东，也会在股东大会召开前与中海油就具体收购事宜展开会谈。[1]

2005 年 6 月 30 日，美国众议院通过议案要求外国投资委员会尽快审查中海油的收购交易。同日，美国参众两院还通过了能源法修正案，要求政府在 120 天内完成对中国能源状况的调查研究，在报告出来前不得审批中海油的收购交易。7 月 2 日，中海油向美国外国投资委员会发送了审查通知，申请美国外国投资委员会对该笔收购交易进行审查，并就收购事宜与美国优尼科继续进行谈

---

[1] Li Yuwen, and Cheng Bian. "A new dimension of foreign investment law in China - evolution and impacts of the national security review system.", *Asia Pacific Law Review*, Vol. 24, No. 2, 149 - 175, 2016.

判。中海油的并购活动立即引起了前所未有的关注，并成为国际经济领域关注的重点。这笔交易的时机非常巧合，国际油价创历史新高，美国国内反华情绪高涨，加上一家国内竞争对手也有意敲定这笔交易。在中海油最终放弃竞标的六周之前，美国国会迅速地对中海油的收购提出了反对意见。作为一种诚信的姿态，中海油在此期间主动向外国投资委员会提交了国家安全审查通知。然而，美国外国投资委员会从未对中海油的申请采取行动，因此，中海油于2005年8月4日宣布撤回向美国外国投资委员会提交的申请以及对美国优尼科的收购。此次收购最终由国内竞争对手美国雪佛龙和美国优尼科完成。

该收购交易的失败是多种因素共同导致的。相关因素包括美国优尼科的属性、中海油的属性、准备不足、国会干预、竞争对手的游说等因素。评论人士后来将此称为“中海油—美国优尼科的惨败”“典型案例”和“政治上不受欢迎的交易”。中海油这笔交易的反对者的论据主要基于三点。首先，如果中海油的交易完成，中海油可能会囤积美国优尼科的石油储备，这将损害美国对自身能源资源的控制。其次，中海油作为国有企业而被美国重点关注。最后，美国优尼科原本掌握的军民两用技术有落入中海油的可能性，对美国的国家安全构成了威胁。

中海油与美国优尼科的交易充分说明政治干预（更准确地说，是国会干预）如何阻挠了法定的国家安全审查。在这种情况下，法定的国家安全审查程序的失败表明，国会以其反复无常和不透明的方式随意地阻碍交易。

三、迪拜港口世界收购英国铁行轮船公司北美分公司案

在中海油收购优尼科失败后不久，另一桩并购案件再次成为

国际经济领域的重点关注对象。2005 年 10 月，迪拜港口世界（DP）提出收购英国铁行轮船公司（P&O），这是一家总部位于英国、世界第四大港口运营商，该公司拥有一家名为北美铁行轮船公司（P&O Ports North America）的美国子公司，管理着美国的 6 个港口。迪拜港口世界总部位于迪拜，由阿联酋政府拥有。收购一开始进展顺利。2005 年 11 月 29 日，英国铁行轮船公司决定接受迪拜港口世界公司的报价。2005 年 12 月 6 日，在与外国投资委员会进行非正式备案前磋商后不久，双方自愿向外国投资委员会提交了备案文件以供审查。在为期 30 天的审查中，外国投资委员会与民主党谈判达成了一份“保证函”，迪拜港口世界公司在其中作出了一系列承诺，确保 DP 将在最大限度上满足外国投资委员会对国家安全问题的要求。2005 年 1 月 17 日，外国投资委员会批准了这笔交易。❶

在获得外国投资委员会批准约一个月后，该案引发了激烈的辩论，随后被政治化对待。批评人士指责外国投资委员会在对这一特定案件的审查过程中没有发挥作用。❷ 与此同时，10 多个国会委员会就此案举行了听证会，许多国会议员指责外国投资委员会官员“判断失误”。在这样的反弹和政治压力下，民主党自愿要求外国投资委员会重新审查这一交易，进行为期 45 天的广泛调查。然而，迪拜港口世界公司的诚意不足以说服反对者。在近三周不间断的新闻报道以及国会两党领导人对迪拜港口世界公司的大部分负面评论之后，2006 年 3 月 15 日，在美国外国投资委员会的调

---

❶ Mostaghel D M. “Dubai Ports World under Exon – Florio: a threat to national security or a tempest in a seaport”, *Albany Law Review*, Vol. 70, 583, 2007.

❷ Casagrande, Marco, and Marco Casagrande. “Port Security: The Dubai Ports World Case and the ISPS Code.”, *Seaports in International Law*, 83 – 88, 2017.

查仍悬而未决之际，迪拜港口世界公司宣布将英国铁行轮船公司的美国业务完全出售给一家美国国内买家。

事后看来，本案的国家安全问题主要涉及两点。一方面，和中海油与优尼科的案例不同，在中海油收购案例中，反对者们认为，拟议的交易可能会导致外国控制石油这一战略商品，而迪拜港口世界收购将导致外国控制港口这一敏感性基础设施。另一方面，迪拜港口世界公司为阿联酋所有，在美国积极部署打击全球恐怖主义的背景下，迪拜港口世界公司的收购案被怀疑在美国实际存在将导致恐怖主义活动在美国领土上的扩散。然而，据外国投资委员会称，这些担忧要么在很大程度上被夸大了，要么可以通过“保证书”来缓解，否则这笔交易就不会通过外国投资委员会为期 30 天的审查。不过，国会的政治干预十分强势，以至于要求对已经通过外国投资委员会审查的外国投资者进行额外的、更严格的审查。中海油收购案和迪拜港口世界公司收购案表明，在《埃克森－弗罗里澳修正案》导向下，外国投资委员会的审查很容易被政治化，从而促进了《现代化法案》在 2007 年的通过。

值得注意的是，无论是在中海油与优尼科的交易中，还是在迪拜港口世界公司与英国铁行轮船公司的交易中，都有美国国内竞争对手参与。在前者，美国雪佛龙出价比中海油低近 20 亿美元，但成功完成了交易；后者涉及一家美国小公司埃勒公司，该公司不是投标人，但与 P&O 存在其他法律纠纷。在这两种情况下，美国竞争对手都试图在国会游说，以在外国投资委员会审查过程中引发进一步的政治化，并通过利用国家安全审查程序来反对外国投资者，美国竞争对手希望要么将外国投资者排除在竞标之外，要么为自己的利益获得其他杠杆，这是外国投资委员会需要克服的一个问题。

四、双汇国际收购美国史密斯案

双汇国际是一家总部位于中国香港特区的企业，其猪肉供应业务在改革开放时期主导了中国内地市场。猪肉消费占中国肉类消费总量的60%以上，中国迅速扩大的中产阶级使其成为寻求出口产品的外国猪肉生产商的宝贵市场。因此，全球最大的生猪养殖和猪肉生产商美国史密斯菲尔德公司（以下简称史密斯）和中国最大的猪肉供应商双汇国际公司的合并，对两家公司来说都是一个令人满意的举动：它使美国史密斯可以不受限制地进入中国市场，而双汇国际则可以获得全球最大的优质猪肉供应。[1]

双汇国际最终以71亿美元的价格收购美国史密斯（Smithfield），也是中国企业在美国进行的最大一笔外国投资。不出所料，美国国会对这笔交易强烈反对。关于双汇国际对美国史密斯的收购，有两个主要争议点。第一点是，美国国会认为外资收购美国的食品相关企业，可能对美国的食品安全构成威胁，这是将反对合并与国家安全问题联系在一起。国会提出的第二个问题是，考虑到双汇国际的规模实际上是美国史密斯的一半，而美国史密斯自己的财务状况很好，此举似乎不合理。这一系列质疑的本质是对外国企业收购美国同行背后动机的普遍怀疑。在2013年7月举行的听证会上，美国参议院农业委员会（Senate Agriculture Committee）表示，此次收购有导致美国食品相关的知识产权流到国外的可能性。参议院农业、营养和林业委员会在致财政部长的一封信中敦促外国投资委员会审查合并，任命农业部

---

[1] Zhang, Yuehua, Xudong Rao, and H. Holly Wang. "Organization, technology and management innovations through acquisition in China's pork value chains: The case of the Smithfield acquisition by Shuanghui.", *Food policy*, Vol. 83, 337-345, 2019.

为审查的牵头机构，并通过考虑“更广泛的食品安全、食品安全和生物安全问题”来扩大国家安全审查的范围。这封信认为，粮食安全保障设施应该将其包括在国家安全的定义中。

2013 年 6 月 25 日，双汇国际和美国史密斯向美国外国投资委员会提交了国家安全审查自愿申报通知，申请对该项收购交易进行国家安全审查。随后美国外国投资委员会进入了为期 30 天的审查阶段，就该交易是否危害国家安全进行调查。同年 7 月 12 日，美国参议院就双汇国际收购史密斯一事举行听证会，史密斯首席执行官拉瑞·波普（Larry Pope）接受了部分参议员的质询。同年 7 月 25 日，美国外国投资委员会决定对双汇国际收购史密斯的交易继续进行调查，进入 45 天的调查阶段。9 月 6 日，双汇国际收购史密斯的交易被美国外国投资委员会审批通过，该交易的国家安全审查程序结束。

2013 年 9 月 26 日，由中国银行牵头的 40 亿美元银团贷款正式交割，融资环节顺利完成，随后双汇国际与史密斯正式签署收购交易生效协议。至此，双汇国际收购史密斯所需要的内外部法律程序已全部完成，双汇国际成功实现对史密斯的收购。❶

本收购案提出一个问题，即粮食安全保障设施应该是关键基础设施的组成部分，还是关键资源的组成部分？参议员查尔斯（Charles Grassley）提出了 S. 3161 法案，将外国投资对农业资产的国家安全影响作为外国投资委员会决定建议总统阻止外国收购的标准的一部分。《国家关键基础设施和关键资产战略》已经确定了粮食安全保障设施的关键基础设施性质。因此，外国投资委员会在未来与农业相关的交易中将更加谨慎。

---

❶ Griffin P. “CFIUS in the Age of Chinese Investment”, *Fordham Law Review*, Vol. 85, 1757, 2016.

五、蚂蚁金服终止收购美国速汇金公司案

2018 年年初，中国蚂蚁金服集团（以下简称蚂蚁金服）取消了收购美国汇款公司速汇金国际公司（MoneyGram International Inc.，以下简称美国速汇金）的计划，此前美国外国投资委员会以国家安全担忧为由否决了这一提议。当时，这是特朗普执政期间被取消的最引人注目的并购交易。这笔交易的失败暴露出美国对个人数据敏感性的日益担忧。美国政府认为通过收购美国速汇金这样的大型转账公司，蚂蚁金服有可能获得美国境内的大量资金流动记录，这一种可能性引起美国各界的广泛讨论，并成为外商投资安全审查的重点关注对象。[1] 总部位于达拉斯的美国速汇金在全球几乎每个国家都有大约 35 万个汇款点。蚂蚁金服一直在寻求收购美国速汇金，是为了满足中国以外不断增长的市场扩张需求。在交易失败后，蚂蚁金服和美国速汇金公司发表公开声明称，它们将通过某种形式的商业协议，在印度、菲律宾和其他亚洲市场以及美国，探索和制定在汇款和数字支付领域合作的举措。根据当前外国投资委员会改革的方向，这种合作可能不会受到外国投资委员会的审查。

从本次收购案可以发现美国国家安全审查的下列变化。

首先，外国投资委员会审查不可预测性显著增加。从该案例可知，外国投资委员会在审查流程和结果方面不可预测性显著增加。根据惯例，外国投资委员会会明确给出交易被否决的理由。本案中，外国投资委员会认定交易可能会对“美国国家安全产生难以克服的不利影响”，但以涉及国家机密为由，拒绝向申报方给

---

❶ Shen H, He Y. “The geopolitics of infrastructuralized platforms: The case of Alibaba”, *Information, Communication & Society*, Vol. 25, No. 16, 2363 - 2380, 2022.

出涉及“国家安全风险”的具体原因。此外，尽管外国投资委员会允许双方多次撤回并重新申报，但对申报方提供的解决方案并未作任何明确回应，使得申报方只能在猜测的情形下反复提交方案，导致巨大交易成本。

其次，算法连接和竞争已经改变了政治和市场之间的贸易条件，从而打破了当前监管和市场之间的平衡。虽然算法早已存在，但同时在数据收集、互连和计算机处理方面的技术进步已经产生了一种新的、强大的连接个人、团体和公司的能力。这些相互关联的现象产生了新的算法连接和竞争形式，挑战甚至取代了传统市场在匹配对手方面的作用。一些著名的公司，如美国谷歌公司、美国亚马逊公司和美国脸书公司，通过利用这些发展成为超级链接平台而变得强大起来。这种科技发展对国家安全的冲击与改变影响十分深远。个人数据、企业数据以及国家相关的数据安全被不断提起，相关的审查安排与对此类并购活动的重视程度要远超以往。

再次，美国贸易和投资保护主义抬头。美国在一定程度上认为，加强外商投资安全审查的力度，是美国保护其工业基础、抵御新兴市场国家带来的挑战并重新调整经济以实现持续增长的重要途径。但对于美国从欧洲到亚洲的盟友来说，这是一个惊人的转变。美国曾经作为自由贸易世界中坚力量，反而朝着保护主义迈出了一大步。时任总统特朗普对来自世界各地的产品征收关税，表现出对自由贸易的不信任，这些变化无疑对国际经济造成严重的伤害。

最后，美国贸易和投资保护主义抬头。近年来，美国政府尤其是前任总统特朗普执政以来，推出了一系列逆全球化政策，包括退出 TPP、《巴黎协定》，重谈北美自由贸易区（NAFTA）等，为全球化蒙上阴影，贸易和投资保护主义抬头。2017 年 11 月，时任美国总统特朗普明确提出“美国不会无条件继续开放市场”，一方面加紧设置贸易壁垒，另一方面加快推进美国企业国际化，试图展开新的不公平竞争。美国政府以“危害国家安全”为由，将商业合作政治化，对中国企业赴美投资造成实质性阻碍，影响了美中贸易和投资公平发展。

六、罗尔斯公司收购美国特纳公司风电项目案

2012 年 2 月 28 日，中国重型机械制造公司三一集团旗下的罗尔斯公司宣布有意从美国特纳公司（Terna Energy USA Holding Corporation）购买风电场资产。由于没有意识到潜在的国家安全风险，双方于 2012 年 3 月完成了交易，并未主动向外国投资委员会提交审查通知。2012 年 6 月初，外国投资委员会成员“邀请”罗尔斯公司提交自愿通知，主要原因是罗尔斯公司购买的 4 个风力发电场靠近美国海军部署的一个受限制的空军基地，该基地用于先进电子战飞机的试飞，这对国家安全构成了威胁。在经过 45 天的调查和 30 天的初步审查后，2012 年 8 月 2 日，外国投资委员会发布了一项修订命令，建立临时缓解措施，确定“美国国家安全风险由此产生”，并命令罗尔斯公司“立即停止所有建设和运营，并立即停止进入项目地点”。时任美国总统奥巴马随后在 2012 年 9 月 28 日发布了他的最终决定，正式禁止这笔交易，并下令立即剥离。

在外国投资委员会命令发布后，罗尔斯公司决定于 2012 年 9 月 12 日对外国投资委员会提起诉讼。罗尔斯公司随后修改了诉状，在总统命令之后将总统添加为被告。罗尔斯认为，时任总统奥巴马下令剥离资产已经超出了法定权力，因此要求法院宣布总统命令无效。2013 年 2 月 26 日，哥伦比亚特区地方法院裁定，由于该

法院缺乏管辖权，批准被告驳回原告申诉的决议。具体来说，法院承认，规约明确授权总统做他认为必要的事情来完成或实施禁令，而不仅仅是发布禁令。尽管如此，法院表示，该裁决不会禁止罗尔斯公司继续其正当程序索赔。

罗尔斯公司于2014年5月5日提出上诉。美国哥伦比亚特区上诉法院于2014年7月15日作出裁决。虽然该法规免除了对总统在FINSA下暂停或禁止交易的行为的司法审查，但上诉法院推翻了下级法院的判决，认为总统的命令违反了第五修正案的正当程序条款，因为它剥夺了罗尔斯公司的财产，没有提供充分的听证机会，也没有对该决定的原因作出充分的解释。并将案件发回哥伦比亚特区地方法院重审。

2015年11月4日，罗尔斯公司的律师宣布，他们已经与美国政府达成和解。根据和解条款，罗尔斯公司可能会将风电场资产出售给罗尔斯公司选定的第三方，该安排此前曾遭到外国投资委员会的反对。此外，美国外国投资委员会承认，该交易“没有引起国家安全方面的反对，欢迎罗尔斯和三一集团将未来的交易和投资提交给美国外国投资委员会审查”。

此案在许多方面都具有重要意义，但罗尔斯公司诉外国投资委员会案引发的最重要和最深远的影响之一是对法定范围的前所未有的广泛解释，以及它为外国投资委员会框架增加的“本已保密和模糊的程序增加了新的不确定性”。具体而言，正如法院对1950年《美国国防生产法》第721条的解释，其中规定“总统可以在其认为适当的时间内采取行动，暂停或禁止任何可能损害美国国家安全的涵盖交易”，这大大拓宽了总统权力的范围。首先，尽管总统被要求在45天调查期结束后的15天内决定是否立即“暂停或禁止”涉及的交易，但法院将“这样的时间”一词解释为

“开放式时间短语”，即总统有权在他认为必要时采取后续行动，以实现暂停或禁止，不受任何时间限制。这意味着总统可以在无限的时间内“追溯解除交易”，无论交易未决或已完成。

其次，“此类行动”一词也被法院解释为“围绕总统的权力的限制”。时任总统奥巴马对罗尔斯公司的限制要麻烦得多，而不是直接下令剥离（这是以前类似案件的情况）。这些限制被法院接受为“此类行动”，即只要总统认为适当，不需要额外的标准来确定某一特定行动是否有资格被归类为总统可以实施的行动。

对“在这样的时间采取这样的行动”一词的广泛解释，再加上重申外国投资委员会的审查可以免于司法补救，创造了一个判例法，在国家安全审查期间提供了相当不受约束和无限的总统权力。尽管罗尔斯公司通过引用第五修正案的正当程序条款，使自己摆脱了对美国国家安全威胁的指控，从而成功地挑战了总统的决定，但与本案可能在一个已经被批评为不可预测的过程中带来更多不可预测的事实相比，这样的成功没那么重要，如果不能忽略的话。

就目前的情况来看，似乎有一种动机促使购买者在交易完成后向外国投资委员会提交通知，而不是目前的“一般做法”，即“通知外国投资委员会一项待决交易”。该案例表明，首先获得国家承认的财产权，然后向外国投资委员会提交申请，投资者将得到至少最低限度的正当程序保护。

然而，在实践中，尽管外国投资者现在有程序上的保障措施，他们可以依靠这些措施来获得通知和听取意见的机会，但这些保障措施实际上并不能保证投资者能够有意义地与外国投资委员会就案情进行辩论。事实上，一旦出于国家安全考虑，大量证据被宣布禁止使用，外国投资委员会再次保留了其决策权，这些保障措施可能是无效的。

七、抖音海外版案

2017 年 11 月，北京字节跳动科技有限公司以 10 亿美元收购了上海闻学网络科技有限公司旗下的社交媒体应用 Musical. ly。在收购时，Musical. ly 是一个在青少年中非常受欢迎的应用程序，在美国和欧洲拥有约 6000 万用户。Musical. ly 允许用户在该应用平台上发布简短的音乐视频，并与朋友分享他们的创作。在收购 Musical. ly 之后，字节跳动公司将 Musical. ly 程序进行整合，创造了目前已成为世界上发展最快和最流行的社交媒体程序之一的抖音海外版。抖音海外版很快就达到前所未有的受欢迎程度，在其最初的 12 个月内就拥有了 7.5 亿次下载量。

2019 年秋天，外国投资委员会对此次收购展开调查，理由是担心字节跳动可能获得 TikTok 用户数据。具体来说，美国政府官员担心中国政府可能会获得抖音海外版用户的数据，根据 2018 年《现代化法案》，外国投资委员会拥有广泛的管辖权来审查该交易。在调查结束时，外国投资委员会向美国前总统特朗普提交了建议，特朗普随后命令字节跳动公司以国家安全的名义剥离其在抖音美国业务中的权益。根据媒体的报道，外国投资委员会与 TikTok 正在讨论一项协议，该协议将解决美国政府的安全问题，同时允许 TikTok 在其母公司字节跳动不出售股份的情况下继续在美国运营。[1]

在外国投资委员会漫长的审查期间，抖音海外版声称已经提

---

[1] Daniel Flatley，Emily Birnbaum. TikTok Security Deal's Prospects Are Clouded by FBI's Doubts，State Bans，Bloomberg，https://www.bloomberg.com/news/articles/2022-12-13/tiktok-security-deal-in-cfius-panel-is-clouded-by-fbi-s-doubts-state-bans，2022. 12. 14.

供了大量文件和信息来回应外国投资委员会的问题。具体来说，抖音海外版声称已经向外国投资委员会提供了证明抖音海外版安全措施的文件，以帮助确保美国用户数据在存储和传输中得到保护，不能被未经授权的人（包括美国以外的任何政府）访问。虽然抖音海外版继续遵守外国投资委员会要求提供重要公司文件的要求，但外国投资委员会从未明确说明关于 TikTok 构成的国家安全威胁的性质，以及为什么 TikTok 拟议的缓解计划不充分的具体信息。此外，TikTok 声称，外国投资委员会在最初的法定审查期结束之前就终止了正式的沟通。

外国投资委员会对 TikTok 的调查造成了一个影响极坏的先例，因为该委员会没有遵循国家安全调查的正常程序。从对 TikTok 的调查中可以明显看出，《现代化法案》管辖权扩大最令人担忧的方面是，外国投资委员会可以根据被收购公司满足 100 万美国用户的门槛来审查任何企业收购。因此，针对中国企业美国公司收集用户数据的类似调查可能会继续进行，而且可能会变得更加频繁，因为数据收集已经成为许多公司的常态。如果不采取措施防止外国投资委员会进行有针对性的调查，行政部门就可以利用公司收集用户数据的理由来发起外国投资委员会调查，从而推动总统的政策和议程。

自 1975 年根据行政命令成立外国投资委员会以来，国会已四次修改该委员会的审查管辖权。每项修正案都反映了国会对外国投资委员会现代化和加强的意图，并确保外国投资活动不会威胁到美国的国家安全。《现代化法案》代表了国会加强外国投资委员会国家安全审查权力的最新尝试。尽管《现代化法案》为外国投资委员会提供了应对当今国家安全担忧的审查机制，但美国国会未能提供足够的措施，约束外国投资委员会滥用国家安全审查机制推进政治目标的行为，也未能为进行外国交易的各方提供透明度机制，以确保投资者对审查过程的信心。抖音海外版收购案件是外国投资委员会审查过程中不透明的最新例子。这个案例表明，外国投资委员会未能给予外国投资者所需的透明度和确定性。外国投资委员会最近的行动不仅让 TikTok 这样的科技公司对其平台构成的具体国家安全风险一无所知，而且外国投资委员会最近在媒体上的政治化，导致外国投资委员会在外国投资者眼中失去了合法性。

CHAPTER 03 >>

第三章 欧盟外商投资安全审查制度研究

近些年，欧盟各国陆续启动对外商投资安全审查制度的改革，从改革情况及相关案例可知，欧盟国家逐渐重视高新技术产业和具有外国政府背景的投资，呈现出日益收严的外商投资安全审查趋势。2017 年 9 月 13 日，欧盟委员会通过了一项以维护安全与公共秩序为基础的外商投资安全审查制度草案，即建立对进入欧盟的外国直接投资的审查框架。这意味，进入欧盟的重大外商直接投资将受到严格的审查和批准流程的限制。

第一节　欧盟外商投资安全审查制度的研究基础

一直以来，欧盟强调经济自由发展，对于外商直接投资的政策较为宽松，没有设置专门的以安全或公共秩序为目的的审查制度。部分欧盟成员国为维护自身国家利益，在国内法中规定了国家安全审查制度，以防止外商投资所带来的不利影响。近年来，欧盟外商直接投资逐渐增多，某些外国投资者寻求获得对欧洲公司的控制权或影响，这些外商投资活动对多个成员国至关重要的技术、基础设施，或欧盟重大敏感项目产生了影响，并存在危及欧盟安全或公共秩序的风险。以德国、法国为代表的欧盟成员国不断修改国内立法，以完善外商投资国家安全审查制度，降低此种投资风险。但鉴于欧盟成员国市场之间的高度一体化、相互连接的供应链和成员国之间的共同基础设施，外国投资可能会对进行投资的成员国以外的安全或公共秩序构成风险。仅通过国内立法的方式，无法解决投资给其他国家以及欧盟本身所带来的冲击，因此，建立欧盟层面统一的外商直接投资安全审查框架成为欧盟外商直接投资立法的重要举措，有利于确保欧盟在保持投资开放的同时，使其基本利益得到有效的保障。2019 年 4 月 10 日生效的《欧盟外商直接投资审查条例》[1]（以下简称《条例》）应运而生，标志着欧盟层面对外商直接投资的审查框架正式建立。

一、国内外研究动态

国内对于欧盟安全审查的研究，主要从欧盟各个成员国的安全审查制度开始，在《条例》的起草与颁布的过程中，国内学者对其进行了集中研究，主要从条例本身以及对中国的启示两个方

[1] 国内学者对此条例名称的翻译存在不同版本，常见的有《欧盟外商直接投资审查条例》《欧盟外国直接投资审查框架条例》《欧盟建立外资审查框架条例》等，本书采用商务部官网的翻译版本，即《欧盟外商直接投资审查条例》。

向进行分析。

（一）国内研究动态

1. 对《欧盟外商直接投资审查条例》的研究

围绕着《条例》的出台背景，学者陈若鸿在《欧盟〈外国直接投资审查框架条例〉评析》[1]一文中通过借助欧洲化的视角分析指出外资安全审查从成员国层面提升到欧盟层面是德法两国将其国内政策投射到欧盟的结果；学者叶斌的《欧盟外资安全审查立法草案及其法律基础的适当性》[2]一文通过比较上位法规定，探讨草案的法律基础是否适当；学者李军在《〈欧盟建立外资审查框架条例〉评析——以竞争为视角》[3]一文中，分别以国家竞争动因、市场竞争动因为切入点，对《条例》的出台原因进行分析，明确《条例》为保护欧盟及其成员的安全和公共秩序而制定，但是其立法的深层考量是应对新兴经济体的挑战，保障欧盟在先进技术及高端和战略产业领域的竞争优势。

在《条例》内容的研究上，教授蒋璇芳、张庆麟在《欧盟外国直接投资审查立法研究——从产业政策的角度》[4]一文中重点从产业政策的角度对欧盟外资审查的必要性进行研究，整体分析产业保护与维护国家安全的利弊，并分别对审查主体、审查范围等进行分析；学者陈珺在《〈欧盟外商直接投资审查条例〉对中国的

---

[1] 陈若鸿："欧盟《外国直接投资审查框架条例》评析"，载《国际论坛》2020年第1期，第129－141页。

[2] 叶斌："欧盟外资安全审查立法草案及其法律基础的适当性"，载《欧洲研究》2018年第5期，第25－42页。

[3] 李军："《欧盟建立外资审查框架条例》评析——以竞争为视角"，载《吉林工商学院学报》2020年第3期，第83－87页。

[4] 蒋璇芳、张庆麟："欧盟外国直接投资审查立法研究——从产业政策的角度"，载《上海对外经贸大学学报》2019年第2期，第84－98页。

影响及其应对》[1] 一文中从《条例》的实体规则与程序规则两大方面出发进行了详细的分析，重点对“外商直接投资”的概念、“安全或公共秩序”的考量因素等内容进行了研究；学者胡雪妮在《论欧盟外资安全审查制度及其改革》[2] 一文中则重点对欧盟外资安全审查制度改革的效果及局限进行评析。

2. 对欧盟主要成员国外商投资安全审查制度的研究

部分学者结合《条例》的规定，对《条例》框架下欧盟与其成员国在外商直接投资审查上的合作与冲突进行了研究。学者石岩在其论文《欧盟外资监管改革：动因、阻力及困局》[3] 中认为这一框架没有从根本上改变以往外资监管实践中的权责分配；学者吴昊在《欧盟〈建立外国直接投资审查框架条例〉[4] 研究》一文中重点对欧盟以及成员国资本自由流动与国家安全之间的矛盾、成员国与欧盟之间的权能重叠问题进行了论述。

部分学者对已建立外商投资审查制度的欧盟成员国进行了研究，大部分研究集中于德国和法国。教授余劲松在《国际投资法》[5] 一书中从国际投资法的角度介绍了包括德国在内的几个西方国家的外国投资政策，并对德国外国投资安全审查作了概括性描述；教授王东光在《外国投资国家安全审查研究》[6] 一书中设立专

---

[1] 陈珺：“《欧盟外商直接投资审查条例》对中国的影响及其应对”，载《中国商论》2019 年第 23 期，第 113－115 页。

[2] 胡雪妮：“论欧盟外资安全审查制度及其改革”，华东政法大学 2019 年博士学位论文。

[3] 石岩：“欧盟外资监管改革：动因、阻力及困局”，载《欧洲研究》2018 年第 1 期，第 114－134 页。

[4] 吴昊：“欧盟《建立外国直接投资审查框架条例》研究”，西南政法大学 2019 年博士学位论文。

[5] 余劲松：《国际投资法》，法律出版社 2018 年版，第 106－146 页。

[6] 王东光：《外国投资国家安全审查研究》，北京大学出版社 2018 年版，第 196 页。

章对德国外国投资安全审查制度进行介绍，结合案例对德国外国投资安全审查的审查对象、审查标准、审查程序等进行了说明；学者寇蔻、李莉文在《德国的外资安全审查与中企在德并购面临的新挑战》[1]一文中聚焦德国政府最新安全审查措施，重点分析了我国收购德国企业的三个案例；学者罗碧凝在《法国外资准入法律制度研究》[2]一文中较为详细地对法国外资准入法律制度进行了分析，对程序性规定的申报义务以及外商投资审查的救济途径进行了全面的分析；学者车书明在《法国外商投资法律制度体系介绍》[3]一文中则就法国对外国投资的定义构成以及特定行业外商投资的限制性或特别管理措施进行了分析。

3.《欧盟外商直接投资审查条例》对我国启示的研究

部分学者对中国企业对欧投资面临的环境进行了分析。学者沈伟在《欧盟外商投资直接审查条例、出台背景、规则及应对》[4]一文中分别从中国对欧投资的不同年份、不同投资成员国、不同投资行业出发进行了数字对比分析，明确我国企业对欧投资将面临更加严峻的挑战；学者由军强在《欧盟外商直接投资审查条例改革对中国的影响及政策选择》[5]一文中从审查范围的扩大、双重审查标准的适用、自由裁量权以及投资审查改革4个角度阐述了欧盟外商直接投资审查制度改革对中国企业的影响，并在此基础上

---

[1] 寇蔻、李莉文："德国的外资安全审查与中企在德并购面临的新挑战"，载《国际论坛》2019年第6期，第96－111页。

[2] 罗碧凝："法国外资准入法律制度研究"，上海外国语大学2020年博士学位论文。

[3] 车书明："法国外商投资法律制度体系介绍"，载《中国对外贸易》2014年第3期，第54－55页。

[4] 沈伟、田弋滢："《欧盟外商直接投资审查条例》出台的背景、规则和应对"，载《海关与经贸研究》2019年第6期，第42－70页。

[5] 由军强："欧盟外商直接投资审查条例改革对中国的影响及政策选择"，载《对外经贸实务》2020年第5期，第20－23页。

提出增加双方领导人交流、不断完善和调整投资管理等建议；学者胡子南在《欧盟首次推出安全审查机制的影响及其应对》[1]一文中，通过中国企业收购德国复合材料企业科特萨（Cotesa GmbH）失败等案例，总结了中国企业在《条例》生效后可能面临的风险。

在《条例》对我国外商投资安全审查立法的启示方面，学者沈小蕙在《德国外资并购国家安全审查制度及对我国立法启示》[2]一文中，结合我国外国投资国家安全审查现状，提出相应的立法建议；学者刘一展、张海燕在《欧盟外商直接投资审查条例改革对中国的影响及对策》[3]一文中，在对《条例》的法理基础以及基本内容分析的基础上，针对中国企业面临的风险提出了巩固双方共识与战略互信、全面落实我国《外商投资法》、推动中欧投资协定谈判取得进展、完善对欧盟的投资管理体制等建议；学者田昕清在《外资安全审查制度比较研究及对我国的借鉴意义》[4]一文中，在分析欧盟及相关国家外商投资审查的基础上，对我国外商投资国家安全审查制度进行了设计。

（二）国外研究现状

国外学者的研究与国内的脉络大致相同，也是先从欧盟成员国的安全审查制度入手，在《条例》出台之后，出现了大量针对新条例的研究，主要集中在对条约本身的分析以及可能出现的影

---

[1] 胡子南："欧盟首次推出 FDI 安全审查机制的影响及其应对"，载《社会科学》2019 年第 10 期，第 42－51 页。

[2] 沈小蕙："德国外资并购国家安全审查制度及对我国立法启示"，上海外国语大学 2019 年博士学位论文。

[3] 刘一展、张海燕："欧盟外商直接投资审查条例改革对中国的影响及对策"，载《区域经济评论》2019 年第 5 期，第 96－103 页。

[4] 田昕清："外资安全审查制度比较研究及对我国的借鉴意义"，外交学院 2019 年博士学位论文。

响两个方面。

1. 对《欧盟外商直接投资审查条例》的研究

外国学者对在欧盟层面建立统一的外商投资安全审查制度的必要性进行了研究，劳伦斯埃克和孙涛在其论文《中国在欧盟的投资与国家安全审查：欧盟法律制度是否会效仿美国模式?》❶ 中认为，欧盟现存安全审查制度具有分散性的特点，提出欧盟建立统一的外商投资安全审查制度是大势所趋，但这一制度不会照搬美国模式；吉塞拉·格里奇在欧盟议会研究机构出具的名为《外国直接投资审查：关于中欧外商直接投资流动性的研究》❷ 的报告中分析了对于是否需要在欧盟层面建立统一的外商投资安全审查制度的各方观点，分析了中国对欧盟的投资趋势和欧盟成员国审查立法。帕维尔·马特乌斯·加多查在《评估欧盟外商直接投资审查框架条例——对中国投资者有何影响?》❸ 一文中提出了审查制度的3个重要特征，认为审查制度仍为成员国留下了大量的自由裁量空间，可能带来成员国怠于履行相关义务的问题。

2. 对欧盟主要成员国外商投资安全审查制度的研究

对于欧盟是否有权建立统一的外商投资审查条例，外国学者存在不同的意见。部分学者认为欧盟及成员国在此问题上的权限

---

❶ Eaker L, Tao S U N. "Chinese Investment in the European Union & National Security Review: Is the EU Legal Regime about to Follow the US Model", *Frontiers of Law in China*, Vol. 9, 42, 2014.

❷ Gisela G. "Briefing – Foreign direct investment screening – A debate in light of China – EU FDI flows", European Asylum Support Office. 2018. https://policycommons.net/artifacts/2014482/briefing/2766925/on 02 Apr 2023. CID: 20.500.12592/57sg14.

❸ Gadocha, Paweł Mateusz. "Assessing the EU Framework Regulation for the Screening of Foreign Direct Investment—What Is the Effect on Chinese Investors?" *The Chinese Journal of Global Governance*, Vol. 6, No. 1, 36 – 70, 2020.

划分不清，如学者安杰洛斯·迪莫普洛斯在《欧盟外商投资法》❶一书中提出《里斯本条约》之后共同商业政策下欧盟在外国直接投资方面的权限之争，并暗示了由于范围不明确以及欧盟与成员国能力之间的潜在冲突而产生的潜在风险。但也有学者认为欧盟在《里斯本条约》的框架下获得了对外商直接投资审查的权限，如布里吉德加文在其论文《中国扩大对欧投资：欧盟面临的新政策挑战》❷一文中认为，欧盟应该建立外商投资安全审查制度，以评估外国投资风险。

对欧盟主要成员国外商投资安全审查制度的研究方面，国外学者主要针对《条例》实施前后欧盟主要成员国外商投资安全审查法律的变化进行对比分析。贝腾米勒在《新的欧盟外国直接投资权限背景下的德国对外经济法》❸一文中，将新出台的《德国对外经济法》与旧法相关规定进行对比，以分析德国外商投资安全审查制度的变化；贝努瓦勒古在《需要事先授权的外国投资：加强法国外商投资审查法律体系》❹一文中，对法国外商投资安全审查的审查门槛等变化进行了分析。

3.《欧盟外商直接投资审查条例》出台对我国向欧盟投资影响的研究

部分学者认为我国对欧盟投资的不断增加推动了《条例》的出台。早在2014年学者弗朗索瓦·尼古拉斯就在《中国对欧盟直

---

❶ Dimopoulos, Angelos. *EU foreign investment law.* OUP Oxford, 2011.

❷ Gavin, B. "China's Expanding Foreign Investment in Europe. New policy challenges for the EU." *European Institute for Asian Studies*, *Briefing Paper* 7, 2012.

❸ Beuttenmüller, Sophie Luise. "Das deutsche Außenwirtschaftsgesetz vor dem Hintergrund der neuen Unionskompetenz für ausländische Direktinvestitionen." *Ritsumeikan Law Review*, 281－289, 2011.

❹ Lecourt, Benoît. "Investissements étrangers soumis à autorisation préalable: renforcement du dispositif français." *Revue des Sociétés*, Vol. 2, 147, 2019.

接投资：挑战与政策应对》❶ 一文中指出，中国对欧盟直接投资的急剧增长引发了一场关于中国可能寻求控制欧洲经济的辩论，使得有必要建立一个系统的方法来规范在欧盟的外国投资。类似的论证也出现在查尔斯·沃尔夫、格雷戈里·琼斯和斯科特·哈罗德合著的专著《中国在全球并购市场中的作用不断扩大》❷ 一文中。

此外，有学者在欧盟出台《条例》后，围绕我国对欧盟直接投资的变化进行了研究。2019 年米科等学者在《中国在欧洲的外商直接投资：2018 年新审查政策的趋势和影响》❸ 一文中，提到由于被投资成员国经济体日益加强的监管审查，中国对欧盟的直接投资继续下降。2018 年中国企业完成的外商直接投资交易价值为 173 亿欧元，较 2017 年下降了 40%，较 2016 年 370 亿欧元的峰值下降了 50% 以上。

二、整体机制分析研究

虽然早在 1958 年欧洲经济共同体就已经建立，但在国际投资领域，欧盟的审查机制一直相对滞后。针对外商投资，欧盟在 2004 年出台了《欧盟并购条约》❹，主要从竞争法的角度来对外商投资加以限制。在外商投资安全审查领域，欧盟层面一直未有专门性规定。随着国际投资的不断发展，流入欧盟尖端科技领域的

---

❶ Nicolas F. "China's direct investment in the European Union: challenges and policy responses", *China Economic Journal*, Vol. 7, No. 1, 103 - 125, 2014.

❷ Wolf, Charles, et al. *China's expanding role in global mergers and acquisitions markets.* Rand Corporation, 2011.

❸ Hanemann, Thilo, Mikko Huotari, and Agatha Kratz. "Chinese FDI in Europe: 2018 trends and impact of new screening policies." *merics Papers on China. Berlin: merics and Rhodium Group*, 2019.

❹ COUNCIL REGULATION (EC) No 139/2004 of 20 January 2004 on the control of concentrations between undertakings.

外商投资不断增多，引发了欧盟委员会及主要成员国的警惕。加之近年来，以美国为首的国家通过修改外商投资审查制度，严格外资进入门槛，这使欧盟部分投资受到相应的限制，投资环境的不对等也促使欧盟改变自身的政策。

欧盟外商直接投资安全审查机制立足于欧盟一体化的特点，平衡了欧盟委员会与各成员国之间的权利关系，开创了独有的审查模式。《条例》在欧盟层面建立起了一种框架模式，根据《条例》规定，欧盟委员会对进入欧盟成员国的外商直接投资享有审查权，并可以根据审查提出审查意见和建议；被投资的欧盟成员国则有权根据国内法对具体投资进行审查，对于可能影响到其他成员国或欧盟整体安全或公共秩序的投资，被投资成员国有通知义务。同时，被投资成员国对具体投资享有最终的审查决定权。这种框架模式，一方面构建起欧盟内部的信息传输机制，能够使得欧盟委员会及其成员国了解到某笔投资的具体情况，以便于对投资风险进行审查和评估，加之《条例》还规定了年度报告制度，各个成员国需要向欧盟委员会提交年度投资审查情况，有助于欧盟委员会全面了解外商直接投资情况；另一方面，该框架模式在集多国合力的基础上，也充分保障了各个成员国对外商直接投资安全审查的决定权，对“安全或公共秩序”的审查在一定程度上属于成员国的内政，外商直接投资也是针对某一具体成员国进行的，因此，最终是否允许某笔投资进入，仍由被投资成员国决定，欧盟委员会与其他被投资成员国的审查意见及建议仅作为被投资成员国作决定时的参考意见。

三、发展趋势分析研究

欧盟层面的安全审查制度是在欧盟与各个成员国进行频繁互

动的过程中不断发展的，《条例》的颁布是在欧盟成员国（如法国、德国等）的推动下完成的，《条例》的内容反过来也会不断影响各成员国国内安全审查制度的变化。此外，新冠感染大流行之后，欧盟开始重视对医疗行业的安全审查制度。同时，随着俄乌冲突的发展，针对俄罗斯和白俄罗斯的外资安全审查也日趋严格。

（一）推动欧盟各个成员国建立外商投资审查制度

在欧盟外商直接投资安全审查制度建立之初，欧盟 26 个成员国仅有德国、法国、意大利、奥地利、芬兰、丹麦、拉脱维亚、立陶宛、波兰、葡萄牙、西班牙等 11 个国家有外商投资安全审查制度。随着《条例》的出台，截至 2022 年 9 月，共有 24 个成员国通过国内法建立了外商直接投资安全审查制度或出台了相关立法计划。可以看出，欧盟外商直接投资安全审查制度建立后，推动了欧盟各个成员国在外商投资安全审查方面的立法发展。从立法上来看，根据欧盟委员会出台的相关文件，欧盟委员会呼吁各个成员国建立起外商投资安全审查制度，但并不强制性要求各个成员国必须建立该制度。从实践上来看，欧盟外商直接投资安全审查机制的建立推动了各个成员国国内法在外商投资安全审查领域的发展。《条例》2019 年 4 月正式出台，2020 年 10 月正式实施，至今运行 2 年，除保加利亚和塞浦路斯仍未有相关立法计划外，其他成员国均已逐步建立起外商投资安全审查制度。

一方面，《条例》所建立起的审查框架，在运行时需要各个成员国自身的审查机制予以支持。如果成员国国内没有关于外商投资安全审查的制度，欧盟委员会或其他成员国针对某笔具体投资所提出的审查意见或建议就无法被有效参考，一旦某一投资确实存在相应的风险，该被投资成员国将无法有效应对。另一方面，《条例》设置了年度报告制度、专家组制度等，也规定了成员国的通知义务等，如果成员国国内没有相应的外商投资安全审查制度，则很难配合欧盟委员会完成审查活动。以“通知义务”为例，成员国国内如没有外商投资安全审查制度，当某笔投资进入时，便没有部门会对其进行审查，更无法按照《条例》规定有效履行相关信息的通知义务。相应地，其他成员国或欧盟委员会也无法及时就某笔存在风险的投资进行安全审查，从某种意义上来说，对没有外商投资安全审查制度的成员国来说，欧盟外商直接投资安全审查制度形同虚设，无法正常运行并发挥其应有的作用。因此，在欧盟外商直接投资安全审查制度的大框架下，各个成员国逐步建立其国内的外商投资安全审查制度将会是大势所趋。

（二）新冠疫情导致对医疗类投资的审查更加严格

自新冠疫情在全球暴发以来，针对医疗卫生行业的投资成为各国关注的重点。欧盟委员会于 2020 年 3 月 26 日出台了针对医疗卫生领域投资的特别指南——《向成员国提供关于外国直接投资和来自第三国的资本自由流动以及保护欧洲战略资产的指导意见》[Guidance to the Member States concerning foreign direct investment and free movement of capital from third countries, and the protection of Europe's strategic assets, ahead of the application of Regulation (EU) 2019/452，以下简称《指导意见》]。《指导意见》是《条例》出台后，欧盟委员会发布的第一份指南，专门对医疗卫生领域的外商直接投资提出了具体要求。《指导意见》指出与新冠疫情有关的紧急情况正在对欧盟的经济产生普遍的影响，试图通过外商直接投资来获得生产医疗设备等医疗能力或开发疫苗等相关产业的风险在不断增加，针对医疗行业的投资将会对整个欧盟产生影响。因此，必须确保外商直接投资不会对欧盟满足其公民健康的能力产生有害影响。

欧盟委员会呼吁已经建立外商直接投资安全审查制度的成员

国充分利用审查机制，将涉及关键卫生基础设施、关键部门等纳入审查范围中。针对尚未建立外商投资安全审查制度的成员国，欧盟呼吁其尽快建立外商投资安全审查制度或者通过其他可行方式，以解决外商投资医疗卫生领域所带来的风险。在新冠疫情影响下，医疗卫生领域的外商直接投资成为欧盟外商直接投资安全审查的重点内容，随着疫情的发展，针对该类投资的规定逐渐细化，审查也越严格。

（三）严格俄罗斯及白俄罗斯的外商投资进入欧盟

2022 年 2 月 24 日俄罗斯总统普京清晨宣布在顿巴斯地区发起以使乌克兰“非军事化”，保障俄罗斯安全为目的的特别军事行动特别军事行动。同天，乌克兰总统泽连斯基表示，乌克兰全境进入战时状态。俄乌冲突打破了现有的平衡状态，以美国为首的西方国家相继出台对俄罗斯进行制裁的政策。在外商投资领域，欧盟委员会于 2022 年 4 月 15 日发布《鉴于对乌克兰的军事侵略和最近规定的限制性措施对来自俄罗斯和白俄罗斯的外国直接投资向成员国提供指导》[Guidance to the Member States concerning foreign direct investment from Russia and Belarus in view of the military aggression against Ukraine and the restrictive measures laid down in recent Council Regulations on sanctions（2022/C 151 I/01）]。

欧盟委员会认为在目前情况下，任何直接或间接与俄罗斯或白俄罗斯政府相关、控制或受其影响的个人或实体相关的投资均存在较大风险，该投资可能对欧盟或欧盟成员国的安全或公共秩序构成威胁。因此，在适用规则范围内，应对此类外国直接投资进行非常仔细且系统的审查。这些风险可能会因俄罗斯在欧盟的投资规模以及欧盟与俄罗斯公司之间先前业务的关系而加剧。同时，必须特别注意与两国政府有关联、受其控制或影响的个人或实体投资所构成的威胁，因为欧盟委员会认为俄罗斯和白俄罗斯有强烈的动机干预欧盟的经济活动。

第二节　欧盟外商投资安全审查制度概述

对于欧盟的外商投资安全审查制度，可以从其出台背景、立法历程以及立法依据三个方面来分析。欧盟的外商投资安全审查制度的出台有其深厚的经济与立法背景，在《条例》的制定过程中，也经历了不断的讨论、修改。由于欧盟政治实体的特殊性，《条例》的出台，也需要明确的立法依据，《欧洲联盟运作条约》的相关内容，为欧盟外商投资安全审查制度提供了法理依据。

一、制度出台背景

对于欧盟外商投资安全审查制度的构建，其背后也包含了欧盟对于投资自由化倾向的担忧，此外，《里斯本条约》之后，欧盟拥有对外国投资的管理权限，因此，相关的制度应运而生。

（一）经济背景

欧洲国家在经贸领域坚持自由主义经济政策，强调经济往来自由，是最具吸引力的投资目的地之一。根据联合国贸易和发展会议（以下简称联合国贸发会议）数据库的数据显示，2015 年、2016 年欧盟 28 国[1]外商直接投资年流入量显著增加，年流入量几乎为2014 年的两倍（图 3－1）[2]。但不断增加的外商直接投资多集中于欧盟的尖端技术类产业，引发了欧盟对其持有技术外流的担

---

[1] 欧盟 28 国包括当时尚未“脱欧”的英国。

[2] 数据来源于联合国贸发组织数据库，https://unctadstat.unctad.org/wds/TableViewer/tableView.aspx，访问日期：2022 年 3 月 26 日。

忧。以德法为首的欧盟主要成员国开始修改其国内法，提高外商直接投资进入的门槛，严格对外商直接投资的安全审查。此后，外商直接投资欧盟的年流入量开始减少，截至 2020 年年底，外国投资者持有欧盟外商直接投资存量达到 137 695. 99 亿美元。

图 3 - 1　2014—2020 年外商直接投资流入欧盟 28 国情况统计

数据来源：联合国贸发会议数据库。

我国直接投资欧盟年度流量同样受到了外商投资安全审查制度的影响，根据我国商务部发布的年度对外直接投资统计公报显示，2016 年我国直接投资欧盟 99. 9426 亿美元，同比增长 50. 2%，2017 年我国流向欧洲的直接投资为 102. 6748 亿美元，达到历史最高。随着德国、法国等主要欧盟成员国外商投资安全审查法律不断修改，我国直接投资欧盟的多个项目受到审查并被取消，2018 年我国对欧洲的直接投资下降至 88. 6638 亿美元。❶

---

❶ 数据来源于商务部、国家统计局和国家外汇管理局联合发布《2019 年度中国对外直接投资统计公报》，http://www.mofcom.gov.cn/article/tongjiziliao/dgzz/202009/20200903001523.shtm，访问日期：2022 年 4 月 6 日。

在部分成员国积极修改其国内外商投资安全审查制度的同时，欧盟委员会意识到并非所有成员国都建立了外商投资安全审查制度以防止国内核心技术外流，并且针对外商直接投资对欧盟整体安全和公共利益产生的不良影响，欧盟尚无统一的政策加以应对。因此，在部分成员国的倡议下，欧盟委员会正式开始了关于建立欧盟层面的统一外商投资安全审查制度的立法工作。

（二）立法背景

1957 年 3 月 25 日在罗马签订的《欧洲经济共同体条约》（Treaty establishing the European Economic Community，TEEC）第 113 条提出了“共同商业政策”（Common Commercial Policy，CCP）的概念，此后在欧洲法院的司法判例中，共同商业政策被确认为欧盟的专属权能。直到 2007 年《里斯本条约》（Treaty of Lisbon）出台，外商直接投资才被正式写入共同商业政策中。在此之前，外国直接投资领域的权力一直掌握在成员国手中，而欧盟只负责管理成员国之间的投资。《里斯本条约》生效后，欧盟委员会开始代表成员国对外谈判、签订相关投资条约，以保护市场公平竞争。具体到外商直接投资安全审查，《条例》出台前，外商直接投资的审查由各个成员国自行决定，仅 12 个成员国有相应的审查制度。[1]各个成员国因具体国情、外商投资政策、对安全或公共秩序的认定不同，审查范围、标准、程序等也不同。在此模式下，投资领域欧盟层面的安全和公共秩序无法得到有效的保障。面对欧盟核心技术领域不断增多的外商投资，是否出台欧盟层面的外商投资安全审查制度，以保障欧盟投资领域的安全或公共秩序成为亟待

---

[1] 英国、德国、法国、意大利、奥地利、芬兰、丹麦、拉脱维亚、立陶宛、波兰、葡萄牙、西班牙等 12 个欧盟成员国。

解决的问题。

二、立法历程

欧盟外商投资安全审查制度的立法过程，经历了建议的提出、草案的讨论与颁布以及最后正式条例的出台。时任欧盟委员会主席容克认为，这个新框架将帮助欧洲捍卫其战略利益。

（一）制定《条例》的建议

德国、法国、意大利作为经济发达且技术先进的欧盟主要成员国，近年来其尖端技术行业面临大量的外商投资，在修改其国内外商直接投资安全审查相关法律的同时，率先提出了在欧盟层面设置外商直接投资安全审查制度的建议。2017 年 2 月，德国、法国、意大利联名致信欧盟委员会，在《关于确保改善在贸易和投资方面的公平竞争环境的建议》（以下简称《建议》）一文中呼吁欧盟及其成员国加强审查，并强调将投资国对欧盟投资的对等开放作为欧盟审查的理由，提议在欧盟层面建立外资审查机制。[1]

《建议》首先肯定了开放市场、资本自由流动促进了欧洲和世界各地的繁荣，同时指出在投资领域，欧盟的企业并没有得到同样开放的对等待遇，成员国现有的外商投资国家安全审查模式，不足以避免涉及欧盟安全或工业政策敏感地区的直接投资对欧盟经济造成损害。因此，德国、法国、意大利呼吁在欧盟层面建立统一的外商直接投资安全审查制度，维护欧盟投资领域的安全和公共秩序，以实现投资领域的对等，并确保互惠。具体包括以下 5 项建议：（1）非欧盟投资者原则上有权在欧盟内部进行直接投资。

---

[1] 罗谢尔·托普兰斯基：《德法意呼吁欧盟设立外资审查机制》，http://www.ftchinese.com/story/001072534?archive，访问日期：2022 年 1 月 23 日。

然而，互惠原则适用于外国投资者在收购来源国仅有有限市场准入的情况；（2）在个别情况下，成员国可以完全禁止直接和间接投资或使其服从命令；（3）只有当投资者收购了公司重要部分导致经济受影响时，才能进行干预；（4）干预应当是合理的，如第三国所设想的直接投资的决定不符合市场规则或者直接投资可能或已经得到国家补贴，这会导致市场混乱；（5）干预权应不损害现有的双边和多边协定。❶

德国、法国、意大利希望通过建立欧盟外商直接投资安全审查制度来建立平等的投资环境，因此《建议》强调欧盟层面的外商投资审查应当强调“对等开放”。尽管《建议》并没有提出建立欧盟外商直接投资安全审查制度的具体措施，但规定了对外商直接投资进行干预的标准，提出干预必须是必要的且应该满足一定条件，同时将“是否符合市场规则”以及“是否受到政府补贴”等作为干预外商投资的考虑因素。

（二）《条例》草案的颁布

《建议》得到了欧盟的重视，时任欧盟委员会主席容克在欧洲议会发表年度欧盟盟情咨文时强调，欧盟在保持外资开放的同时，必须始终捍卫其战略利益。2017 年 9 月 13 日，欧盟委员会正式向欧洲议会提交了《建立欧盟外商投资审查制度框架的草案》（以下简称《草案》）。❷

---

❶ Key points for a proposal for investment reviews at EU level, https://www.bmwi.de/Redaktion/DE/Downloads/E/eckpunktepapier - proposals - for - ensuring - an - improved - level - playing - field - in - trade - and - investment.pdf?__blob=publicationFile&v=4, accessed Apr 6, 2022.

❷ Proposal for a REGULATION OF THE EUROPEAN PARLIAMENT AND OF THE COUNCIL establishing a framework for screening of foreign direct investments into the European Union, 2017/0224 (COD).

《草案》正文共14条，其中第1条和第2条主要针对外商直接投资安全审查的目的、范围以及涉及概念的定义进行规定。第3条和第4条则对欧盟外商直接投资安全审查框架进行了规定，其中第3条规定在外商直接投资可能会影响到欧盟“安全或公共利益”时，欧盟享有对相应投资的审查权，该审查权不影响相应成员国对投资进行审查。第4条则对可能涉及欧盟安全或公共秩序的因素进行非穷尽式列举。第5条为反规避措施，要求成员国采取相应的措施避免外商直接投资规避审查。第6条则对欧盟成员国进行外商直接投资安全审查时的程序性要素进行了规定，对成员国和欧盟进行审查的时间分别进行了明确。第7条要求成员国向欧盟报告其现有的安全审查机制，并将其外商直接投资安全审查情况向欧盟进行年度报告。第8条为欧盟及其成员国以及成员国之间的合作机制，欧盟及各个成员国之间信息互享。该条赋予欧盟及其成员国对被投资国某一具体的外商直接投资项目提出相应意见的权力，被投资国需要充分考虑相关建议，但对具体投资项目享有最终的决定权。第9条对可能危及欧盟安全或公共秩序的特殊项目进行了规定，通过清单方式进行列举。第10条对欧盟及其成员国在合作框架下信息互享的权利义务进行了规定。第11条规定了合作框架下的信息应受到保护。第12条为该审查框架下联系机构设置的规定。第13条要求欧盟委员会对《草案》生效后3年的实践情况进行评估。第14条则为《草案》正式生效规定。《草案》搭建起了欧盟层面的外商直接投资安全审查机制，该机制强调以欧盟同各成员国合作的方式运行。《草案》赋予欧盟委员会审查外商直接投资安全审查案件的权力，同时保留了各个成员国对其国内外商直接投资案件的最终决定权。

《草案》出台后引发了争议，以德国、法国、意大利为首的成员国大力支持《草案》进入立法程序，希望尽快建立欧盟层面的外商直接投资安全审查制度，严格审查外商直接投资进入欧盟；而另一部分成员国则对建立欧盟层面外商直接投资安全审查制度表示反对，匈牙利、希腊、葡萄牙、芬兰等鼓励外商进行投资的国家认为欧盟层面的外商直接投资安全审查将会对其国内的外商直接投资环境造成不利影响，外商投资领域的安全审查权应当为各个成员国专属权，其依据为2009年12月1日生效的《欧盟运作条约》（The treaty on the functioning of the European Union，TFEU）第63条“资本自由流动原则”，即禁止对成员国之间以及成员国与第三国之间的资本流动进行限制，[1] 以及TFEU第65条（1）（b）规定的在投资领域各个成员国基于公共政策或者公共安全所采取正当措施的权利不应当被限制。[2] 欧盟成员国国内的外商投资安全审查制度正是依据此条而制定。此外，1993年11月1日生效的《欧盟条约》（Treaty on European Union，TEU）第4条第2款[3]以及《欧盟运作条约》第346条[4]规定了各成员国对其国家安全负责，任何欧盟成员国都没有义务提供其认为违背其安全基本利益的信息，同时任何成员国都可采取其认为必要的措施，以保护其与武器、军火和战争材料的生产或贸易有关的安全基本利益。在此情况下，如何在推动欧盟层面外商直接投资安全审查制度出台的同时，保护各个成员国维护国家安全不受侵犯的权力，成为争议焦点。

（三）《条例》的正式出台

2018年5月28日欧洲议会国际贸易委员会投票决定《草案》

---

[1] TFEU Article 63（1）.

[2] TFEU Article 65（1）（b）.

[3] TEU Article 4（2）.

[4] TFEU Article 346.

进入三方会谈程序。2018 年 11 月 20 日，欧盟委员会主席与欧洲议会代表就欧盟外国直接投资安全审查的框架达成临时协议。[1] 2018 年 12 月 6 日，三方会谈形成临时协议，针对成员国的不同意见，对《草案》进行了大量增补。[2] 2019 年 2 月 14 日，修改后的《草案》在欧洲议会以 500 票赞成票，49 票反对票，56 票弃权票获得压倒性的通过。[3] 2019 年 3 月 5 日，欧盟理事会正式批准《条例》。2019 年 3 月 21 日，《条例》在欧盟《官方公报》上公布，[4] 并在公布后第 20 日，即 2019 年 4 月 10 日正式生效。《条例》第 17 条规定，《条例》正式实施的时间为 2020 年 10 月 11 日。从《条例》生效之日起到正式实施，中间 18 个月的过渡期用于成员国制定和采取实施该条例所需的必要措施。

《条例》共 17 条，外加 1 个附件，在条文数量上相比于《草案》增加了 3 条。其中《草案》第 5 条“反规避”以及第 6 条“为成员国审查提供的框架”的相关内容被合并至《条例》第 3 条“各成员国的审查机制”。《条例》新增加的条文分别为“未经过外商直接投资安全审查的合作机制”“欧盟外商直接投资安全审查专

---

[1] European Council: “Screening of investments: political agreement reached on an EU framework”, https://www.consilium.europa.eu/en/press/press-releases/2018/11/20/screening-of-investments-political-agreement-reached-on-an-eu-framework/?from=timeline&isappinstalled=0, accessed Jan. 25, 2021.

[2] 冷帅：“欧盟外资监管和安全审查立法的评估与应对——基于《建立外国直接投资监管框架条例》的分析”，载《现代法学》2019 年第 6 期，第 194-209 页。

[3] European Parliament, “EU to scrutinize foreign direct investment more closely”, http://www.europarl.europa.eu/news/en/press-room/20190207IPR25209/eu-to-scrutinise-foreign-direct-investment-more-closely?from=timeline&isappinstalled=0, accessed Feb. 15. 2021.

[4] Regulation (EU) 2019/425 of the European Parliament and of the Council of 19 March 2019 Establishing a Framework for the Screening of Foreign Direct Investments into the Union, Official Journal of the European Union, L 791, accessed Mar. 21. 2021.

家小组”“国际合作”“个人资料处理”“欧盟委员会修改附件权利行使”等5条。在内容上，《条例》规定比《草案》更加丰富，细化了对欧盟外商直接投资安全审查的实体法及程序法规定，如定义部分增加了对“接受审查的外商直接投资”的规定；在列举可能影响欧盟安全或公共秩序的“潜在影响因素”时，增加了“媒体自由及多元化”1项，此外《条例》还将投资者是否由第三方政府控制、是否已经在成员国参与影响安全或公共秩序的活动、是否有从事违法或犯罪活动的风险等新增加为3项“特别考虑因素”；针对《草案》合作机制的规定，《条例》将其细化为进行中的外商直接投资安全审查合作机制和未进行的外商直接投资安全审查合作机制两大类，并对成员国及欧盟委员会在合作机制下的权利和义务进行更加详尽的规定。

随着《条例》的生效，德国、法国等已建立外商投资安全审查制度的欧盟成员国修改其国内立法，将《条例》中关于“外商直接投资”“安全或公共秩序”等内容纳入本国外商投资安全审查制度中，以便同欧盟层面保持一致。捷克、马耳他等部分成员国，加紧国内立法，建立起其国内的外商投资安全审查制度。根据欧盟委员会官网2022年4月19日公布的成员国审查机制清单，目前欧盟27个成员国中，已经建立外商直接投资安全审查机制的成员国数量达到了18个，❶ 相比于《草案》出台时增加了6个。比利时、希腊、爱尔兰等9个成员国鼓励外商积极投资，通过限制或禁止外商投资进入的方式对国内特殊行业进行保护。

---

❶ 具体的成员国名单如下：奥地利、捷克、丹麦、芬兰、法国、德国、匈牙利、意大利、拉脱维亚、立陶宛、马耳他、荷兰、波兰、葡萄牙、罗马尼亚、斯洛伐克、斯洛文尼亚、西班牙。参见 List of screening mechanisms notified by Member States: https://trade.ec.europa.eu/doclib/docs/2019/june/tradoc_157946.pdf, accessed Apr 26, 2022.

三、立法依据

《条例》序言部分提出建立欧盟层面外商直接投资安全审查框架的目的在于维护欧盟及其成员国的安全或公共利益，在必要情况下可能会对外商直接投资进行限制。也就是说，《条例》所建立的外商直接投资安全审查框架为对外商直接投资的安全审查框架，其立法主要依据是《欧盟运作条约》第207条第2款，同时兼顾《欧盟条约》第4条第2款、《欧盟运作条约》第65条第1款及第346条。

（一）《欧盟运作条约》第207条第2款

《条例》序言明确《欧盟运作条约》第207条第2款为其立法依据，即欧洲议会和理事会应按照普通立法程序通过规章制度行事，采取措施，确定执行共同的商业政策。[1]

何为“共同商业政策”？《欧洲经济共同体条约》是最早明确共同商业政策的欧盟法律文件，其中第113条对共同商业政策作出了规定，并以共同商业政策在欧盟逐步建立起统一的国际贸易法规制度。《欧洲经济共同体条约》本身并未直接将共同商业政策规定为欧盟的专属权能，欧洲法院的司法判例逐步确认了该项权能属于欧盟。[2] 此时的共同商业政策并未包括“外商直接投资”，首次将“外商直接投资”纳入欧盟共同商业政策框架中的是2007年12月17日出台的《里斯本条约》。根据《里斯本条约》，《欧盟运

---

[1] TFEU Article 207（2）：The European Parliament and the Council，acting by means of regulations in accordance with the ordinary legislative procedure，shall adopt the measures defining the framework for implementing the common commercial policy.

[2] 张庆麟：《公共利益视野下的国际投资协定新发展》，中国社会科学出版社2014年版，第180页。

作条约》第 207 条第 1 款将外商直接投资同关税变化、缔结有关商品和服务贸易的协定、知识产权等内容列为共同商业政策之一；[1] 第 2 款明确欧洲议会和欧洲理事会有权根据共同商业政策采取措施。此外，《欧盟运作条约》第 3 条第 1 款从立法上确立共同商业政策属于欧盟 5 项专属权能之一。[2] 根据上述规定，欧盟对外商直接投资无疑享有专属权，外商直接投资安全审查作为外商直接投资的内容之一，也应当为欧盟专属权能。

但《条例》出台后，也有部分学者对此项规定提出了质疑。理由是《欧盟运作条约》和《里斯本条约》都没有进一步对欧盟行使外商直接投资专属权能的边界进行明确界定。2015 年 7 月，欧盟委员会就包含投资章节在内的《欧盟与新加坡自由贸易协定》是否符合欧盟基础条约请求欧洲法院发表意见，以明确具体条款究竟哪些属于欧盟专属权能范围、哪些属于成员国专属权能范围、哪些属于共享权能范围。[3] 欧盟委员会在向欧洲法院提交的第 2/15 号咨询案中认为，共同商业政策包括进入被投资成员国市场的投资准入规则以及准入后的投资保护规则。[4] 欧洲法院发表的第 2/15 号意见仍没有界定欧盟层面享有的外商直接投资专属权能包括哪

---

[1] TFEU Article 207（1）：The common commercial policy shall be based on uniform principles，particularly with regard to changes in tariff rates，the conclusion of tariff and trade agreements relating to trade in goods and services，and the commercial aspects of intellectual property，foreign direct investment，the achievement of uniformity in measures of liberalisation，export policy and measures to protect trade such as those to be taken in the event of dumping or subsidies. The common commercial policy shall be conducted in the context of the principles and objectives of the Union's external action.

[2] TFEU Article 3（1）（e）：The Union shall have exclusive competence in the following areas：common commercial policy.

[3] Opinion Procedure 2/15 of Advocate General Sharpston，21 December 2016，ECLI：EU：C：2016：992，para. 272.

[4] Opinion 2/15 of the Court，16 May 2017，ECLI：EU：C：2017：376，para. 101.

些，也没有明确欧盟是否有进行外资安全审查的权能。[1]

（二）《欧盟条约》第 4 条第 2 款、《欧盟运作条约》第 65 条第 1 款及第 346 条

考虑到现有法律在“外商直接投资”范围上的规定，加之外商直接投资安全审查不仅涉及投资问题还涉及各国公共秩序、公共安全等问题，《条例》在将《欧盟运作条约》第 207 条第 2 款作为立法依据的同时，也肯定了各成员国对自身国家安全保护的权利。《条例》第 1 条第 2 款承诺不损害各个成员国按照《欧盟条约》第 4 条第 2 款规定对国家安全负责的权力，也不损害各个成员国根据《欧盟运作条约》第 346 条第 1 款保护其基本安全利益的权力。[2] 针对外商投资，《条例》明确不会损害《欧盟运作条约》第 65 条第 1 款（b）项所规定内容，[3] 不会对成员国资本自由流动的权力造成减损。

可以看出，在立法上，《条例》确立了欧盟对外商直接投资享有专属权能，但同时也承认成员国有权对国家安全进行保护，从

---

[1] 叶斌：“欧盟外资安全审查立法草案及其法律基础的适当性”，载《欧洲研究》2018 年第 5 期，第 25 – 42 页。

[2] TFEU Article 346 (1): The provisions of the Treaties shall not preclude the application of the following rules: (a) no Member State shall be obliged to supply information the disclosure of which it considers contrary to the essential interests of its security; (b) any Member State may take such measures as it considers necessary for the protection of the essential interests of its security which are connected with the production of or trade in arms, munitions and war material; such measures shall not adversely affect the conditions of competition in the internal market regarding products which are not intended for specifically military purposes.

[3] TFEU Article 65 (1) (b): to take all requisite measures to prevent infringements of national law and regulations, in particular in the field of taxation and the prudential supervision of financial institutions, or to lay down procedures for the declaration of capital movements for purposes of administrative or statistical information, or to take measures which are justified on grounds of public policy or public security.

而化解了欧盟与成员国在外商直接投资安全审查领域的权限冲突。具体体现在以下几个方面：一是在用语上，《条例》将“外商投资安全审查”视为外国直接投资领域的一部分，将其归于共同商业政策领域，故而属于欧盟的专属权能。二是在权限划分上，该审查机制下《条例》更强调欧盟和成员国在外商直接投资安全审查上的合作和信息共享。欧盟委员会对外商投资进行审查的权力是有限的，该框架下欧盟对外资安全审查享有的是建议权，而各个成员国享有实际审查权以及最终决定权。《条例》所规定的审查模式在赋予欧盟委员会知情权的同时也尊重了各个成员国在国家安全及利益方面的专属权能。三是在保障措施方面，《条例》规定了信息的保密性，以防止成员国在该审查模式下相关外商直接投资信息的泄露。同时，建立起由各个成员国参与的欧盟联络点，并设置外商直接投资专家组，保障成员国有效参与《条例》的实施。

第三节　欧盟外商投资安全审查制度的法律规定

截至 2022 年 12 月，欧盟外商直接投资安全审查制度主要以《条例》为核心，以《对欧盟外商直接投资审查条例附件的修订》❶（以下简称《对条例附件的修订》）、《向成员国提供关于外国直接投资和来自第三国的资本自由流动以及保护欧洲战略资产的指导意见》、《鉴于对乌克兰的军事侵略和最近规定的限制性措

❶ COMMISSION DELEGATED REGULATION (EU) 2021/2126 of 29 September 2021, amending the Annex to Regulation (EU) 2019/452 of the European Parliament and of the Council establishing a framework for the screening of foreign direct investments into the Union, https://eur-lex.europa.eu/legal-content/EN/TXT/PDF/?uri=CELEX:32021R2126&from=EN, accessed Mar 20, 2022.

施对来自俄罗斯和白俄罗斯的外国直接投资向成员国提供指导》（以下简称《针对俄罗斯和白俄罗斯的投资指导》）为补充。

一、《条例》实体法规定

《条例》确立了欧盟外商直接投资审查的一般机制。这个机制仅限于以“安全或公共秩序”为基础来进行审查，其具体的实体法律规定中，对安全审查的相关概念、主体、内容以及范围作了详细的规定。

（一）相关概念的界定

欧盟安全审查的相关规定主要集中在对外国直接投资的界定以及对“外国投资者”“审查”相关概念的明确。

1. 外商直接投资的概念界定

《条例》第2条第1款将“外国直接投资”定义为外国投资者旨在建立或维持外国投资者与企业家之间的持久和直接联系，或者为了提供资本以在成员国开展经济活动的企业所进行的任何类型的投资，包括能够有效参与管理或控制开展经济活动的公司的投资。[1]

具体而言何为“外国直接投资”，欧盟委员会提供了一份《关于欧盟外商直接投资安全审查常见问题的答复文件》（以下简称《答复文件》），[2] 其中第8项明确《条例》框架下的“外国直接投

[1] Regulation（EU）2019/452Article 2（1）‘foreign direct investment’ means an investment of any kind by a foreign investor aiming to establish or to maintain lasting and direct links between the foreign investor and the entrepreneur to whom or the undertaking to which the capital is made available in order to carry on an economic activity in a Member State, including investments which enable effective participation in the management or control of a company carrying out an economic activity.

[2] MEMO: frequently asked questions on the FDI screening regulation, https://trade.ec.europa.eu/doclib/docs/2019/june/tradoc_157945.pdf. accessed Mar 20, 2022.

资”包括任何形式的外国直接投资。根据欧洲法院的定义，这可以是由外国投资者进行的任何形式的投资，旨在建立或保持外国投资者和目标公司之间的持久和直接的联系，为了在成员国开展经济活动，包括能够有效参与管理或控制开展经济活动的公司的投资。外国直接投资可以采取两种不同的形式，即绿地投资和并购投资。[1] 该《答复文件》对于“外国直接投资”的定义与欧洲法院以往判例的认定一致，如2003年欧盟委员会诉英国案、2005年欧盟委员会诉意大利案；[2] 同时也与经济合作与发展组织《外国投资基准定义》第四版[3]、国际货币基金组织《国际收支和国际投资头寸手册》[4] 中的外国直接投资的定义相符合。

2. 其他的相关概念界定

研究外商直接投资安全审查制度，必须明确的概念之一是“外国投资者”。《条例》第2条第2款规定，“外国投资者”是指第三国有意进行或者已经进行外国直接投资的自然人或者第三国的企业，即“外国投资者”指的是欧盟以外的自然人或企业，正在或有意向欧盟进行外商直接投资。[5]“第三国企业”指根据第三国法律组成或者以其他方式组成的企业。此定义下，非欧盟投资者是《条例》的主要审查对象。

---

[1] MEMO：frequently asked questions on the FDI screening regulation，Q8，p. 6

[2] Case C－98/01 Commission v UK［2003］ECR I－4641，para. 40；Case C－174/04 Commission v Italy［2005］ECR I－4933，para. 28.

[3] OECD，OECD Benchmark Definition of Foreign Direct Investment，Fourth Edition 2008，p. 48，https://www.oecd.org/daf/inv/investmentstatisticsandanalysis/40193734.pdf，accessed Mar 4 2022.

[4] International Monetary Fund，Balance of Payments and International Investment Position Manual，Six Edition（BPM6），p. 100，https://www.imf.org/external/pubs/ft/bop/2007/pdf/bpm6.pdf，accessed Mar 4 2022.

[5] Regulation（EU）2019/452. Article 2（21）.

关于“审查”一词，《条例》第2条第3款将其定义为允许评估、调查、授权、条件、禁止或解除外国直接投资的程序。而“审查机制”则指的是一般适用的工具，如法律、法规及其随附的行政要求、实施细则或准则等，列出评估、调查、授权、条件、禁止或撤销外国直接投资的条款、条件和程序。“审查决定”为应用审查机制时所采取的措施。《条例》除强调欧盟对外商直接投资进行审查之外，也构建起一套包括欧盟、欧盟成员国以及欧盟与其成员国之间的审查合作机制。

（二）审查主体及权限

《条例》既赋予了欧盟审查资格，也保留了各个成员国的审查资格，但在《条例》所构建的审查模式下，欧盟及其成员国的审查权限存在差异。

1. 欧盟外商投资安全审查权限

欧盟委员会是专门针对外商直接投资进行安全审查的部门。外商投资者有意或正在对欧盟进行直接投资且被投资成员国启动了审查程序的，如果欧盟委员会认为该投资将会对一个以上成员国的安全或公共秩序造成威胁，或其拥有与该外国直接投资有关的相关信息，经审查后，欧盟委员会有权针对该笔投资发表相应意见。如果欧盟委员会认为未进行审查的外商直接投资很可能影响一个以上成员国的安全或公共秩序时，它可以要求被投资国提供相应的投资材料，对材料审查后，欧盟委员会有权发表审查意见。此外，如欧盟委员会认为外商直接投资可能因安全或公共秩序影响联盟利益，欧盟委员会可向相关会员国发表审查意见。在上述情形下，欧盟委员会的审查意见仅起建议作用，不享有外商直接投资是否能够进入相应成员国的最后决定权。综上，欧盟委员会所行使的审查权在更大意义上是一种针对外商直接投资的审查意见表达权。

2. 成员国外商投资安全审查权限

根据《条例》的规定，欧盟成员国可以根据各国法律规定，建立起本国的外商直接投资安全审查机制，并根据国内法律规定行使审查权。具体负责审查的部门也由各国法律加以规定，如德国外商投资安全审查的审查主体为德国联邦经济与能源部，法国外商投资安全审查主体为法国经济与财政部。在此模式下，成员国对外国投资者对本国的直接投资项目享有全面审查权，并且有权作出最终的审查决定。

《条例》也规定了成员国所需要履行的义务。其中第 3 条确立了成员国审查机制的基本框架并提出了基本要求：一是通知义务，已经制定外商直接投资安全审查制度的成员国，在《条例》生效后的 30 日内通知欧盟委员会。若成员国对其现有的审查立法进行了修正或通过了新的立法，则应在修正案或新法生效后的 30 日内通知欧盟委员会。二是确保成员国的审查程序是透明的、非歧视的，不可在非欧盟成员之间存在区别。三是制定合理的审查期限，以保证充分考虑欧盟委员会以及其他成员国的意见。四是采取必要的措施，防止外商投资者规避审查或规避审查结果。

(三) 审查内容

基于对安全和公共秩序的考量，欧盟委员会或相关成员国可以针对外商直接投资启动审查程序，审查的内容则主要围绕着被投资成员国提供的信息进行。为了使成员国和欧盟委员会能够充分发表评论和意见，以保证《条例》框架下合作机制能够顺利运行，根据《条例》第 9 条规定，成员国需要提供的信息可简化为：外国投资者及被投资公司的所有权结构、外商直接投资涉及的价值、外商直接投资涉及的产品或服务或业务、投资者从事的相关商业活动、最终投资金额与被投资者信息、投资预计完成的时间等[1]。如果在特殊情况下，成员国在尽最大努力的前提下仍无法提供上述信息，必须毫不迟延地通知相关成员国或欧盟委员会，并说明理由以及获得上述信息所采取的方式。除上述信息外，对于欧盟委员会和其他成员国要求的其他信息，被投资成员国也应尽可能提供。

（四）审查标准及范围

《条例》第1条即明确外国直接投资的审查标准为是否影响“安全或公共秩序”。[2] 但《条例》并未定义何为“安全或公共秩序”，《答复文件》第13项解释“安全或公共秩序”的概念应该符合欧盟在《服务贸易总协定》（GATS）下的有关国际义务、欧盟与第三国签订的贸易和投资协议以及《欧盟运作条约》中关于来自第三国的资本流动的规定。[3]《条例》考虑到安全或公共秩序内涵与外延的抽象性，为了避免此标准被滥用并防止此标准的个案适用差异过大，采用了一般性条款结合非穷尽列举的立法模式，具体化了“安全或公共秩序”的适用。

《条例》第4条规定了启动审查潜在考虑的因素，主要涉及以下5类内容：（1）实体及虚拟的关键基础设施，包括能源、运输、水资源、卫生、通信、媒体、数据处理或存储、航空航天、国防、电力或金融基础设施、其他敏感设施以及至关重要的土地和房地产设施；（2）理事会规则第428/20091号第2条第1点所界定的关键技术和双重用途项目，包括人工智能、机器人、半导体、网络安全、航空航天、能源存储、量子和核技术、纳米技术和生物技

---

[1] Regulation（EU）2019/452. Article 9.

[2] Regulation（EU）2019/452. Article 1（1）.

[3] MEMO：frequently asked questions on the FDI screening regulation，Q13，p. 9.

术；(3) 关键性投入，包括能源或原材料投入以及粮食安全投入；(4) 取得敏感资料，如个人资料等；(5) 自由和多元的新闻媒介，如音频视频服务。[1]

当外商直接投资涉及以下3类内容时，欧盟及其成员国需要特别考虑其对安全或公共秩序的影响：(1) 外国投资者是否由政府直接或间接控制，或项目是否属于国家主导项目，或者投资行为是否属于实施第三国致力于取得或转让关键技术的经济或政治战略；(2) 外国投资者是否已参与影响成员国安全或公共秩序的活动；(3) 是否存在可能影响成员国或欧盟的风险，包括供应干扰、供应失败、损失或毁坏。[2]

此外，为保护可能影响欧盟利益的项目或计划，如果外商直接投资涉及《条例》附件所规定的项目或计划清单，欧盟委员会需要特别考虑该笔投资对安全或公共秩序的影响，并可以向被投资国和其他成员国发表意见。涉及欧盟利益的项目或计划应是涉及大量欧盟资金的项目或计划，或涵盖欧盟法律意义上的关键基础设施、关键技术、安全或公共秩序所必需的关键技术的项目或计划，[3] 因此，该附件是非穷尽性的。《条例》第8条规定欧盟委员会享有定期修改并更新该附件清单的权力。[4] 2021年9月29日，欧盟委员会授权对附件进行第一次修订，附件所涵盖项目或计划从最初8个增加至18个（表3-1）。[5]

---

[1] Regulation (EU) 2019/452. Article 4 (1).

[2] Regulation (EU) 2019/452. Article 4 (2).

[3] Regulation (EU) 2019/452. Article 8 (3).

[4] Regulation (EU) 2019/452. Article 8 (4).

[5] COMMISSION DELEGATED REGULATION (EU) 2021/2126 of 29 September 2021, amending the Annex to Regulation (EU) 2019/452 of the European Parliament and of the Council establishing a framework for the screening of foreign direct investments into the Union.

表3－1　《条例》附件所涉及的影响欧盟利益的项目或计划

文件名称	附件所涉及项目或计划	颁布时间
《条例》	伽利略卫星导航计划、哥白尼地球观测计划、地平线2020计划、跨欧洲交通运输网（TEN－T）、跨欧洲能源网络（TEN－E）、跨欧洲通信网络、欧洲国防工业发展计划、永久结构化合作（PESCO）——8项	2019.3.19
《对条例附件的修订》	卫星通信GOVSATCOM项目、空间计划、地平线欧洲、欧洲原子能共同体2021—2025年研究与培训计划、连接欧洲基金（CEF）、数字欧洲计划、国防研究准备行动、欧洲国防基金、欧洲核聚变能组织参与的国际热核聚变实验堆计划（ITER）、欧盟第4健康计划（EU4Health）——新增10项	2021.9.29
合计	18项	

数据来源：欧盟委员会官网。

二、《条例》程序法规定

《条例》的核心引入了成员国与欧盟委员会以及成员国之间的合作机制。以外商直接投资是否正在由被投资成员国进行审查为标准，分为进行中的外商直接投资安全审查合作机制与未进行的外商直接投资安全审查合作机制两种类型。此外，为了保障《条例》规定的制度顺利运行，《条例》也对年度报告、连接点、专家组以及信息保密等程序进行了规定。

（一）审查程序的一般规定

欧盟将外商投资安全审查的程序区分为进行中的外国投资与

尚未进行的外国投资两个阶段，针对不同阶段，程序规定了不同的安全审查流程。

1. 进行中的外商投资安全审查合作机制

《条例》第6条主要针对进行中的外商直接投资，该合作机制主要涉及的主体为被投资成员国、其他成员国、欧盟委员会。首先，被投资成员国对于进行中的外商直接投资安全审查案件负有通知义务，应当根据《条例》第9条第2款尽快将与该投资相关的信息通报给欧盟委员会和其他有关成员国，如被投资成员国认为投资影响安全或公共秩序，可以主动请求其他成员国发表意见或欧盟委员会提供审查意见。[1] 其次，其他成员国在认为投资可能对其安全或公共秩序产生影响、拥有涉及该投资的相关信息时，可以向被投资成员国发表意见并同时将该意见提交给欧盟委员会。此外，欧盟委员会通常在三种情形下有权发表审查意见：（1）投资可能影响到多个成员国的安全或公共秩序；（2）欧盟委员会拥有相关信息；（3）至少1/3的成员国认为某笔投资可能对其安全或公共秩序构成影响。

进行中的外商直接投资安全审查合作机制主要分为两个阶段。第一个阶段先由被投资的成员国发出信息通知，欧盟委员会和其他成员国在收到通知的15个日历日内，向被投资成员国反馈是否有提出意见或审查意见的意愿。同时可以要求被投资成员国补充提交更多信息，但要求应当合理，以发表意见所必需为限。如委员会及其他成员国均无意愿，则程序结束，否则进入第二阶段。进入第二阶段后，欧盟委员会或其他成员国未要求被投资国补充提交信息的，必须在收到第一阶段的信息通知后35个日历日内提

[1] Regulation（EU）2019/452，Article 6（4）.

出意见或审查意见；如欧盟委员会和其他成员国要求被投资国补充提交信息，则应在收到补充信息或无法提供补充信息通知之日起的20个日历日内提出意见或审查意见。欧盟委员会可在充分听取其他成员国意见之后再出具审查意见，但在任何情况下都不得晚于截止期限后的5个日历日。

特殊情况下，如果被投资成员国认为进行审查的投资案件影响安全或公共秩序且需要立即采取行动，应当通知欧盟委员会和其他成员国其有在程序规定的截止时间前作出审查决定的意愿，并充分证明立即采取行动的必要性，欧盟委员会和其他成员国应努力尽快发表建议或审查意见。

针对欧盟委员会的审查意见或其他成员国的意见，被投资成员国应给予适当的考虑，最终审查决定由被投资成员国作出。

2. 未进行的外商直接投资安全审查合作机制

未进行的外商直接投资安全审查合作机制规定在《条例》第7条，主要针对的是正在计划中的外商直接投资以及已经完成的外商直接投资。被投资国未对这些投资进行审查，但欧盟委员会或者其他成员国认为此情形下的某笔投资对安全或公共秩序产生影响或者拥有与投资有关的信息，可以提出审查意见或建议。在程序上与进行中的外商直接投资安全审查合作机制大致相同，不同之处主要在以下三个方面。

第一，在程序启动上，被投资成员国不再履行信息通知的义务，程序由其他成员国、欧盟委员会以及被投资成员国主动启动。其他成员国、欧盟委员会可以针对具体投资提出建议或审查意见，被投资成员国也可以主动要求欧盟委员会出具审查或者其他成员国发表意见，具体适用情形与《条例》第6条相同。

第二，在程序阶段上，《条例》第7款第5项规定，其他成员国或者欧盟委员会根据具体情形认为某笔投资影响安全或公共秩序的，可以根据《条例》第9款请求被投资成员国提供相关信息，这一阶段并未对时间作出具体规定。此外，如果特殊情况下被投资成员国无法提供的相关信息，则应当立即说明理由以及其为之作出的努力。[1] 在收到被投资成员国提供的相关信息后，其他成员国或欧盟委员会需要在35个日历日内发表建议或审查意见，欧盟委员会也可以在充分听取其他成员国意见之后再出具审查意见，此时应当增加15个日历日。

第三，在时限要求上，针对已经完成的外商直接投资，其他成员国或欧盟委员会提出建议或审查意见的时间应当不迟于投资完成的15个月内，并且该合作机制不适用于2019年4月10日前已经完成的外商直接投资。

（二）审查程序的特殊规定

涉及欧盟利益项目或计划的外商直接投资安全审查主要针对涉及《条例》附件清单的投资。如果欧盟委员会认为外商直接投资项目可能是基于安全或公共秩序影响联盟利益的项目或计划，欧盟委员会可向计划或已完成外国直接投资的成员国发表意见。为了最大化地维护欧盟整体的安全或公共秩序，当外商直接投资涉及可能影响欧盟利益的项目或计划时，《条例》第8条第2款明确，对此类投资应在比照第6条和第7条规定的程序适用的基础上作出修改，[2] 具体如下：

作为《条例》第6条（1）被投资成员国的信息通知或其他成员国根据第6条（2）和第7条（1）所发表意见的一部分，成员

---

[1] Regulation（EU）2019/452，Article 9（5）.

[2] Regulation（EU）2019/452，Article8（2）.

国应当表明它是否认为该投资可能影响联盟利益；欧盟委员会提出的审查意见应当送至成员国；计划或已完成外国直接投资的成员国应最大限度地考虑欧盟委员会的审查意见，如果不遵循，应向欧盟委员会作出解释。

相比于审查程序的一般性规定，针对涉及欧盟利益的项目或计划的投资，被投资成员国需要履行更多的义务。首先，除了提供投资有关信息，被投资成员国需要表达其对具体投资的看法；其次，被投资成员国在收到欧盟委员会的审查意见时，不同于对一般性规定中的“给予适当考虑”，而是应当“给予最大限度的考虑”。如果不采纳欧盟委员会的审查意见，还应当作出解释。可见，对于涉及可能影响欧盟利益的项目或计划的外商直接投资，欧盟所作出的审查意见占据更重要的地位。

（三）《条例》其他程序性规定

除了上述规定，《条例》还明确规定了欧盟各成员国的年度报告以及评估制度，此外，为了使欧盟与各成员国沟通顺畅，规定了欧盟委员会与各成员国之间的联络点与专家组制度。

1. 年度报告和评估

《条例》第 5 条规定了年度报告，各成员国应在每年的 3 月 31 日前向欧盟委员会提交涉及其上一年度领土范围内的外商直接投资信息资料，以及根据第 6 条第 6 款和第 7 条第 5 款从其他成员国收到的请求的汇总信息。有外商直接投资安全审查机制的成员国还应当提供审查机制运行情况的汇总信息。欧盟委员会根据《条例》执行情况制作年度报告并提交至欧洲议会和欧盟理事会，该年度报告应当予以公布。

此外，《条例》第 15 条规定了评估，到 2023 年 10 月 12 日及此后每五年，欧盟委员会都应当对《条例》运作及有效性进行评估，可提出相应的修法意见，并向欧洲议会和欧盟理事提交一份报告。

年度报告以及评估，分别从短期和长期的角度反馈《条例》的运行情况，一方面方便成员国之间获得外商直接投资信息，实现合作；另一方面更有利于欧盟委员会发现《条例》在运行过程中存在的问题，便于及时修正和完善。

2. 联络点和专家组

为了保证欧盟委员会和各个成员国之间的沟通和交流，《条例》还设置了联络点和专家组。每个成员国和欧盟委员会都应建立一个实施本条例的联络点，联络点负责涉及与执行本条例相关的所有问题，进行直接合作和信息交流。专家组则负责向欧盟委员会提供建议和专业知识，讨论与审查外国直接投资有关的问题，分享最佳做法和经验教训，并就外商直接投资安全审查的发展趋势和问题交换意见。欧盟委员会还应考虑就与本法规实施相关的系统性问题征求该专家组的建议，专家组的讨论应保密。

三、关于外国直接投资和来自第三国的资本自由流动以及保护欧洲战略资产的指导意见

新冠疫情暴发对欧盟的经济发展产生了重大影响，针对包括医疗卫生领域在内的战略性领域的投资极易对欧盟经济产生冲击，必须充分发挥欧盟外商直接投资安全审查制度的作用，降低外商直接投资带来的潜在风险。欧盟委员会于 2020 年 3 月 26 日发布了《向成员国提供关于外国直接投资和来自第三国的资本自由流动以及保护欧洲战略资产的指导意见》，明确成员国对新冠疫情影响下为获得医疗能力而对医疗设备及相关行业进行的投资、为获得疫苗研发能力而对医疗研究机构进行的投资等应保持警惕，并对投资审查要求作出了进一步的规定，以确保任何此类外商直接投资

都不会影响欧盟保障其公民健康需求的能力。

（一）对成员国外商直接投资安全审查提出的建议

欧盟外商直接投资安全审查制度规定，对于某一具体投资的审查决定权在各个成员国，因此各个成员国如何对外商直接投资进行审查至关重要。欧盟委员会将成员国作为审查的责任主体，明确成员国在审查时应充分考虑投资对整个欧盟的影响，特别是对继续发挥欧盟在关键领域管控能力的影响，不仅应考虑医疗卫生领域，对其他影响欧盟安全的重要战略领域也应加以重点考虑。为此，欧洲委员会呼吁各成员国：（1）通过国内法建立外商投资安全审查制度的成员国，充分利用已有外商投资安全审查机制，充分考虑到关键卫生基础设施、关键投入的供应和所设想的其他关键部门所面临的风险；（2）国内尚未通过国内法建立外商投资安全审查制度的成员国，欧盟委员会呼吁其在欧盟的法律框架内尽快建立相应的安全审查制度，同时也可以使用所有其他可用的措施来处理外商直接投资中涉及特定业务、基础设施或技术，包括对关键卫生基础设施和关键投入供应的风险。

（二）细化《条例》的审查范围

明确来自第三国投资价值小但涉及研究或技术重要的投资也属于审查范围。《条例》序言第 9 条规定外商直接投资包括来自第三国的外商直接投资，即那些“在包括国家实体在内的第三国投资者与在一成员国开展经济活动的企业之间建立或保持持久和直接的联系”[1]。该指导意见明确规定，《条例》适用于所有经济部门，不受任何门槛的限制，同时提出审查投资交易可能与交易本身的价值无关，针对投资标的额小但涉及研究或技术较为重要的

---

[1] See Recital 9 of the FDI Screening Regulation.

具体投资也属于审查范围。如小型初创企业本身的价值可能相对有限，但其涉及的研究或技术等问题可能具有战略意义的，同样属于外商直接投资安全审查的审查范围。

明确各个成员国为采取措施避免风险的责任主体。《条例》授权成员国以安全或公共秩序为理由审查外商直接投资，针对存在风险的外商直接投资，成员国有权采取措施应对风险，以防止某笔具体投资对成员国或欧盟的安全或公共秩序产生不利影响。同时，欧盟委员会可向投资发生的成员国提出采取具体行动的意见，特别是某笔投资涉及欧盟重大项目或者方案时，被投资成员国可参考欧盟委员会的意见后再采取行动。

欧盟委员会敦促成员国特别警惕，避免当前的医疗卫生危机引发包括中小企业在内的欧洲商业和工业参与者的抛售行为。欧盟委员会将密切关注实地的事态发展，酌情与成员国进行接触。委员会还提醒各成员国在像欧洲这样的一体化市场中存在的相互依存关系，并呼吁所有成员国在外商投资实际或潜在地对单一市场产生影响的情况下寻求建议和协调。

（三）明确医疗卫生类投资的审查要求

根据《条例》的规定，当某一外商直接投资可能产生对安全或公共秩序的威胁时，被投资成员国有权采取措施阻止投资进入，这种投资威胁应包括对公共卫生或者医疗卫生安全产生影响的情形。如何确定外商直接投资是否会对安全或公共秩序产生影响，该指导意见指出“考虑所有相关因素”包括关键基础设施、关键扶持性技术对安全或维护公共秩序产生的至关重要投入、干扰、损失或破坏等影响。

由于进入欧盟市场的投资所产生的风险不一定只对被投资成员国产生影响，很可能对欧盟其他成员国或欧盟委员会产生影响，因此《条例》规定欧盟委员会或/和其他成员国也有权要求被投资成员国提供相应的投资信息，对某一具体投资进行审查并发表审查意见。而如何避免投资所产生的不利影响，主要通过被投资成员国采取相应措施，这些措施不一定导致投资失败，也不意味着存在投资风险时必须拒绝投资进入，在有些情况下，采取缓解措施避免风险即可，比如被投资成员国可以要求外商投资者在对医疗行业进行投资时，承诺保证医疗产品或设备供应，从而避免因为投资所可能产生的医疗资源供应不足的风险。涉及欧盟整体利益时，欧盟委员会有可能提出更高要求的承诺保证措施，以规避风险。同样在某些情况下，成员国可以在外商直接投资安全审查机制之外采取干预措施。例如，在发生新冠感染等大流行病等涉及国家安全的紧急情况时，可以对专利药品实行强制许可。

可能影响到联盟利益的项目或方案的外国收购将受到欧盟委员会更严格的审查，成员国应当对欧盟委员会所提出的审查意见在最大范围内进行考虑，如不采取欧盟委员会的意见，则应当说明理由。例如，在外国投资于欧盟研究和创新计划“地平线 2020”下获得资助的欧盟企业时，将特别关注所有与卫生部门有关的“地平线 2020”项目，包括未来应对新冠疫情暴发的项目。[1]

（四）对非经过审查程序的投资可采取的措施

《条例》出台时，欧盟仍有一部分国家没有外商投资安全审查制度，为避免出现某一笔投资可能产生不利影响，《条例》规定，针对可能造成不利影响的投资，欧盟委员会和其他可能受影响的成员国有权针对某一笔投资发表审查意见。针对条例生效前已经

---

[1] €475 million for research projects on advancing knowledge for the clinical and public health response to the COVID 19 epidemic through direct horizon 2020 call and 45 million by the Innovative Medicines Initiative public private partnership.

完成的投资，欧盟成员国及受投资影响的其他成员国仍可以在该笔外商直接投资完成 15 个月内提出审查意见。这将导致已进行的投资仍可能面临审查的风险，已进行的投资可能会收到相应的整改措施要求，比如承诺性措施或减轻不利影响。

对于不属于外国直接投资范畴的投资，如证券投资，各成员国可以根据关于资本自由流动的相关规定对其进行审查。这是因为证券投资本身并不会赋予外商投资者对被投资企业的管理与控制权，外商投资者无法通过证券投资对被投资企业产生实质性影响。因此，相比于外商直接投资，证券投资不易造成安全或公共秩序方面的问题。但当证券投资代表着股权收购时，如根据成员国公司法赋予股东或相关股东的某些权利，此时证券投资可能与安全或公共秩序有关。

除了外商投资审查，成员国还可以通过其他方式来防止投资产生危害公共秩序或安全的影响，比如以“黄金股”的方式保留某些企业的特殊权利。“黄金股”指的是一种特殊的持股方式，以实现股东的特殊权利，又称为特权优先股。持有“黄金股”的股东可以行使优于其他股东的权利，如一股多投票权，这也意味着享有“黄金股”的股东可以最大化地享有对具体公司的管理权和控制权。实践中，如外商投资者欲通过对某一公司大规模投资来实现对被投资企业的控制权，被投资企业可以通过黄金股的方式来抵消外商投资带来的冲击，从而达到对公共秩序或安全的维护。尤其是涉及关键技术的被投资企业，“黄金股”的持股人也可以是国家部门，确保资本流动不被限制的同时，最大化地减少外商直接投资带来的不利影响，与实现合法的公共政策目标相称。《欧盟运作条约》第 63 条规定：“资本的自由流动不仅在欧盟内部，也包括与第三国之间，任何限制都必须是适当的、必要的和相称的，以实现合法的公共政策目标。”这些目标在条约或法院的判例法中被定义为是符合普遍利益的。这些目标不应该被认为是纯粹的经济目标[1]。当资本对公共政策、公共安全和公共卫生，以及对社会的基本利益存在真正的、足够严重的威胁时则可以采取相应的限制性措施。比如外国投资者“掠夺性购买”战略资产时，可采用相应的限制性措施。限制性措施的强度取决于维护公共秩序与安全的必要性，如采取对某些行业的所有公司施加公共服务义务的监管措施等限制性较小的措施，即可确保供应安全，那该措施就是合理的。如果采取限制性较小的措施不足以维护公共秩序或安全，也可以采取更加强硬的限制性措施来减少威胁。

四、对来自俄罗斯和白俄罗斯的外商投资的指导意见

2022 年 4 月 5 日，欧盟委员会发布《鉴于对乌克兰的军事侵略和最近规定的限制性措施对来自俄罗斯和白俄罗斯的外国直接投资向成员国提供指导》，明确在外商投资领域对俄罗斯及白俄罗斯施压。该投资指导指出，欧盟对外商投资保持开放态度，一直以来欧盟也是一个对外商直接投资有吸引力的目的地。但是，欧盟的开放并不是无条件的，它需要用适当的工具来维护安全和公共秩序。针对俄罗斯对乌克兰所采取的行动，欧盟对俄罗斯和白俄罗斯采取了大量而强有力的限制性措施，这些限制性措施旨在破坏克里姆林宫为战争提供资金的能力，增加其经济和政治成本，并削弱其经济基础。鉴于白俄罗斯对俄罗斯行动的支持，欧盟对白俄罗斯采取了进一步的限制。

该投资指导认为《条例》搭建起欧盟层面的统一审查框架，

---

[1] C563/17, Associação Peço a Palavra, para. 70.

在该框架中欧盟委员会和成员国可以协调他们对外商投资的行动，以确保安全或公共秩序能得到保护。但如果某一投资存在对安全或公共秩序的直接威胁，即便该投资不属于《条例》规定的审查适用范围，成员国也可以审查，只要审查是按照《条例》关于资本自由流动和设立的规定进行的即可。同时明确，外商直接投资安全审查和制裁是不同的法律工具，每一种都有不同的目的和不同的运作方式，但俄罗斯对乌克兰的军事行动要求欧盟必须对俄罗斯和白俄罗斯在单一市场内的直接投资提高警惕。在当前的情况下，任何受俄罗斯或白俄罗斯政府控制的、直接或间接投资欧盟关键资产的相关的个人或实体，欧盟均有合理的理由认为该投资可能对成员国安全或公共秩序构成威胁。此外，欧盟制裁适用于任何在欧盟领土内的主体，包括任何法人、实体等，因此，欧盟的限制性措施可以在几个方面影响来自俄罗斯和白俄罗斯的直接投资。欧盟委员会已呼吁所有成员国建立并执行全面成熟的外商直接投资安全审查机制，以应对收购或控制某一特定业务、基础设施或技术会对欧盟的安全或公共秩序造成风险的情况，在俄罗斯对乌克兰的军事行动背景下，建立外商直接投资安全审查机制更加紧迫。在审查时，成员国还可考虑外国投资者是否直接或间接由第三国的政府控制，包括国家机构或武装部队，也包括投资主体所有权结构或涉及的大量资金、外国投资者是否已参与影响成员国安全或公共秩序的活动，或是否存在外国投资者从事非法或犯罪活动的严重风险❶。

欧盟委员会对俄罗斯及白俄罗斯对欧盟的直接投资情况进行了统计。从 2015 年至 2021 年完成的交易数量来看，俄罗斯是欧盟

---

❶ Regulation（EU）2019/452. Article 4.

的第 11 位外商投资者，占所有非欧盟管辖区投资数量的 0.9%，占投资价值的0.7%。涉及643 笔投资交易，总价值为150 亿欧元，包括并购、少数股权、证券投资和绿地投资。虽然近年来俄罗斯投资数量相对有限，但根据 2020 年的数据，俄罗斯个人或实体控制了约 17 000 家欧盟公司[1]，并在另外7 000家公司拥有潜在的控股权[2]，在另外 4 000 家公司拥有少数股权[3]。在许多情况下，公司有多个俄罗斯股东，每个股东的持股比例都低于 50%，但所有股东的持股比例加起来超过欧盟企业资本的 50%。在受俄罗斯控制或影响的欧盟公司中，57.7% 的资产由自然人持有，9.7% 由公司持有，1.1% 由公共机构或国家持有（见表 3 –2）。

表 3 –2　受俄罗斯影响或控制的欧盟 27 个成员国公司数量（按控制实体类型）[4]

控制实体类型	公司数量	占比
一个或多个已知的个人或家庭	17 510	57.7%
未知类型	9 240	30.4%
企业公司	2 931	9.7%
公共当局、各州、各国政府	343	1.1%
金融公司	149	0.5%

[1] EU companies are approximately 23 million（latest available year 2018，Eurostat businessdemography）.

[2] This is the case of multiple Russian shareholders with an aggregated stake higher than 50 %，but where no one individually holds a stake above 50 %.

[3] We observe an additional 2 000 companies with a reported non – controlling Russian shareholder，for which the amount of stake is not reported.

[4] JRC analysis，based on Bureau van Dijk data. Figures based on 2020 balance sheets data. Data extracted in March 2022. In case of Russian influence（not control），the EU company can be controlled by an entity from any other country. The missing cases（‘not available’）refer to EU companies with Russian influence that do not report any majority shareholder.

续表

控制实体类型	公司数量	占比
共同基金和养老基金/提名人/信托/受托人	83	0.3%
银行	81	0.3%
基金会/研究所	18	0.1%
保险公司	1	0%
私募股权基金公司	1	0%

数据来源：JRC analysis，based on Bureau van Dijk data。

与俄罗斯的投资类似，根据2020年的数据，白俄罗斯的个人和实体控制了大约1 550家欧盟公司，并在另外600家公司中拥有潜在的控股权❶，在另外400家公司中拥有少数股权❷。一些公司有多个白俄罗斯的小股东，他们共同持有欧盟企业50%以上的资本。在白俄罗斯控制或影响下的欧盟公司中，63.2%由自然人持有，5.1%由公司持有，0.4%由公共机构或国家持有（见表3-3）。

表3-3　受白俄罗斯影响或控制的欧盟27个成员国公司数量（按控制实体类型）❸

控制实体类型	公司数量	占比
一个或多个已知的个人或家庭	1 687	63.18%
未知类型	833	31.20%

---

❶ This is the case of multiple Belarusian shareholders with an aggregated stake higher than 50 %, but where no one individually holds a stake above 50%.

❷ We observe an additional 100 companies with a reported non - controlling Belarusian shareholder, for which the amount of stake is not reported.

❸ JRC analysis, based on Bureau van Dijk data. Figures based on 2020 balance sheets data. Data extracted in March 2022. In case of Belarusian influence (not control), the EU company can be controlled by an entity from any other country. The missing cases ('not available') refer to EU companies with Belarusian influence that do not report any majority shareholder.

续表

控制实体类型	公司数量	占比
企业公司	153	5.06%
公共当局、各州、各国政府	11	0.41%
金融公司	1	0.04%
共同基金和养老基金/提名人/信托/受托人	1	0.04%
银行	1	0.04%
基金会/研究所	1	0.04%

数据来源：JRC analysis，based on Bureau van Dijk data。

（一）对俄罗斯及白俄罗斯投资的特别审查要求

《条例》的适用范围仅限于收购欧盟实体涉及一个或多个在欧盟以外设立的实体直接投资的情况。反之，仅涉及一个或多个在欧盟设立的实体在另一个成员国投资的情况不属于该条例的范围，但属于规避《条例》适用的投资除外。然而，这类投资可能会受到成员国国家控制或审查机制的影响，并且可以在符合欧盟法律的情况下采取行动。采取的行动应符合欧盟法律，特别是《条例》中关于资本自由流动的相关规定。

在目前情况下，欧盟认为来自俄罗斯和白俄罗斯投资者的外商直接投资可能对安全和公共秩序构成威胁的风险大大增加。因此，在适用外商直接投资安全审查机制时，欧盟委员会要求成员国应非常密切地进行系统的、全面的审查。欧盟和俄罗斯公司之间的商业关系紧张，可能会加剧这些风险。此外，必须特别注意投资带来的威胁所涉及的个人或实体是否受俄罗斯或白俄罗斯政府控制或影响，因为俄罗斯及白俄罗斯政府有强烈的动机干预在欧盟涉及关键技术等投资，或者控制相关投资者在欧盟的活动。欧洲委员会呼吁各成员国：（1）有系统地利用国内外商投资安全审查制度，评估和防止与俄罗斯和白俄罗斯投资有关的威胁；(2)确保主管制裁的国家当局[1]与主管投资的国家当局密切合作，在执行欧盟制裁的背景下进行外商直接投资安全审查，并确定违规行为和实施的处罚措施；(3) 充分执行《条例》，包括通过积极参加成员国之间以及成员国与欧盟委员会之间的合作机制，以应对来自俄罗斯和白俄罗斯的外国直接投资所带来的涉及安全或公共秩序的有关风险；(4) 确保充分遵守《反洗钱指令》[2] 的要求，以防止外商投资滥用欧盟的金融系统；(5) 确保成员国审查机构、主管制裁的国家当局、国家信贷机构、国家促进银行以及成员国为其股东的国际金融机构之间的密切合作，以查明可能影响欧盟安全或公共秩序的投资，特别是来自俄罗斯和白俄罗斯的投资。

对于那些目前没有外商投资安全审查制度的成员国，或者其审查制度没有涵盖所有相关的外商直接投资交易，或者不允许在投资前进行审查的成员国，欧盟委员会呼吁，尽快建立一个全面的外商投资安全审查制度，同时使用其他适当的法律方式应对收购或控制某一企业涉及基础设施或技术会对欧盟的安全或公共秩序造成风险的情形。对于那些正在建立外商投资安全审查制度的成员国，欧盟委员会呼吁其加快建立该制度并予以执行，包括使用适当的资源来支持制度的建立。

---

[1] The list of national competent authorities for sanctions is available under https://www.sanctionsmap.eu/#/main/authorities.

[2] Directive (EU) 2015/849 of the European Parliament and of the Council of 20 May 2015 on the prevention of the use of the financial system for the purposes of money laundering or terrorist financing, amending Regulation (EU) No 648/2012 of the European Parliament and of the Council, and repealing Directive 2005/60/EC of the European Parliament and of the Council and Commission Directive 2006/70/EC (OJ L 141, 5.6.2015, p.73).

（二）针对俄罗斯及白俄罗斯外商投资的限制性措施和尽职调查

欧盟的限制性措施主要适用于欧盟境内或境外的属于成员国国民的任何人，即根据一个成员国的法律成立的任何法人、实体或机构，在联盟内全部或部分完成的业务和向任何法人、实体或机构提供的服务。欧盟的限制性措施可以在几个方面影响来自俄罗斯和白俄罗斯的外国直接投资，如可以采取单独上市或采取部门措施的形式。

某些俄罗斯和白俄罗斯的个人和实体是个人金融限制的对象，其中包括资产冻结和禁止直接或间接向名单上的人和实体提供资金或经济资源。被指定的个人或实体无法使用其被冻结的资金（即各种金融资产和利益）和经济资源（各种资产），不得向其提供任何资金或经济资源。这意味着，欧盟公民和公司不得向他们付款或提供货物或其他资产。与被指定的个人或实体的商业交易不能合法地进行，除非立法例外地允许。欧盟委员会认为，资产冻结的范围包括由被指认的人或实体拥有或控制的任何非指认实体的资产，除非能证明有关资产实际上不是由被指认的人或实体拥有或控制。同样，不应提供资金或经济资源给被指定的人或实体，除非可以证明这些资金或经济资源实际上不会到达被指定的人或实体手中❶。利息和红利被视为应予冻结的“资金”。此外，根据成员国法律注册或成立的银行或在欧盟开展业务的银行应冻结从第 269/2014 号欧盟理事会条例［Council Regulation（EU）269/2014］附件一中所列的任何指定人员或实体（受资产冻结）

---

❶ https://ec. europa. eu/info/sites/default/files/200619 – opinion – financial – sanctions_en. pdf.

收到的付款。这意味着，来自指定人员的转账，或来自非指定人员但通过指定银行[1]进行的转账，不会被拒绝，资金也不会被退回给发件人；相反，这些资金仍被冻结在欧盟银行。有可能向国家制裁主管当局请求释放这些资金，如根据第269/2014号欧盟理事会条例中减损规定[2]，被指定的人或实体根据指定日期前缔结的合同应支付的款项。

欧盟还采取了部门限制性措施。例如，某些俄罗斯和白俄罗斯的银行已经与专门的金融信息服务机构脱钩，特别是环球银行金融电信协会（Society for Worldwide Interbank Financial Telecommunication，SWIFT），这大大阻碍了它们参与国际支付的可能性。限制性措施还遏制了资金从俄罗斯和白俄罗斯流入欧盟，禁止接受俄罗斯和白俄罗斯国民或居民以及在俄罗斯或白俄罗斯设立的法人、实体或机构超过一定价值的新存款，禁止欧盟中央证券存管机构[3]持有俄罗斯和白俄罗斯客户的账户以及禁止向俄罗斯或白俄罗斯客户出售欧元计价证券。此外，欧盟运营商被禁止向活跃在俄罗斯能源领域的非欧盟运营商提供融资，包括股权资本。这可能会间接影响欧盟的外国直接投资，取决于具体的融资安排。

此外，向外国人发布受控技术（包括知识或无形项目）是一种无形技术转让，也被称为"视为出口"。第833/2014号《欧盟理事会条例》和第765/2006号《欧盟理事会条例》及其后续修正案分别禁止向俄罗斯和白俄罗斯的任何自然人或法人、实体或机

---

[1] https://ec.europa.eu/info/sites/default/files/business_economy_euro/banking_and_finance/documents/190704-opinion-freeze-of-funds_en.pdf.

[2] Council Regulation (EU) No 269/2014 of 17 March 2014 concerning restrictive measures in respect of actions undermining or threatening the territorial integrity, sovereignty and independence of Ukraine (OJ L 78, 17.3.2014, p.6).

[3] The EU Central Securities Depositories.

构销售、转让或出口受相关措施管制的某些货物和技术。对技术援助的控制要求也将控制范围扩大到欧盟境内的外国公民。因此，如果这些知识和技术将在俄罗斯或白俄罗斯使用，公司应限制俄罗斯和白俄罗斯的员工接触这些知识或技术。

欧盟公司被禁止在知情和故意的情况下参与其目的或效果是规避限制的活动。在所有情况下，欧盟公司，特别是有俄罗斯或白俄罗斯国籍的利益相关者的公司，应该对其商业伙伴和资金或经济资源的最终目的地进行充分的尽职调查。这些程序可能包括投资审查、风险评估、基于多层次的尽职调查和持续监测。

（三）涉及安全或公共秩序时对来自俄罗斯及白俄罗斯投资的审查

《条例》的适用范围包括来自第三国的外国直接投资，即那些"在第三国投资者（包括国家实体）与在成员国开展经济活动的企业之间建立或保持持久和直接联系"的投资。[1]

仅涉及在欧盟设立一个或多个实体的投资的情况不属于《条例》的适用范围。在《欧盟运作条约》关于设立权和资本流动的规定中，此类交易可能属于成员国的国内外商投资安全审查的范围。《条例》允许成员国以公共政策或公共安全为由或基于欧盟法院判例法中承认公共利益的压倒性理由来采取限制资本流动的措施。《欧盟运作条约》第54条规定，欧盟公司的地位是基于注册办事处、中央行政机构或主要营业地的位置，以及公司成立的法律规定，而不是基于其股东的国籍。此类公司的投资不属于《条例》的范围，但存在例外，即欧盟公司的投资如果属于反规避条款规定的范围，则可能属于《条例》适用范围。尽管《条例》没

---

[1] Regulation（EU）2019/452. Recital 9.

有对规避行为进行定义，但《条例》序言第10条规定，反规避措施“应包括通过不反映经济现实的人为安排，规避审查机制和审查决定的欧盟内部投资，而投资者最终由自然人或第三国企业拥有或控制”。因此，重要的是确定该投资者是不是为了避免适用该条例而设立的规避计划的一部分。例如，一些外国投资者明确表示，直接投资者是他们为拟议交易的目的而设立的欧洲控股公司。这样的安排可能是出于合法的商业原因而设立的。然而，即使没有主观意图规避《条例》的证据，投资者公司缺乏经济活动和安排的客观能力，以规避《条例》规定的规则，也足以产生这样的推定，即投资者公司的主观意图是规避《条例》的规定。《条例》序言第10条意义上的规避最常见的例子是，外国投资进入欧盟是通过设在欧盟的“壳公司”或“信箱公司”进行的，该公司既没有直接也没有间接的真正经济活动，而只是作为投资的法律工具而设立❶。规避行为的存在必须在个案的基础上加以确定，同时考虑每个案件的具体情况并基于相关证据而作出决定。

在确定外商直接投资是否可能影响安全或公共秩序时，成员国和欧盟委员会可考虑外国投资者是否直接或间接由第三国政府，包括国家机构或武装部队控制、涉及所有权结构或大量资金、外国投资者是否已参与影响成员国安全或公共秩序的活动或是否存在外国投资者从事非法或犯罪活动的严重风险。在必要时，以安全或公共秩序为由，采取禁止或在《条例》范围内限制一项投资的措施，是成员国的最终责任。欧盟委员会可就为投资成员国所

---

❶ To address the issue of shells in the EU, the Commission put forward a proposal on 22 December 2021 for a Council Directive laying down rules to prevent the misuse of shell entities for tax purposes and amending Directive 2011/16/EU, COM (2021) 565 final. Member States may draw inspiration from the transparency standards the proposal establishes around the use of shell entities, such as income, staff and premises.

采取的具体行动提出意见，特别是在投资存在影响多个成员国的安全或公共秩序或联盟关心的项目和方案的风险时。在俄乌冲突背景下，欧盟认为，俄罗斯和白俄罗斯投资者，特别是由这两个国家政府控制的实体可能对安全和公共秩序构成的威胁显著增加，俄罗斯和白俄罗斯政府可能有更强的动机来干预欧盟的关键活动和使用他们的能力控制俄罗斯和白俄罗斯投资者的投资行为。因此，应非常系统地审查此类外商直接投资，以避免可能存在的威胁。

（四）遵守反洗钱规则

敦促成员国确保充分遵守《欧盟反洗钱指令》[1] 的要求，以防止滥用欧盟金融系统，包括与客户的尽职调查和国际合作有关的要求。此外，按照《欧盟反洗钱指令》，法人和法律安排的实际所有人必须具有一定的透明度，以确保有效地实施限制。

在这种情况下，改善对可疑交易和活动的检测并堵塞犯罪分子通过金融系统清洗非法所得的漏洞变得更加重要。这与欧盟委员会在 2021 年 7 月通过的反洗钱一揽子计划是一致的。

第四节　欧盟外商投资安全审查制度评析

欧盟的安全审查制度将使欧盟在对外资安全审查方面占据更加有利的位置并扮演更加重要的角色。例如，通过列举判断影响

---

[1] Directive（EU）2015/849 of the European Parliament and of the Council of 20 May 2015 on the prevention of the use of the financial system for the purposes of money laundering or terrorist financing，amending Regulation（EU）No 648/2012 of the European Parliament and of the Council，and repealing Directive 2005/60/EC of the European Parliament and of the Council and Commission Directive 2006/70/EC（OJ L 141，5. 6. 2015，p. 73）.

安全或公共秩序可能性的考量因素，《条例》在很大程度上框定了成员国的自由裁量范围。因此，从制度创新来看，欧盟的外商投资安全审查制度是欧盟这一政治实体的重要法律实践，能够更好地规范外商投资流入欧盟的过程。但是，欧盟外商投资安全审查制度也存在很多局限性，特别是助长了贸易保护主义，且难以很好地平衡各成员国的国内制度，导致外商投资在一定程度上难以很好地了解并适用该制度。

一、制度的创新

（一）欧盟层面获得了统一的外商投资审查权

《条例》规定欧盟委员会可以对影响欧盟“安全或公共秩序”的外商直接投资进行审查，也可以对进入成员国的投资发表审查意见，这一审查框架具有以下特点。

其一，欧盟层面干预的主动性。《条例》建立起的外商直接投资安全审查能够有效地在欧盟以及各个成员国之间建立联系，有利于欧盟委员会及时掌握成员国审查动态，并且主动发表审查意见，尽管审查意见不具有法律强制力，但仍有一定的政治施压效果。

其二，欧盟层面干预的及时性。改变欧盟层面规制具有的滞后性，《条例》建立起欧盟委员会与成员国之间的合作机制，便于欧盟委员会及时掌握成员国的审查动态，合作机制下审查信息得到了充分的交换，形成实时更新的动态信息网，进行的外商直接投资及安全审查，都将在欧盟的监督之下。

其三，新的审查框架下，欧盟委员会对待外商直接投资安全审查的立场发生了明显转变，欧盟委员会由侧重防止成员国滥用审查机制的监督者转变为与成员国开展审查的密切合作者，这改变了一直以来欧盟委员会在外商投资安全审查中的缺位状态。

（二）强化了对有跨境影响的外商投资的审查

《条例》出台前，各成员国主要依据各自国内法对外商直接投资进行审查，审查部门考虑的因素也主要集中于自身国家安全或公共秩序。但跨国公司作为国际投资的重要主体，其企业实体往往设在两个及以上的国家。[1] 当被投资企业在其他成员国设有子公司或分公司时，该笔投资也可能会对设有子公司或分公司的成员国产生影响。《条例》有效地解决了该问题，如果外国投资者正在收购一家在多个成员国设有子公司的控股公司，对这些子公司的（间接）控制权的收购需要经过国家审查。此外，如果某笔投资只有一家目标公司，但目标公司在几个成员国销售商品或提供服务，这些成员国有权因安全或公共秩序可能受到影响而对该笔投资进行审查。[2]

除跨国公司外，所有权或控制权间接变更而涉及多个成员国的投资也属于《条例》的审查范围。《答复文件》列举了两种情况：一是成立于成员国 1 的 A 公司由成员国 2 的 B 公司控制。在第三国成立的投资者 C 正在获得对 B 公司的完全（或部分）控制权，如果该笔交易符合审查标准，那么成员国 1 和成员国 2 都必须履行《条例》合作机制下的交易通知义务；二是成立在成员国 1 的 A 公司和成立在成员国 2 的 B 公司，均由成立在第三国的投资者 C 控制。位于同一第三国的投资者 D，正在获得对投资者 C 的完全（或部分）控制权，如果该笔交易符合审查标准，那么成员国 1 和成员国 2 都必须履行《条例》合作机制下的交易通知义务。[3]

---

[1] 余劲松：《国际投资法》，法律出版社 2018 年版，第 21 页。

[2] MEMO：frequently asked questions on the FDI screening regulation，Q6，p. 5.

[3] MEMO：frequently asked questions on the FDI screening regulation，Q10，p. 6 – 7.

《条例》改变了成员国单独进行审查的局面，合作机制弥补了“跨境影响”的审查盲点，不仅考虑了子公司、分公司等实体，还纳入了跨境销售商品或提供服务的情形，充分保障了可能受投资影响的其他成员国的利益，强化了成员国之间在外商直接投资领域的合作，能有效地对有跨境影响的投资进行审查。

（三）更多类型外商投资被纳入审查范围

首先，《条例》规定的“外商直接投资”范围更大。无论是并购投资还是绿地投资，能够满足对被投资企业实际管理和控制条件的投资类型，均属于《条例》的审查范围。而部分成员国国内法所规定的审查范围并不包括绿地投资。以德国为例，《德国对外经济法》第15条第3款明确外商投资安全审查针对两种投资行为：一是外国投资者对德国企业进行收购；二是外国投资者通过直接或间接方式参与德国企业（如签订债权契约等）。可知，德国外商投资安全审查的外商投资类型限于收购、直接或间接的债权投资、契约买卖等，但并不包含绿地投资等类型的外商投资。

此外，尽管《条例》明确只对“直接投资”进行审查，但成员国仍有权根据国内法对部分间接投资适用外商投资安全审查制度，欧盟对此并不进行干预。如《法国货币与金融法》第L. 151－1条涉及外商投资审查的“投资”具体包括3种情况：一是取得在法国设立的公司的控制权；二是直接或间接取得在法国设立的公司的全部或部分的分支业务；三是直接或间接取得在法国设立的公司超过25%的有表决权的股份。可以看出，法国不仅审查直接投资，也审查间接投资。

在审查需要考虑的因素上，相比于成员国国内法的规定，《条例》增加了部分涉及欧盟整体利益的因素。《条例》中的5项潜在考虑因素结合了主要成员国的审查经验，如“关键基础设施”“关键技术”，同《德国对外经济条例》的“关键基础设施”、《法国货币与金融法典》以及外商在法国投资的第 2019－1590 号法令的“关键基础设施”、《法国国防法》规定的“关键技术”几乎一致。可见《条例》充分考虑了主要成员国的利益诉求，体现了欧盟主要成员国的核心利益。此外，《条例》增加了 3 项重点考虑因素，以及 18 项欧盟重点项目清单，以保护欧盟核心利益。欧盟委员会还保留了修改并增加清单的权利，“安全或公共秩序”考虑因素的增多，事实上扩大了成员国的审查范围。

（四）开创了欧盟及其成员国外商投资安全审查的合作模式

《条例》框架下的合作机制，使得欧盟及其成员国在外商直接投资领域的关系更加紧密，更有利于对在欧盟范围内产生较大影响的投资进行约束，同时也在一定程度上推动了欧盟成员国外商直接投资立法的发展。

一方面，《条例》规定，合作机制适用于欧盟 27 个成员国，无论具体成员国国内是否有外商直接投资安全审查机制或相关立法，其均需依照《条例》规定履行相应的义务，以保证合作机制顺利进行。这有利于帮助成员国和欧盟委员会共同评估外商直接投资对安全或公共秩序造成的潜在跨境威胁，从而更好维护欧盟整体利益。另一方面，合作机制的出现也推动了成员国国内立法的发展和完善。合作机制对成员国之间差异化显著的审查进行了制度协调，成员国作出的审查决定会受到其他成员国和欧盟层面的牵制。对于已经建立了审查机制的成员国，如德国、法国等，其已建立了较为完善的外商投资安全审查制度，自身有能力阻止威胁国家安全的外商投资交易，推动欧盟层面建立统一的审查制度。对于未建立正式的安全审查制度的成员国，合作机制以及其他成员国的立法经验都将为这些成员国完善国内外商投资立法提供理论以及实践支撑，使其更好地建立起完善的外商直接投资法律制度，满足欧盟在合作机制中提出的基本要求。

（五）促进了成员国之间外商投资安全审查信息的交换

《条例》审查程序规定了被投资成员国提供与投资相关信息的义务，并且赋予了欧盟委员会及其成员国向被投资成员国申请获得相关投资信息的权利。

在此种审查程序下，极大地便捷了成员国之间外商直接投资信息的交换。《条例》第 9 条第 2 款规定了成员国必须提供的 6 项信息，第 5 款还规定了欧盟委员会及其成员国希望获得更多信息的情形。由于部分成员国已建立其国内的外商投资安全审查制度，并对外商投资者需要向其国内主管部门提交的信息材料进行了详细规定，因此，成员国国内法要求提供的外商直接投资信息将作为欧盟委员会及其成员国希望获得更多信息的有力补充。通过《条例》、德国及法国对外商直接投资安全审查提交信息清单规定的对比，可以看出成员国对信息提供的要求更多且更加具体，如德国重视投资者的财务状况，要求投资者提供 3 年财务报表等；法国则作出了任意性规定，除基本信息外，由主管部门根据实际情况对信息提供提出要求，如表 3－4 所示。

表 3－4 《条例》、德国及法国对外商直接投资安全审查提交信息清单规定的对比

<table>
<tr><th>审查信息的规定</th><th>《条例》</th><th>德国法</th><th>法国法</th></tr>
<tr><td rowspan="3">相同信息</td><td colspan="3">1. 外国投资者和目标公司的所有权结构，包括有关最终投资者和资本参与的信息</td></tr>
<tr><td colspan="3">2. 交易情况（投资资金、占比）</td></tr>
<tr><td colspan="3">3. 外商投资者计划或者已经完成外商直接投资的其经营的产品、服务和业务运营</td></tr>
</table>

续表

审查信息的规定	《条例》	德国法	法国法
不同信息	1. 计划或已经完成外商直接投资的投资者或企业从事相关的商业活动	1. 被投资企业是否属于涉密单位的说明；被投资企业过去 5 年内与国家及州政府的商业往来说明	不限于上述信息，法国经济与财政部可以要求投资方提供更多信息
	2. 最终投资者信息、外国投资的数额及其资金来源	2. 投资涉及方对第三方企业的直接和间接投资说明	
	3. 目标公司所在成员国和外国直接投资预计或实际完成的时间	3. 投资涉及方上级集团的近三年财务报表及经营状况报告；投资涉及方近三年的财务报表及经营状况报告；投资涉及方的商业注册文件；投资涉及方授权代表的被授权证明文件	
	—	4. 投资协议；联合体协议（如有）	
	—	5. 投资后企业的近期、中期、长期经营战略计划，须包括关于德国公共秩序及安全方面的考量计划	

数据来源：根据相关法案整理。

（六）有助于被投资国充分考量不同审查意见的合理性

在审查时限的规定上，《条例》充分考虑到成员国国内法之间的差异，将欧盟委员会及其成员国提出建议或审查意见的时间规定为收到被投资成员国提供的相关信息之日起 35 日内。使被投资成员国有充分的时间考虑建议或审查意见，并在此基础上作出合理性的最终审查决定。欧盟委员会的审查意见以及其他成员国的意见能够帮助此类成员国获得更多的外商投资信息，便于其作出准确的判断，更好地保护核心利益，防止尖端技术外流。

同时，针对被投资企业为跨国公司的情形，《条例》在程序上给予相关成员国提出意见的权利，这可以使外商投资安全审查制度较为完善的成员国更好地应对发生在其他成员国但涉及其领土范围内相关企业的外商投资。对于刚建立国内外商投资安全审查制度的成员国来说，《条例》具有很强的灵活性和包容性，通过合作机制和其他立法先进的成员国的审查意见或建议，其可以不断完善国内立法，更好地处理促进外商投资和保护国家安全之间的关系。对于未建立外商投资安全审查机制的欧盟成员国，《条例》充分考虑到成员国发展状况的差异性、外资政策的松紧度，未强制要求其建立国内外商投资安全审查机制。这类成员国仍可以坚持按照原有国内法律规定应对外商直接投资，同时也可以参考不同成员国以及欧盟委员会的相关审查意见。

二、存在的局限

（一）审查标准在部分成员国难以完全被适用

《条例》并没有强制要求成员国必须建立外商直接投资安全审查制度。目前欧盟有 9 个成员国尚未建立外商投资安全审查制度，主要依靠外资准入限制或禁止性规定对外商投资进行管理，其中 3 个成员国无限制规定，如表 3－5 所示。《条例》虽然属于欧盟法，具有完整的约束力以及普遍的法律效力，可直接适用于各成员国，但对于尚未建立外商投资安全审查制度的成员国来说，《条例》审查标准的规定难以完全被适用。此外，拥有外商直接投资安全审查制度的成员国在审查时间、标准以及内容上均有不同的规定。如《德国对外经济法》和《德国对外经济条例》规定原则上针对外商投资者收购，或直接或间接参与德国企业达到25%以上有表决权股份时，授予联邦经济与能源部行使审查权，而对涉及基本安全利益的投资以及涉及“关键基础设施”的投资、有关国防的投资、对有广泛影响力媒体企业的投资，当外商投资者投资达到10%以上有表决权的股份时，联邦经济与能源部即进行审查；而《法国货币与金融法》规定直接或间接取得在法国设立的公司超过25%的有表决权的股份时，法国经济与财政部可以进行审查。在此情况下，《条例》所规定的欧盟委员会以及各个成员国对进入欧盟的外商直接投资进行评论或审查时势必采用各种不同的审查标准进行。通过不同审查标准得出的审查意见很难有效地说服被投资成员国。而欧盟与成员国在外商直接投资安全审查领域形成的合作机制，如何有效地发挥作用也是现今的一大问题。

表3-5 未建立外商投资安全审查制度的成员国外资准入情况统计❶

成员国	涉及外商投资的法律	准入是否受限	外商投资主管部门	对外商直接投资进入进行限制的规定
保加利亚	《保加利亚商法》《保加利亚保护竞争法》等	否	保加利亚投资署	参与并购的企业在并购前各年度累计营业额超过2500万列弗，或者拟合并企业中任何一家的上一年度营业额超过300万列弗，或者被并购企业上年度营业额超过300万列弗的并购案件须向保加利亚保护竞争委员会申报

❶ 表格信息参见商务部《对外投资合作国别（地区）指南》（2021年版）保加利亚、爱沙尼亚、卢森堡、爱尔兰、希腊、克罗地亚、塞浦路斯、瑞典、比利时。网址：http://fec.mofcom.gov.cn/article/gbdqzn/#，访问日期：2022年4月5日。

续表

成员国	涉及外商投资的法律	准入是否受限	外商投资主管部门	对外商直接投资进入进行限制的规定
爱沙尼亚	《爱沙尼亚外国投资法》《爱沙尼亚电力市场法》《爱沙尼亚信贷机构法案》等	否	经济事务与交通部	无
卢森堡	《卢森堡开业许可法》等	否	经济和对外贸易部	无
爱尔兰	《爱尔兰竞争法》《爱尔兰电子商务法》	是	商业、企业和创新部	禁止在其境内设立军火制造和核能利用企业
希腊	《希腊发展法》《投资希腊法》(4635/2019 号)《希腊战略发展法》	是	发展和投资部及外交部下属的希腊企业局	禁止非欧盟居民拥有边境房地产、电台股份，限制非欧盟公民在航空、航运以及采矿业领域的投资
克罗地亚	《克罗地亚投资与促进法》《克罗地亚股份制企业收购法》	是	经济、企业和手工业部	需要特许的领域：矿山开采；港口扩建；公路建设；国有农业用地的使用；狩猎权；海港的使用；电信服务；占用无线广播电视频率；国有自然保护公园的开发和利用；水资源和水道的使用；铁路建设

续表

成员国	涉及外商投资的法律	准入是否受限	外商投资主管部门	对外商直接投资进入进行限制的规定
塞浦路斯	《塞浦路斯公司法》《塞浦路斯商业集中法》	是	能源商工部公司注册局、中央银行、投资促进机构	限制投资的领域：广播电视、新闻出版、邮政、油气、房地产、医药、旅游。禁止非欧盟投资者：设立或运营高等教育机构；设立劳务中介和房地产服务中介；设立发电站、供电站和输电网络；以国家安全为由禁止外国投资者进行的某一具体投资
瑞典	《外国接管瑞典企业法》《瑞典竞争法》《瑞典公司法》《瑞典合同法》等	是	贸易投资委员会	限制国防类投资（如军工、航空、船舶、银行等）；并购银行、保险、信贷公司股份需受金融监管局审查
比利时	《比利时保护经济竞争法》《比利时公司法》	是	联邦经济部、三大区投资主管部门	限制国防、海运

数据来源：根据相关国家法案整理。

（二）欧盟委员会审查权行使效果无法保障

虽然《条例》赋予了欧盟委员会审查权限，但欧盟委员会所提出的审查意见在多大程度上能够对成员国审查决定产生影响，以及其他相关成员国的审查意见能否有效地反馈至被投资成员国，在现有规定下均无法保障。首先根据规定，欧盟委员会以及其他相关成员国行使审查权的条件是认为具体投资可能对其安全或公共秩序产生影响且理由正当，抑或是有与具体投资有关的信息。但如何界定“正当理由”，何为“与投资有关的信息”，《条例》并没有进一步说明，也没有规定具体的判断标准。其次，对于被投资成员国来说，《条例》要求其“适当考虑”欧盟委员会和其他成员国的审查意见，但“适当考虑”应该包括哪些方面？应采取哪些考察标准？“适当考虑”是否有限度要求？《条例》均没有规定，在此情况下，难免会存在欧盟委员会认为其有权进行审查并发表审查意见但被投资成员国认为仅国内法审查即可作出审查决定的情形，此时欧盟委员会所发表的审查意见在很大程度上只能流于形式，无法真正起到作用。最后，涉及影响欧盟利益的项目或计划的投资，欧盟委员会的审查权在一定程度上被强化，成员国如不采取欧盟的审查意见需进行解释。但该条规定未进一步明确如果成员国不采纳欧盟的审查意见，也不进行解释应当如何，在没有保障措施规定的情况下，极易造成适用上的混乱。

（三）合作机制模式下易导致投资保护主义出现

《条例》框架下，欧盟委员会成为欧盟外商投资安全审查的参与者，而在此之前欧盟委员会和欧洲法院长期发挥防止成员国滥用外商投资安全审查的作用，而随着《条例》的实施该作用将会逐步减弱，进而打破权力制约与平衡状态。在合作机制作用下，对欧盟基础性条约所确立的资本自由流动原则的维护将更加依赖成员国国内法院以及欧洲法院的司法审查，而司法审查本身具有滞后性，现有模式下能否很好地实现外商投资安全审查机制所追求的外商投资开放和安全保护之间的平衡，值得密切关注。

加之，经济发展程度较高的成员国更希望通过欧盟审查来排除部分对其国内尖端技术行业的投资，从而达到保护国内产业的目的，如德国、法国等，它们仅 2020 年吸收外商直接投资流量分别达到 356. 51 亿美元、179. 3 亿美元，如表 3 –6 所示。而部分鼓励外商投资的成员国，则主张外商投资积极进入其国内，促进其国内经济发展。这类成员国年吸收外商直接投资量不高，严格外商直接投资安全审查有可能导致国内外商直接投资发展的停滞。因此，现有的审查程序将对不同成员国产生较大差异的影响，经济实力较强的成员国可基于本国经济发展自行决定是否允许外商直接投资，经济实力较弱的成员国在决定外商直接投资问题上要面临实力较强成员国的压力，可能导致外商直接投资安全审查制度有失公允。

表 3 –6 欧盟 27 个成员国 2020 年外商直接投资量及存量统计表❶

（单位：亿美元）

成员国	2020 年吸收外商投资流量	2020 年吸收外商投资存量	成员国	2020 年吸收外商投资流量	2020 年吸收外商投资存量
荷兰	–1 153	28 905. 79	捷克	65. 32	1 713. 34
爱尔兰	334. 2	13 500	葡萄牙	63. 24	1 616. 4
德国	356. 51	10 593. 26	丹麦	11. 51	1 351. 25
法国	179. 3	9 681. 4	罗马尼亚	23. 22	1 075. 26
西班牙	89. 3	8 532. 9	匈牙利	41. 69	1 009. 93
比利时	84. 37	6 359. 29	芬兰	25. 75	969. 03
卢森堡	621. 45	6 273. 58	希腊	35. 72	518. 01
意大利	–3. 88	4 858. 42	克罗地亚	14. 57	376. 55
塞浦路斯	–36. 47	4 808. 67	爱沙尼亚	31. 56	344. 50

❶ 表格信息参见商务部《对外投资合作国别（地区）指南》（2021 年版），立陶宛尚无 2021 年指南。网址：http://fec. mofcom. gov. cn/article/gbdqzn/#，访问日期：2022 年 3 月 31 日。

续表

成员国	2020 年吸收外商投资流量	2020 年吸收外商投资存量	成员国	2020 年吸收外商投资流量	2020 年吸收外商投资存量
瑞典	4 088	4 645	拉脱维亚	8. 73	204. 57
马耳他	39. 17	2 409. 05	斯洛文尼亚	5. 29	204. 2
波兰	100. 8	2 365. 06	保加利亚	21. 24（亿欧元）	463. 46（亿欧元）
奥地利	－173. 4	1 940. 6	立陶宛	—	—
斯洛伐克	639. 9	1 714. 2			

数据来源：商务部《对外投资合作国别指南》（2021 年版）。

（四）审查时限较短，不利于信息交换

尽管合作机制能够帮助欧盟及其成员国更好地开展外商直接投资安全审查，最大限度上维护欧盟的安全或公共利益。但现有规定的审查时限较短，和成员国国内法审查时限规定差距较大，不利于成员国之间信息交换，甚至也不利于被投资成员国对欧盟委员会的审查意见以及其他成员国意见进行考虑。以“进行中的外商直接投资安全审查合作机制”审查时限规定为例：首先，欧盟委员会和其他成员国应在收到被投资成员国信息通知的 15 个日历日内反馈意见，这意味着欧盟和其他成员国需要在 15 日内完成对具体投资案件的分析判断，意见可能会涉及某一成员国的多个职能部门，最后的决定应综合考虑后作出。其次，如果欧盟委员会或其他成员国决定对投资案件发表审查意见或建议的，必须在收到第一阶段的信息通知后 35 个日历日内提出。这 35 天包括反馈意见的 15 天，即针对具体案件进行审查的时间仅为 20 天。欧盟委员会以及其他相关成员国需要完成的工作包括了解被投资成员国

提供的信息、结合具体情况进行调查、完成审查意见或者建议的书写等多项工作。加之，《条例》在时间的规定上采用了“日历日”，这意味着休息日、节假日等也计算在内，实际可用的审查时间更少。

此外，欧盟成员国有 27 个，涉及主体众多，需要接受审查的外商直接投资案件数量也不少，因此无论是被投资成员国提供信息通知，还是欧盟委员会及其他成员国发表审查意见或建议，整体的信息量是较大的。而且也难免会出现同一时间段多个审查案件同时进行的情况，极易导致信息被消极处理、程序流于形式等问题。如何保证各种信息有效地在成员国之间、欧盟委员会与成员国之间传递也是一个值得考虑的问题。

（五）《条例》程序性规定有适用条件不明确之嫌

《条例》第 6 条和第 7 条赋予了欧盟委员会对外商直接投资的审查权，无论是进行中审查的案件还是未被审查过的投资案件，欧盟委员会都有权进行审查。但《条例》并未从程序法上对欧盟委员会如何行使权力作出进一步规定。欧盟委员会作为欧盟的常设执行机构，而外商直接投资流入欧盟的投资量仅 2019 年便达到 4 468. 96 亿美元，面临如此庞大的外商直接投资以及众多成员国不同的外商直接投资情况，欧盟委员会如何及时获得不同国家外商直接投资的信息、如何有效行使其审查权均存在较大的不确定性。欧盟层面缺乏人手，在涉及国家安全的关键技术方面审查能力不足，比较依赖外部智库。在考量“安全和公共秩序”受威胁的程度时，欧盟委员会能否从各成员国获得必要的数据和信息，各个成员国是否均能够予以配合，相关信息如何有效保密，等等，目前规定均没有对此进行明确。

此外，《条例》规定了“联络点”，明确通过联络点帮助欧盟委员会及其成员国来实施《条例》的规定。但对于"联络点"本身的性质,《条例》并没有进一步作出说明,如若"联络点"为各成员国以及欧盟委员会负责落实《条例》内容的实施部门或机构,那么其应为临时机构还是常设机构?"联络点"人员的设置情况如何?"联络点"和"联络点"之间的沟通方式如何?"联络点"如何在欧盟运作?这些问题均需明确,因此"联络点"能否有效地发挥作用,仍需进一步观察。

第五节 欧盟外商投资安全审查制度实践分析

从实践来看,欧盟外商投资安全审查制度对外国企业在欧盟的投资造成了实质性影响,为确保交易安全,投资者均需要在实施投资前,考虑是否可能触发东道国外商直接投资审查,并评估交易对其他欧盟成员国和欧盟整体的影响,以便在交易中提前作出妥善安排。

一、欧盟外商投资安全审查制度的年度报告

目前,根据欧盟外商投资安全审查制度的两份年度报告,可以具体分析实践中投资者在进入欧盟的过程中可能面临的影响以及需要作出何种改变。

(一)《第一份年度报告》

2021 年 11 月 23 日,欧盟委员会发布了《关于欧盟外商直接投资审查的第一份年度报告》(以下简称《第一份年度报告》)。[1]

---

[1] REPORT FROM THE COMMISSION TO THE EUROPEAN PARLIAMENT AND THE COUNCIL First Annual Report on the screening of foreign direct investments into the Union, COM (2021) 714 final, Brussels, accessed Nov 23. 2021.

《第一份年度报告》共分为外商直接投资进入欧盟的数字统计、各成员国立法发展、各成员国进行的审查活动以及欧盟在外商直接投资安全审查合作框架下发挥的作用四部分。基于信息保密的要求，具体投资案件详细信息、欧盟委员会发表的审查意见、其他成员国发表的意见，均属于信息不公开事项。

2020 年欧盟外商直接投资相较于 2019 年大幅下降，降幅达到 71%，外商直接投资仅占欧盟 27 国 GDP 的 0.7%。在并购投资方面，近 35% 的投资来自美国和加拿大，其次是英国、欧洲自由贸易联盟国家以及中国。受疫情影响，医疗用品、制药制造业和电子商务等行业的投资出现了前所未有的激增，而旅游业、休闲、航空和海运等行业则受到了不利影响；受影响最严重的行业是住宿行业，下降了 70% 以上，信息和通信技术行业是受影响最小的行业。同时，2020 年欧盟各成员国提交审批的外国直接投资案件共 1 793 件，[1] 这些投资案件仅有 20% 需要接受外商直接投资安全审查，其余 80% 由于对安全或公共秩序明显缺乏影响或超出了审查范围而无须被审查。正式接受外商直接投资安全审查的案件中，有 79% 无条件通过审查，12% 附条件通过审查，7% 因其他原因而中止投资，禁止投资的案件为 2%，整体投资环境仍较为开放。[2]

2020 年 10 月 11 日—2021 年 6 月 30 日，11 个成员国根据《条例》第 6 条共向欧盟委员会提交了 265 个案件通知，其中 90% 以上来自奥地利、法国、德国、意大利和西班牙 5 个成员国。在履行通知义务的 265 个案件中，欧盟委员会发表审查意见的比例不到

---

[1] 四个成员国没有根据《条例》报告任何案件，一个成员国报告了由于国家法律限制仅报告了投资案件的一般数字，没有分类数据。投资案件涉及七个报告成员国的外商直接投资。

[2] First Annual Report on the screening of foreign direct investments into the Union, p11.

3%，其中80%的案件（共212件）在第一阶段结束；14%的案件（共36件）进入第二阶段并要求被投资成员国提供更多信息；6%的案件在截止日期仍在进行中。[1] 第二阶段意味着需要对可能影响多个成员国的安全或公共秩序或对欧盟利益的项目或计划造成风险的案件进行更详细的评估。进入第二阶段的案例涉及6个成员国，主要集中于制造业、信息与通信技术和金融服务行业，其中制造业和信息与通信技术占比为67%，信息与通信技术的交易价值量最大，如图3-2所示。[2] 在第二阶段，由于投资案件的具体情况不同，欧盟委员会在此阶段要求被投资成员国补充提供的投资信息差别也较大，欧盟委员会保留发表审查意见的权利之日起到收到被投资成员国提供的补充信息的平均持续时间为31个日历日，最短时间为2个日历日，最长时间为101个日历日。

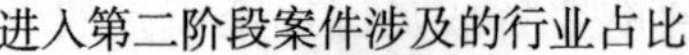
进入第二阶段案件涉及的行业占比

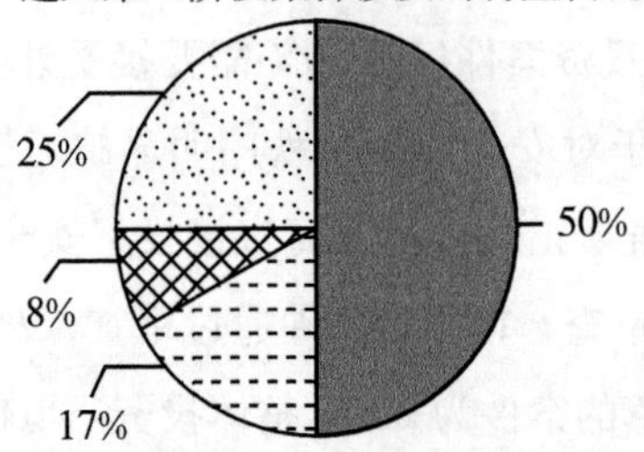

■制造业 ⊟信息和通信技术 ⊠金融服务 ⊡其他

图3-2　履行通知义务案件中进入第二阶段案件涉及的行业占比情况统计

数据来源：关于欧盟外商直接投资审查的第一份年度报告。

履行通知义务的265个案件大多涉及《条例》第4条中所列举的需要考虑的因素中的一项或多项，包括但不限于关键基础设

[1] First Annual Report on the screening of foreign direct investments into the Union, p12.

[2] First Annual Report on the screening of foreign direct investments into the Union, p13.

施、关键技术、双重用途项目、取得敏感资料以及政府可能对外国投资者的所有权或控制权有影响力等因素。上述案件在最终投资者来源国上主要集中于5个国家，分别为美国、英国、中国、加拿大和阿联酋，如图3-3所示。其中29%的案件构成了多管辖区的外商直接投资交易，此类案件涉及多个成员国，[1] 分布的主要行业为制造业、信息通信技术以及批发和零售。

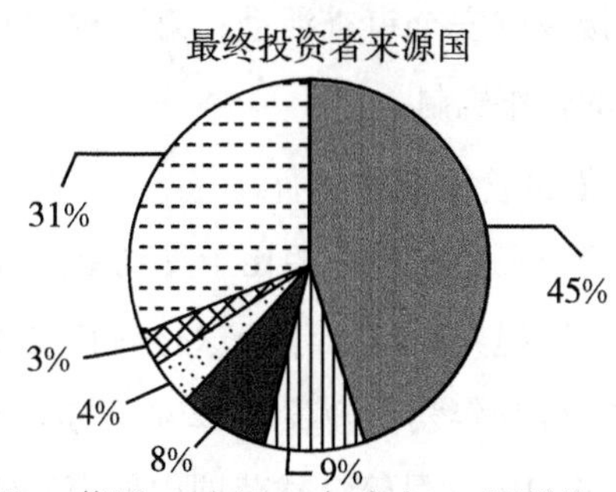

图3-3　履行通知义务案件中最终投资者来源国情况统计

数据来源：关于欧盟外商直接投资审查的第一份年度报告。

（二）《第二份年度报告》

2022年9月1日，欧盟委员会向欧洲议会和欧洲理事会提交了《关于欧盟外国直接投资审查的第二份年度报告》（以下简称《第二份年度报告》）。《第二份年度报告》涵盖了欧盟整个2021年的投资审查情况，并提供了欧盟外商直接投资安全审查运作的透

[1] “多管辖外商直接投资交易”是指在这种情况下外商直接投资交易的投资目标是一个企业集团且存在超过一个成员国（可能第三国），子公司在超过一个以上成员国，或目标公司提供商品或服务在多个成员国。根据情况以及有关成员国筛选机制的特殊性，这些交易由多个成员国通知（尽管很少以协调和同步的方式通知）。

明度以及机制的发展情况。相比于《第一份年度报告》涉及的时间（2020年10月11日—2021年6月30日），《第二份年度报告》对整个2021年的情况进行了整理分析，有利于更好地了解整个机制的运作情况。

《第二份年度报告》同样分为四章，第一章是关于进入欧盟的外商直接投资数据分析；第二章是成员国的立法发展；第三章是成员国的外商直接投资安全审查活动；第四章为欧盟关于外商直接投资安全审查的合作机制。

1. 欧盟外商直接投资数据分析

2021年，全球外商直接投资相比于受到新冠疫情影响的2020年，整体投资额有所提升，2021年全球外商直接投资流入量达到1.5万亿欧元，与2020年相比增长了52%，与新冠疫情暴发前的2019年相比增长了11%。尽管全球范围内外商直接投资流入量呈现上升趋势，但外商直接投资流入欧盟27国的量则呈现逐年下降的趋势，其中2019年欧盟27国吸引外商直接投资流入量为3 620亿欧元，2020年下降为1 700亿欧元，到了2021年进一步下降为1 170亿欧元。[1] 从欧盟27国吸引外商直接投资流入量占全球外商直接投资流入量的占比来看，欧盟2019年占世界水平的27%，尽管2021年欧盟外商直接投资流入量为全球经济复苏作出了贡献，但该占比下降为8%，与2020年的水平相比下降了31%，与2019年相比下降了68%。欧盟外商直接投资流入量减少的主要原因在于流入爱尔兰、德国和卢森堡的外商直接投资量的减少，同时荷兰的外商撤资也加剧了这一情况。[2]

[1] OECD FDI IN FIGURES, April 2022.

[2] Pitchbook, Global M&A report, 2021.

在外商直接投资来源上，2021 年强劲的全球资本市场和商业信心的复苏令全球并购交易和绿地交易增加，但欧盟在此方面的成绩也欠佳。虽然与 2020 年相比，欧盟的并购和绿地投资数量分别增加了 32% 和 12%，但仍未恢复到 2019 年之前的水平，其中并购交易数量仍比 2019 年下降 9%，绿地投资交易数量则比 2019 年下降了 39%。[1] 欧盟对外商直接投资仍保持开放性，尽管由于新冠疫情的影响而有所放缓，但在过去的 5 年中，欧盟每年平均增加 2 100 多宗并购投资和 3 200 宗绿地投资。[2] 从国别来看，与 2020 年相比，2021 年大部分国家对欧盟的直接投资量以及项目数量都在增加。2021 年美国是欧盟最大外商直接投资来源国，占其 32. 3% 的并购交易和近 40% 的绿地投资交易；英国随后，分别占其 25. 6% 的并购交易和 20. 9% 的绿地投资交易。值得注意的是，2021 年，中国和日本在欧盟所进行的并购等交易的总量都低于 2020 年。其中，2021 年中国在欧盟的并购交易总量中，占比仅为 2. 3%，低于 2020 年的 3. 4%；在绿地投资项目中占 6%，低于 2020 年的 7. 1%。尽管如此，2021 年中欧之间还是进行了一些大额交易，2021 年中国对欧盟投资交易额为 90 亿欧元，相比 2020 年的 65 亿欧元，提高了 25 亿欧元。欧盟认为

---

[1] GLOSSARY: We use the term foreign investor to identify non – EU entities (companies or persons) acquiring equity stakes or initiating greenfield investment projects (in short: ‘greenfields’ or ‘greenfield investments’) in the EU. The terms foreign and non – EU are used interchangeably. Throughout the text the term acquisitions will identify the acquisitions of equity stakes in EU companies, be it M&A or stakes below 50% but above 10% of the capital, and theterm transactions will be referred to the sum of acquisitions and greenfield investments. Foreign transactions refer to operations where the investor has an ultimate owner outside the EU. The ultimate owner is an entity owning, directly or indirectly, at least 50. 01 percent of direct investor’s shares.

[2] JRC elaboration based on Bureau van Dijk data, extracted on 22/02/2022. Data for 2015corresponds to the flows of FDI in 2015, while data for the subsequent years correspond to the cumulated sum of yearly flows.

这一现象的出现主要是因为某些国家的资本管制和投资活动集中在欧盟核心行业，因此相关投资活动受到了负面的影响。在股权收购方面，2021 年大多数国家对欧盟的投资已经恢复到新冠疫情暴发前的水平，其中一些国家投资额甚至比 2019 年有所提高，但总体上绿地投资项目与 2019 年相比仍然较少，除了百慕大、英属处女岛、开曼群岛、毛里求斯和英国海峡群岛等离岸国家[1]（2021 年共 133 个项目，高于 2019 年的 106 个）和俄罗斯[2]（2021 年有 46 个项目，高于 2019 年的 20 个）。

以欧盟接受外商投资的成员国为主体，对外商直接投资交易量进行分析，相比于 2020 年，2021 年的外商直接投资交易数量普遍上升。德国占欧盟外商直接投资所有收购项目的 16.4%，是 2021 年外商直接投资的首要目的地，与 2020 年相比，该数量增加了 20%。西班牙、法国和荷兰紧随其后，占比分别为 13.8%、10.7% 和 10.5%。其中，西班牙 2021 年接受的来自外国的绿地投资位于欧盟成员国第一位，占欧盟 2021 年接受绿地投资总数的 22.2%，法国和德国分别以 12.7% 和 11.2% 的占比位于第二名和第三名。此外，匈牙利、捷克和希腊 2021 年绿地投资增幅较大，为欧盟绿地投资的增长作出了较大贡献。其中匈牙利在 2021 年接受的绿地投资占欧盟所有绿地投资的 2.4%，与 2020 年相比增加了 38%；捷克为 1.5%，与 2020 年相比增长了 50%；希腊为 1.4%，

---

[1] The main offshores by number of M&A or GFs are（in alphabetical order）: Bermuda, British Virgins Islands, Cayman Islands, Mauritius and the United Kingdom Channel Islands. For the full list of Offshore Financial Centres, see e. g. Commission Staff Working Document – Following up on the Commission Communication "Welcoming Foreign Direct Investment while Protecting Essential Interests" – SWD（2019）108 final – 13 March 2019.

[2] More information under "Russian shareholding in Europe（EU27）" in the accompanying Commission Staff Working Document.

与 2020 年相比增长了 63%。

按欧盟被投资行业划分，信息和通信技术、制造业为推动欧盟外商直接投资交易上升的主要行业。其中信息和通信技术在并购中排名第一，占欧盟 2021 年并购投资的 30%，比 2020 年增长了 34%；在绿地投资中排名第二，仅次于零售业，占欧盟 2021 年绿地投资的 15.4%，比 2020 年增长了 15%。制造业占欧盟并购投资总额的 25.9%，占绿地投资的 12%，排在第二位，与前一年相比，分别增长了 38% 和 12%。整体而言，在并购投资上，几乎所有的被投资行业与 2020 年相比，均呈现投资额上升的趋势，一些行业的投资额甚至超过了新冠疫情暴发之前的水平。以信息和通信技术、专业科学活动以及建筑业为例，上述行业在新冠疫情期间受到了较大冲击，而与 2019 年相比，2021 年这三个行业投资额的增幅分别为 27%、8.3% 和 10%。[1] 但在绿地投资方面，除酒店行业有所增长外，2021 年的绿地投资仍低于 2019 年的水平，尽管相比于 2020 年的暴跌，2021 年绿地投资的投资额正处于恢复中。[2]

整体而言，尽管新冠疫情对经济的影响在逐步减弱，2022 年年初欧盟外商直接投资也在逐步向更好的态势发展，但随着 2022 年俄罗斯与乌克兰冲突的爆发，为未来的投资环境带来了新的挑战和新的不确定性。目前欧盟能源和原材料成本急剧上升，有供应链中断的可能，对涉及关键原材料和关键技术的投资方面的影响仍未得到充分评估，这很有可能影响欧盟的外商直接投资，导

---

[1] JRC elaboration based on Bureau van Dijk data, extracted on 22/02/2022. RoEU stands for Rest of EU. Acquisitions of equity stakes above 10% of the capital of the EU business.

[2] JRC elaboration based on Bureau van Dijk data, extracted on 22/02/2022.

致未来投资额呈下降趋势。

2. 欧盟成员国的立法发展

2020年，欧盟出台《有关外商直接投资和资本自由流动、保护欧盟战略性资产收购指南》，指导成员国出台外商投资安全审查制度，当时西班牙、法国、德国、捷克、意大利、波兰等成员国出台或修订了本国外商投资安全审查法律。2021年至今，欧盟成员国强化外商投资安全审查的步伐仍未停止，审查力度不断加强，比如德国修订了本国外商投资安全审查制度，扩大审查范围、降低审查门槛；捷克和斯洛伐克以《条例》为蓝本制定本国外商投资安全审查制度。在整个2021年，欧盟委员会通过技术和政策指导、技术会议和信息交流向成员国提供协助。在外商投资安全审查方面，成员国之间仍然显示出较大程度的差异，如什么是外商直接投资的正式审查、审查适用的时限、审查部门的覆盖面、审查通知要求和其他要素方面，各个成员国的规定各不相同。因此，欧盟委员会仍然致力于支持各国审查机制的统一，以保障欧盟免受来自第三国的潜在风险的外商投资，保护成员国和联盟的整体安全以及单一市场的安全，确保欧盟仍然能够保持非常高的经济一体化水平。

新冠疫情的暴发和最近全球供应链的中断使投资者关注到某些关键行业，如医疗保健和能源技术等。因此，许多欧盟成员国采用了新的外商投资安全机制，或更新或扩大了现有的机制。2021年，共有3个成员国采用了新的审查机制，6个成员国修改了现有机制，7个成员国已经启动了协商或立法程序，以建立一个国家的外商投资安全审查机制。总的来说，2021年已经有三分之二的欧盟成员国建定了外商投资安全审查制度。外商直接投资安全审查机制在欧盟的发展势头越来越好。

根据《第二份年度报告》披露的最新数据，欧盟中制定外商投资审查机制的成员国继续增加，具体情况如表 3－7 所示。

表 3－7　2021 年欧盟 27 个成员国外商投资安全审查机制立法现状❶

成员国外商直接投资安全审查机制现状	成员国名称
成员国已经建立起国家外商直接投资安全审查机制	奥地利、芬兰、葡萄牙、马耳他、斯洛文尼亚、西班牙、波兰
成员国已经通过了对现有机制的修正案	法国、德国、匈牙利、意大利、拉脱维亚、立陶宛
成员国已启动协商或立法程序，预计将对现有程序进行修订	荷兰、罗马尼亚
成员国已经采用了一种新的国家外商直接投资安全审查机制	捷克、斯洛伐克、丹麦
成员国已启动协商或立法程序，预计将通过新机制	比利时、克罗地亚、爱沙尼亚、希腊、爱尔兰、瑞典、卢森堡
尚未有公开立法计划的成员国	保加利亚、塞浦路斯

数据来源：根据欧盟各成员国国内立法整理。

大多数对国家立法的修正都围绕着三个主题：提升审查程序，扩大覆盖部门范围以及延长国家机制的有效性。如法国降低了对非欧盟投资者的投资进行审查的门槛。现在还要求投资者提交欧

---

❶ Second Annual Report on the screening of foreign direct investments into the Union, p9. Meber State: the Czech Republic, Denmark, Malta, Slovenia, the Slovak Republic, Austria, France, Finland, Germany, Hungary, Italy, Latvia, Lithuania, Poland, Romania, Spain, the Netherlands, Portugal, Belgium, Estonia, Greece, Ireland, Luxemburg, Sweden, Bulgaria, Croatia, Cyprus.

盟通知书“B 表”[1]与其他文件。德国引入了各种程序上的变化，如增加了16个与新兴或敏感技术有关的审查考虑因素，对需要通知获得资本和投票权的投资采用了新的审查门槛并对投资者提出了新要求；意大利扩大了其现有审查机制的适用范围；拉脱维亚扩大了国家当局要求投资者提供进一步信息的权力；立陶宛调整了其认为重要的企业和战略基础设施的清单；匈牙利在其立法中增加了要求目标公司提供更多活动通知信息的条款。

3. 欧盟成员国外商投资安全审查情况

《第二份年度报告》显示，2021年在国家层面收到的提交审批案件数量相当多。在国家层面，根据《条例》第5条规定的报告义务，成员国在2021年提交审批的案件数量为1 563个，当然案件120个。需要注意的是，由于成员国有不同的审查程序，这意味着报告的案件取决于国内的程序，如一些成员国在进行正式审查程序之前就宣布案件不符合要求，而其他成员国则是先正式审查案件，然后才宣布案件不符合要求。因此，上述案件数量仅旨在准确反映成员国所报告的审查活动，而不考虑具体国内制度的规定。

在1 563个提交审批的案件中，大约有29%的案件是经过正式审查的，[2]这标志着从2020年开始，正式经过审查的案件数量在不断上升。所有提交审批的案件中约有71%被认为不符合条件或不需要正式审查，因为相关投资明显对安全或公共秩序没有影响。提交审批的案件数量在欧盟成员国之间的分布也非常不均匀，在2021年所有提交审批的案件和当然案件中，4个成员国占了大约70%。

---

[1] The EU notification form serves as a suggestion for Member States on how transactions could be notified to the EU cooperation mechanism.

[2] It was 20% in the first annual report for the whole year 2020.

经过正式审查的案件中（共400余件），73%是无条件授权的，即投资交易被批准，投资者无须采取任何额外行动；23%的案件涉及有条件的批准或缓解措施，即相关成员国国家审查机构在批准计划中的外商直接投资之前，已经与投资者谈判了某些行动、保证和承诺；仅1%的经过正式审查的案件被驳回，另外还有3%的经过正式审查的案件由投资者撤回投资。

4. 欧盟关于外商投资安全审查的合作机制

2021年，13个成员国根据《条例》第6条提交了共计414份通知，其中5份通知是在2020年发起但在2021年完成的，并且欧盟委员会发表审查意见的案件不超过3%。相比《第一份年度报告》只有11个成员国提交了通知，《第二份年度报告》增加了2个成员国来履行通知义务。上述414份通知主要来自5个成员国，即奥地利、法国、德国、意大利和西班牙，占比达到85%以上。通知所涉及的被投资行业、最终投资者的来源和交易价值方面有很大不同。

欧盟外商直接投资主要集中在信息和通信技术、制造业、金融业、批发零售业以及建筑业等领域。其中信息和通信技术占比36%，制造业占比25%，金融业占比9.5%，批发零售业占比8.5%，建筑业占比4%，其他类占比17%。从投资交易价值来看，单笔投资交易价值高于5亿欧元的投资数量占比34%。整体来看，欧盟外商直接投资单笔大都低于5亿欧元，投资价值在1亿欧元至5亿欧元之间的投资数量占比21%，0.1亿欧元至1亿欧元的占比27%，低于0.1亿欧元的交易占比14%。同时，欧盟外商直接投资的交易价值还存在差距较大的特点，其中交易额最低为1欧元，最高则为290亿~310亿欧元。

在履行通知义务的414个案件中，86%的案件在第一阶段结束，有 11% 的案件进入第二阶段并要求被投资成员国提供更多信息，其余 3% 的案件仍在进行中，即尚未在第一或第二阶段完成。[1] 进入第二阶段的案件被要求提供的信息存在较大的差异，这主要取决于案件本身的特点。要求提供的信息主要包括目标公司的产品或服务的数据、所涉及的任何产品可能的双重用途分类、替代供应商和市场份额、交易后投资者对目标公司的影响、目标公司的知识产权组合和研发活动以及投资者及其战略的其他决定性特征等。进入第二阶段的案件，从行业类别上看主要集中在制造业、信息和通信技术以及金融业上。其中制造业和信息通信技术领域的案件占所有第二阶段案件的 76%，制造业的案件占比为 44%，主要包括关键基础设施和技术，即国防、航空航天、能源、卫生（包括制药）和半导体设备，其中涉及国防和航空航天领域的案件占制造业的 45%。所有进入第二阶段的案件中，成员国提供所需信息的平均时间为 22 个日历日，最短时间为 3 个日历日，最长时间为 101 个日历日。

从投资来源国看，履行通知义务的 414 个案件中，投资来源国排名前五位的是美国（40%）、英国（10%）、中国（7%）、开曼群岛（5%）和加拿大（4%），俄罗斯占不到 1.5%，白俄罗斯占 0.2%。联合国贸发会议发布的《2022 年全球投资报告》显示，2021 年外商直接投资已恢复到新冠疫情暴发前水平，2021 年全球外商直接投资流入量前两名的经济体是美国和中国。

（三）年度报告的对比与分析

与 2020 年相比，成员国 2021 年收到的请求更加敏感，更多的

---

[1] As of 31 December 2021, of the 414 cases notified, 11 were still ongoing at the cut-off date of this report.

案件被纳入正式审查程序，经过审查的案件比例有所增加。相比《第一份年度报告》，尽管申请提交审批的案件在欧盟成员国之间仍分布不均，4 个国家约占收到的所有申请的 70%，但这一比例在逐渐下降，在第一份年度报告中这一比例为 86.5%。这说明成员国之间的审查是多样化的。同时，整个欧盟审查环境仍然是较为开放的，经过审查后无条件批准投资的比例在《第二份年度报告》中为 73%，相比《第一份年度报告》中的 79%，下降了 6%。同时，经过审查后，采取相应缓解措施便可以继续投资的案件占比为 23%，整体高于《第一份年度报告》中的 12%，这是一个显著的增长。在被禁止投资的比例上，《第二份年度报告》只有 1% 的投资被禁止，相比《第一份年度报告》中的 2%，下降了 50%，这证实了欧盟仍然坚持着对外商直接投资予以开放的态度，只禁止对安全和公共秩序构成严重威胁的案件。

欧盟外商直接投资所涉及的主要行业方面，《第二份年度报告》主要涉及信息和通信技术、制造业、金融行业、建筑业以及批发零售业等领域，在《第一份年度报告》中，“建筑业”被纳入“其他”类别。信息和通信技术、制造业、批发零售业等领域的案件数量在两份报告中均处于前五位，整体来看，投资趋势一致。

在审查天数上，两份报告也较为接近，《第一份年度报告》审查天数最短时间为 2 天，到了《第二份年度报告》最短审查天数则增加了 1 天，两份报告最长时间均为 101 天。在成员国提供所需信息的平均时间上，《第二份年度报告》统计的平均时间为 22 个日历日，相比于《第一份年度报告》的 31 个日历日而言，整体效率有所提升，这也从侧面反映出，欧盟外商直接投资安全审查程序在成员国之间应用的熟悉度有所提升。

在最终投资者的来源地上，两份报告对比后，可以看出主要投资来源国也相对较稳定，美国、英国、中国和加拿大一直位于投资欧盟的主要来源国前五位，其中美国稳居第一位，英国稳居第二位。第一份报告排名前五还有阿拉伯酋长国，而到了2021年，开曼群岛取而代之，位于第五位。

年度报告对《条例》的执行情况进行了总结。尽管《条例》框架下多方合作有利于对审查作出更加精准的判断，极大地提高了审查的效率，对涉及跨国因素的外商直接投资案件发挥了重要作用，但在《条例》执行过程中也存在一些问题，主要包括审查信息过于繁杂、发表意见时间过短等。

在时间的规定上，部分成员国认为《条例》对于其他成员国发表意见以及正式发表意见的时间限制较短，各国主管部门以及工作人员配置不同，加之部分投资案件涉及信息众多、案情复杂，部分成员国想要在《条例》规定的时间内发表意见存在困难。当遇到多管辖权交易的投资案件时，现有的时间规定则显得更加紧迫，成员国无法在《条例》规定的时间内适当评估复杂的外商直接投资交易并提出问题或意见。此外，由于不同成员国国内外商直接投资安全审查的程序不同，在审查时间的规定上也存在差异，同时适用《条例》合作机制的有关时间规定，审查主管部门需要面临更加复杂的情况，难免力不从心。

在信息通知的提供上，部分成员国反映相关信息过多且没有重点，导致部分成员国很难从相关通知信息中获得有效信息并作出准确判断。目前《条例》框架下并没有具体的标准或者配套措施来区分一般投资审查案件和涉及多管辖权交易等关键投资案件的通知，部分跨境投资案件通知混乱，相关信息过于冗杂，在一定程度上导致了资源的浪费，并且无法集中有效的人力物力对关键的投资案件加以关注。此外，一些成员国提供补充信息的要求“过于繁重”，加剧了被投资成员国的负担，反而不利于审查的进行。

在信息的传递上，有成员国反映，其他成员国对具体投资案件发表了意见，但被投资成员国仅仅得到“已有成员国就该投资发表了意见”的通知，而具体的意见内容未被告知，导致其无法对投资案件进行有效的判断。此外，《条例》规定被投资成员国需要对其他成员国或欧盟委员会的审查意见或建议适当考虑，但未规定被投资成员国对其考虑进行解释说明的义务，在具体适用时，相关成员国无法得知被投资成员国对意见的考量究竟如何。

二、《条例》对成员国的影响

《条例》的正式颁布，对欧盟各成员国存在不同的影响，从立法层面来说，各个成员国也建立了其自身的安全审查制度，在实践中，对外商的审查也渐渐趋于严格。

（一）《条例》对成员国立法的影响

截至 2022 年 4 月 26 日，欧盟委员会更新成员国外商投资安全审查立法情况，仅 2 个成员国没有任何关于制定国内外商直接投资安全审查机制的倡议或行动，其他 25 个成员国均在不同程度上对国内外商直接投资安全审查机制有所涉及。成员国国内外商投资安全审查立法得到较快发展，2020 年至今修改其国内法或者新立法的成员国有 14 个，如表 3－8 所示。

可以看出《条例》对于成员国在立法上的影响是积极的，促进了各成员国国内外商投资法的确立及完善，立法较为先进的成员国也为其他成员国提供了参考和借鉴，使得更多成员国在外商投资安全审查方面的立法更加趋于完善和成熟。此外，《条例》的部分规定也被成员国吸收，使得欧盟范围内的审查标准更加趋于统一。例如，德国采纳了《条例》第4条第2款涉及“安全或公共秩序”考虑因素的规定，2021年5月通过的《德国对外经济条例》第17修正案，将审查的关键行业从11个增加至27个。此外，德国也吸纳了《条例》对于“安全或公共秩序”重点考虑的因素，2020年《德国对外经济条例》第15修正案中加入了对投资者是否受第三国政府控制、是否正在从事危害欧盟或成员国的活动等内容。加之受新冠疫情影响，各个成员国对涉及医疗卫生的行业也加强管理，无论是欧盟层面还是各个成员国均处于一个修法较为频繁的阶段。其中部分成员国曾多次修法，如德国在2020年5月至2021年5月内修法4次，分别通过了《德国对外经济法》修正案以及《德国对外经济条例》第15至第17修正案；西班牙则在2020年分别颁布了第8号、第11号、第34号皇家法令。2021年也有部分成员国建立起外商投资安全审查立法，如捷克于2021年1月19日颁布了《捷克关于外商直接投资审查的第34/2021号法案》、丹麦于2021年5月10日颁布了《丹麦外国投资审查法》等。

表3-8 欧盟成员国2020年至今外商投资安全审查修法及立法情况统计❶

国家	修法/立法时间	法律法规文件名称
捷克	2021.02.03	《捷克关于外国直接投资审查的第34/2021号法》❷
丹麦	2021.05.10	《丹麦投资审查法》❸

❶ List of screening mechanisms notified by Member States，https://trade.ec.europa.eu/doclib/docs/2019/june /tradoc_157946.pdf，accessed Apr 26，2022.

❷ Zákon č. 34/2021 Sb. o prověřování zahraničních investic.

❸ LOV nr 842 af 10/05/2021. Lov om screening af visse udenlandske direkte investeringer m. v. i Danmark.

续表

国家	修法/立法时间	法律法规文件名称
德国	2020. 05. 20	《德国对外经济条例》第 15 修正案❶
	2020. 06. 18	《德国对外经济法》第 1 修正案❷
	2020. 10. 26	《德国对外经济条例》第 16 修正案❸
	2021. 05. 17	《德国对外经济条例》第 17 修正案❹
西班牙	2020. 03. 17	《西班牙 2020 年第 8 号法令》❺
	2020. 03. 31	《西班牙 2020 年第 11 号法令》❻
	2020. 11. 17	《西班牙 2020 年第 34 号法令》❼
	2021. 11. 23	《西班牙 2021 年第 27 号法令》❽
意大利	2020. 04. 08	《意大利 2020 年第 23 号法令》❾
	2020. 10. 28	《意大利 2020 年第 137 号法令》❿
	2020. 12. 18	《意大利 2020 年第 179 号部长理事会主席令》⓫

❶ Fünfzehnte Verordnung zur Änderung der Außenwirtschaftsverordnung.

❷ Erstes Gesetz zur Änderung des Außenwirtschaftsgesetzes.

❸ Sechzehnte Verordnung zur Änderung der Außenwirtschaftsverordnung vom 26. Oktober 2020.

❹ Sebenzehnte Verordnung zur Änderung der Außenwirtschaftsverordnung.

❺ Real Decreto – ley 8/2020, de 17 de marzo, de medidas urgentes extraordinarias para hacer frente al impacto económico y social del COVID – 19 Disposición final cuarta.

❻ Real Decreto – ley 11/2020, de 31 de marzo, por el que se adoptan medidas urgentes complementarias en el ámbito social y económico para hacer frente al COVID – 19, Disposición transitoria segunda, Disposición final tercera.

❼ Real Decreto – ley 34/2020, de 17 de noviembre, de medidas urgentes de apoyo a la solvencia empresarial y al sector energético, y en materia tributaria.

❽ Real Decreto – ley 27/2021, de 23 de noviembre, por el que se prorrogandeterminadas medidas económicas para apoyar la recuperación.

❾ Decreto – Legge 8 aprile 2020, n. 23. "Misure urgenti in materia di accesso al credito e di adempimenti fiscali per le imprese, di poteri speciali nei settori strategici, nonché interventi in materia di salute e lavoro, di proroga di termini amministrativi e processuali." Art. 15 – 16.

❿ L'articolo 10 ter della legge 18 dicembre 2020, n. 176, che ha convertito in decreto – legge 28 ottobre 2020 n. 137.

⓫ Decreto del Presidente del Consiglio dei Ministri 179 del 18 dicembre 2020.

续表

国家	修法/立法时间	法律法规文件名称
意大利	2020.12.23 2021.04.30	《意大利2020年第180号部长理事会主席令》❶ 《意大利2021年第56号法令》❷
拉脱维亚	2020.10.06	《拉脱维亚关于外商直接投资的第622号条例》❸
立陶宛	2020.11.04	《立陶宛关于政府批准的保障国家安全重要目标保护协调委员会议事规则的决议（新版第1213号）》❹
匈牙利	2020.07.17 2020.07.17	《匈牙利2020年第LVIII号关于结束危险与防疫状态的过渡规则》❺ 《匈牙利政府第289/2020号法令》❻
马耳他	2020.12.08	《马耳他2020年第LX号法令》❼
奥地利	2020.07.25	《奥地利投资管制法》❽
斯洛文尼亚	2020.05.29	《斯洛文尼亚确定减轻和补救Covid-19流行病后果的干预措施的法律》❾

❶ Decreto del Presidente del Consiglio dei Ministri n. 180 del 23 dicembre 2020.

❷ Decreto – legge 30 aprile 2021, n. 56.

❸ Noteikumi par Nacionālās drošības likumā noteiktajai institūcijai iesniedzamo informāciju un darbībām ar informāciju par ārvalstu tiešajiem ieguldījumiem, Noteikumu nosaukums MK 06. 10. 2020. noteikumu Nr. 622 redakcijā.

❹ Dėl Nacionaliniam saugumui užtikrinti svarbių objektų apsaugos koordinavimo komisijos darbo tvarkos aprašo patvirtinimo "pakeitimo", Nr. 1213.

❺ 2020. évi LVIII. törvény a veszélyhelyzet megszűnésével összefüggő átmeneti szabályokról és a járványügyi készültségről (85. szakasz, 276. § –292. §).

❻ (Ⅵ. 17.)(289/2020. (Ⅵ. 17.) Korm. Rendelet a magyarországi székhelyű gazdasági társaságok gazdasági célú védelméhez szükséges tevékenységi körök meghatározásáról.

❼ ATT Nru LX tal – 2020, 18 ta' Diċembru, 2020.

❽ Bundesgesetzüber die Kontrolle von ausländischen Direktinvestitionen (Investitionskontrollgesetz – InvKG), StF: BGBl. I Nr. 87/2020 (NR: GP XXVII RV 240 AB 276 S. 45. BR: AB 10376 S. 910.).

❾ Zakon o interventnih ukrepih za omilitev in odpravo posledic epidemije COVID – 19 (ZIUO-OPE), Official Journal No. 80/20.

续表

国家	修法/立法时间	法律法规文件名称
斯洛伐克	2021.03.01	《斯洛伐克第 72 / 2021 号法令》❶
芬兰	2020.10.02	《芬兰外国公司收购审查法（172/2020）》❷
波兰	2020.06.24	《波兰关于向受新冠肺炎疫情影响的企业家发放银行贷款利率补贴、在新冠疫情暴发背景下简化诉讼程序的法案》❸

数据来源：欧盟委员会贸易网站数据整理。

（二）《条例》对成员国实践的影响

整体上，大部分成员国在实践中落实了《条例》的各项规定，将《条例》与国内法结合开展外商投资安全审查。《条例》也使得大部分成员国能够在审查具体案件时得到更多有效的信息，更加准确地开展审查工作，提高了成员国在审查时的效率。

但由于各国外商投资情况不同，《条例》对成员国在实践上的影响也存在差异。一方面，并非所有成员国在审查实践中都遵守了《条例》的规定，如成员国有根据《条例》向欧盟委员会报告投资案件情况的义务，但有 4 个成员国未向欧盟委员会报告任何案件，有 1 个成员国基于国内法要求仅能向欧盟委员会报告一般数据。可以看出，大多数成员国的实践情况还是符合《条例》规定的，但也有成员国在实践中并不认可《条例》。另一方面，各个成

---

❶ §9a，59b，§9c，§9d，§9e of Act No 45/2011 Coll on Critical Infrastructure as amended by the Act No. 72/2021 Coll.

❷ Act on the Screening of Foreign Corporate Acquisitions.

❸ Ustawa z dnia 19 czerwca 2020 r. o dopłatach do oprocentowania kredytów bankowych udzielanych Przedsiębiorcom dotkniętym skutkami COVID – 19 oraz o uproszczonym postępowaniu o zatwierdzenie układu w związku z wystąpieniem COVID – 1.

员国吸引外商投资的能力不同，符合审查条件的外商直接投资集中于个别成员国，大部分成员国的外商投资案件并不符合《条例》的规定，在实践中受《条例》的影响不大。在《年度报告》中配合欧盟委员会工作的23个成员国中，仅有14个成员国的外商直接投资案件需要履行《条例》的通知义务，并且履行通知义务的90%的案件集中于其中6个成员国。由此可知，在具体实践中，《条例》对不同成员国的影响差别较大，目前仅少部分成员国在实践中受影响较大。

第六节　欧盟外商投资安全审查制度司法案例分析

根据中国贸促会《欧盟营商环境报告2021/2022》显示，新冠疫情相比于暴发初期有所好转，中国开始逐步恢复对欧盟的投资。2020年我国对欧盟直接投资流量为100.99亿美元，同比增长5.2%，欧盟是中国2020年对外直接投资第二大目标市场，投资主要流向荷兰、瑞典、德国。[1] 2021年中国对欧盟直接投资快速增长49.9亿美元，增长54%，主要投向了消费品、数字新媒体及医疗与生命科学等行业。[2]《条例》生效后，2021年英国以36宗投资交易超过德国，成为我国对欧投资的最大目标国。德国和荷兰分别以35宗、13宗投资交易居于第二位、第三位。尽管根据《条例》信息保密的规定，欧盟委员会在发布《年度报告》时不披露

---

[1] 中国贸促会研究院：《欧盟营商环境报告2021/2022》，第2页，http://www.ccpit-academy.org/v-1-4503.aspx，访问日期：2022年4月20日。

[2] 商务部："商务部召开例行新闻发布会（2021年10月21日）"，http://www.mofcom.gov.cn/xwfbh/20211021.shtml，访问日期：2022年4月20日。

具体投资案件，但根据欧盟成员国、我国国内等投资统计报告以及相关公司公告显示，2021 年我国对欧盟最大投资是位于我国香港特区的投资公司高瓴资本集团（Hillhouse Capital Group）以 44 亿美元收购荷兰飞利浦公司（Royal Dutch Philips Electronics Ltd.）家用电器部门；第二大交易是中集集团（China International Marine Containers）以 11 亿美元收购了丹麦冷藏集装箱制造商马士基装箱工业有限公司（Maersk Container Industry）。[1]

整体来看，虽然《条例》生效后中国对欧盟直接投资仍在增加，但受新冠疫情影响的因素较大，整体投资环境变差。同时由于德国、法国、意大利等国家外商投资安全审查制度日趋严格，中国投资开始向荷兰、丹麦等国转移，2021 年我国对荷兰、丹麦、卢森堡等国的投资金额有大幅增长。此外，“脱欧”后的英国也开始逐渐成为中国投资的热门地，如 2021 年腾讯集团以 11 亿美元成功收购了英国开发工作室相扑数字（Sumo Digital）。2021 年我国也有多起投资案件未通过欧盟成员国外商投资安全审查，较为典型的案例集中于意大利，意大利政府先后否决了我国多起投资交易，如深圳创疆投资控股有限公司（Shenzhen Invenland Investment Holdings Co.，以下简称深圳创疆）收购意大利 LPE 半导体公司（LPE S. p. A，以下简称 LPE 公司）案、浙江晶盛机电股份有限公司（以下简称晶盛机电）收购意大利应用材料公司（AppliedMaterials, Inc.）丝网印刷设备业务案、中国一汽收购依维柯旗下商用车业务案以及先正达集团收购意大利蔬菜种子生产商维瑞森（Verisem）案等。

---

[1] 中德投资平台：“中国公司在欧洲的收购案再次增加”，https://www.investmentplattformchina.de/zh-hans/%e4%b8%ad%e5%9b%bd%e5%85%ac%e5%8f%b8%e5%9c%a8%e6%ac%a7%e6%b4%b2%e7%9a%84%e6%94%b6%e8%b4%ad%e6%a1%88%e5%86%8d%e6%ac%a1%e5%a2%9e%e5%8a%a0/，访问日期：2022 年 4 月 20 日。

一、中国一汽收购依维柯商用车业务案

部分成员国在《条例》施行后加大了对我国投资的审查力度，其中我国在意大利多起投资失败的案件引发了广泛关注。一方面，意大利紧缩外商投资审查，安全审查涉及的行业、领域范围扩大。自2019年5月到2020年6月，其“黄金权力法案”（Golden Power）对于外商投资安全审查范围的规定经历了4次修改，除了实体或虚拟的关键基础设施、关键技术，审查范围扩大至基于5G技术的宽带电子通信服务、关键产品的供应安全、农业食品和钢铁行业、卫生行业、银行业和保险业等。另一方面，意大利政府对于我国企业投资的政治干预也在不断增加。以“中国一汽收购依维柯商用车业务案”为例。

依维柯是凯斯纽荷兰工业集团（CNH Industrial N. V.，以下简称凯斯纽公司）旗下商用车品牌。[1] 凯斯纽公司成立于2012年12月12日，其前身为意大利菲亚特公司（Fiat S. p. A.），菲亚特公司决定合并和分拆其非汽车业务，这些业务此前由菲亚特旗下的两个独立业务部门意大利菲亚特工业集团和凯斯纽荷兰环球公司经营。荷兰凯斯纽公司最大股东仍然是阿涅利家族控制的投资公司异能者有限公司（Exor N. V），它也是菲亚特克莱斯勒汽车公司（FCA N. V.）的最大股东。菲亚特工业集团成立于2011年1月1日，负责管理菲亚特的卡车、客车和工业车辆发动机业务（以依维柯为主）。1999年11月12日，在收购凯斯公司之后，与纽荷兰的农业和工程机械设备业务合并成立了凯斯纽荷兰环球公司——

---

[1] 凯斯纽荷兰工业官网：《凯斯纽荷兰工业（CNH Industrial）历史》，https://media.cnhindustrial.com/ASIA-PACIFIC-CHINESE/CNH-INDUSTRIAL-CORPORATE/HISTORY，访问日期：2022年4月20日。

一家负责管理菲亚特农业和工程机械设备业务的控股公司。新成立的凯斯纽公司是由凯斯纽荷兰环球公司和菲亚特工业集团合并成立的，旗下拥有 12 个品牌，凯斯纽公司旗下的凯斯工程机械和纽荷兰工程机械品牌是相关行业中的全球知名品牌。凯斯纽公司商用车品牌依维柯是一个全球化品牌，既提供道路和越野用途的轻型、中型和重型商用车，也提供运输货物的厢式商用车和重型卡车。依维柯是唯一提供各种型号的生态柴油和天然气发动机的制造商，并在 1996 年推出了第一辆天然气驱动卡车。依维柯品牌也制造公交车和客车，依维柯巴士系列产品在全球 40 多个国家销售。凯斯纽荷兰工业的另一个客车品牌赫利兹巴士专注于法国、西班牙、瑞士、比利时、卢森堡和荷兰市场。

依维柯阿斯特拉是凯斯纽公司旗下的越野卡车部门，制造用于从采石场和矿山等严苛环境中运输岩石等重型材料的车辆。产品销往全球优选市场。凯斯纽荷兰工业还拥有两个专用车品牌。依维柯国防车辆系列（Iveco Defence Vehicles）是军品和民防市场的知名品牌，而马基路斯是消防车辆市场的领导品牌。集团旗下的发动机业务菲亚特动力科技品牌服务于集团的所有整机品牌以及外部客户，该部门专注于研发和销售道路和越野用途以及船用和发电用的变速箱系统和柴油发动机。如今，凯斯纽公司旗下拥有 12 个品牌、66 家制造工厂和 54 个研发中心，共计超过 65 000 名员工，业务遍及全球 180 个国家。

中国一汽和凯斯纽公司分别于 2020 年 7 月、2021 年 1 月（重启谈判）进行投资谈判，欲收购依维柯所有的商用车业务。2020 年 7 月，一汽集团报价约合 30 亿欧元求购依维柯品牌，但凯斯纽荷兰工业集团认为报价过低，双方谈判一度中断，但 2021 年 1 月一汽集团将报价提高到 35 亿欧元，收购案一度接近完成，但最终迫于依维柯所处的行业敏感及压力过大，收购宣布告吹。为阻止该项投资的达成，意大利官方在不同的公开场合表示对此项投资的反对，如2021年3月4日意大利工业部部长公开表示，如果中国一汽收购依维柯业务，政府将立即启动外商投资国家安全审查。2021年4月17日意大利经济发展部部长表示重型车辆的生产符合国家战略利益，政府可以帮助依维柯继续生产。双方整个谈判是在意大利政界有越来越多的反对意见的情形下进行的，最终迫于压力，凯斯纽公司发表声明与中国一汽达成交易的计划已被取消。目前，依维柯在意大利拥有超过6 000名雇员，分别在都灵、曼托瓦、布雷西亚有三座卡车制造工厂。时任意大利经济发展部部长的吉安卡洛·吉奥尔格蒂在置评中称："我们给予收购案叫停正面评价，意大利政府一直积极关注事件发展，因为意大利政府认为重型车辆生产具有国家级战略意义。意大利经济发展部已经准备好在谈判桌上干预，以维护这项在意大利的产业。"

从本案可以看出，由于收购依维柯涉及意大利在汽车制造领域的尖端技术，因此本案在中国一汽和凯斯纽公司有合作意向时便引发了较大关注，意大利政府也较早地介入该案中，甚至在该案进入国家安全审查前，便给予一定的政治施压，导致该笔投资被叫停。对本案分析得出，《条例》施行后，部分成员国不断完善外商投资审查立法，越来越多的投资领域被纳入审查范围。加之各国国情不同，审查领域日趋复杂化，不仅包括关键基础设施、关键技术等传统审查领域，成员国特色产业的领域也有可能随着各国国内立法的完善成为审查重点。此外，外商投资安全审查的政治性更加明显，《条例》起草的目的便是保护欧盟尖端技术不外流，最大化维护欧盟及其成员国利益。如今《条例》实施，成员国政府对于外商投资的政治干预也在不断加大。

二、深圳创疆公司收购意大利 LPE 公司案

中国对欧盟直接投资时，如符合外商投资安全审查的条件，要先根据具体的投资成员国国内法规定，适用成员国国内审查程序，同时适用《条例》规定的审查程序。根据《条例》，即便投资已经完成也有可能被欧盟提起审查。这导致我国企业面临的审查程序更加烦琐、审查期限更加冗长，需要花费更多的金钱、人力与时间成本。以“深圳创疆公司收购意大利 LPE 公司案”为例，该案分别经过了意大利国内法审查以及《条例》框架下的审查。

致力于尖端科技的深圳创疆成立于 2016 年 5 月 27 日，注册资本 3 000 万元人民币，其实际控制人为以汽车研发为主的上市公司兴民智通（集团）股份有限公司（以下简称兴民智通）的董事长魏翔。意大利 LPE 公司成立于 1972 年，总部位于意大利米兰，生产硅外延反应炉和碳化硅外延炉等半导体设备，在中国市场占有率一直保持在行业第一位。双方于 2020 年 12 月 21 日签署股权转让协议，由深圳创疆收购意大利 LPE 公司 70% 股权，并完成了股权转让首付款的支付和股权的质押。随后意大利政府对该投资进行了安全审查。其间，欧盟委员会以及其他相关成员国也启动了审查程序，分别对该投资发表了审查意见及建议，并反馈至意大利政府。意大利政府综合考虑了各方意见，其国家经济发展部分别于 2021 年 2 月 18 日和 2021 年 3 月 22 日举行买方听证会和卖方听证会，并最终提交意大利政府进行审批。[1] 深圳创疆于 2021 年 4 月 9 日收到意大利国家经济发展部于 2021 年 3 月 31 日签署的行政

---

[1] 兴民智通（集团）股份有限公司：《关于媒体报道相关情况的说明公告》（证券代码：002355，公告编号：2021－023），https://quotes.money.163.com/f10/ggmx_002355_7038165.html，访问日期：2022 年 4 月 19 日。

令，意大利政府认为该案涉及的半导体属于“黄金权力法案”中“关键技术”之一，对该交易行使了否决权。[1]

意大利政府签署的行政令显示，深圳创疆告知意大利政府，公司已于2020年12月21日收购了意大利LPE公司的70%股权。对此，曾担任欧洲央行行长的德拉吉称：“半导体的短缺迫使许多汽车制造商在去年减慢了生产速度。这是一个具有战略重要性的产业，意大利当局将动用黄金权力条款干涉交易。”同时，意大利政府就该收购案审查认为，深圳创疆隶属于中国政府，涉及政府干预。根据意大利法律规定，为了保护活跃于战略市场或拥有和经营关系到意大利国家利益的敏感技术和相关资产的公司（无论是否上市）的财产，意大利政府有权使用“黄金权力法案”阻止外资购买及管理战略敏感公司。对“深圳创疆公司收购意大利LPE公司”的否决，是意大利政府第三次使用该法案。

从该案可以看到，深圳创疆不仅接受了意大利政府的外商投资安全审查，也受到了来自欧盟及其他成员国的审查，意大利国家经济发展部在提交政府审批前还举行了两次听证会，审查程序十分复杂，深圳创疆在该案中接受了多重审查。此外，需要注意的是，《条例》赋予了欧盟及其成员国对于已完成投资案件的审查权，即便该案的交易双方在2020年12月支付了部分股权转让款并质押了股权，也不会影响欧盟及其他成员国对该案进行审查的权利。可见未来中国企业在欧盟直接投资活动面临的风险众多。

---

[1] 中国国际贸易促进委员会驻意大利代表处：《关于意大利“黄金权力”法案的调研报告》，https://www.ccpit.org/italia/a/20220214/20220214en4d.html，访问日期：2022年4月19日。

三、晶盛机电公司收购意大利应用材料公司案

《条例》框架下，对于涉及跨国公司的投资审查也日趋严格。跨国企业在全球范围内多个国家设有分公司或子公司，如对跨国企业进行投资，涉及其在欧盟的分公司或子公司的直接或间接控制权时，相关成员国有权进行安全审查。如果某笔投资针对某一具体公司，但该公司在不同国家销售商品或提供服务，销售商品或提供服务的成员国也可以安全或公共秩序可能受到影响为由，对该笔投资进行审查。晶盛机电公司收购意大利应用材料公司案便涉及在意大利提供相关业务的情形。

晶盛机电是一家以“发展绿色智能高科技制造产业”为使命的高端半导体装备和LED衬底材料制造的中国高新技术企业。意大利应用材料公司是总部位于美国硅谷的全球最大的半导体和显示设备供应商。晶盛机电与意大利应用材料公司达成合意，由晶盛机电与意大利应用材料公司的下属公司应用材料香港有限责任公司（Applied Materials Hong Kong Limited，以下简称应用材料香港），通过向晶盛机电全资子公司浙江科盛智能装备有限公司（以下简称科盛装备）增资的方式成立合资公司。由合资后的科盛装备出资1.2亿美元收购意大利应用材料公司旗下位于意大利的丝网印刷设备业务、位于新加坡的晶片检测设备业务以及上述业务在中国的资产。2021年7月30日至2021年8月25日，四方主体签署了《合资协议》《增资和认缴协议》《股份购买协议》《中国资产购买协议》《股东会批准豁免函》，完成了前期的合资工作。[1] 随

[1] 浙江晶盛机电股份有限公司：《关于与应用材料香港公司合资成立控股子公司暨购买资产的进展公告》（证券代码：300316，编号2021-079），http://static.cninfo.com.cn/finalpage/2021-11-24/1211685012.PDF，访问日期：2022年4月20日。

后开始了对意大利丝网印刷业务的收购工作。尽管该笔收购仅为“丝网印刷业务”，而非意大利应用材料公司位于意大利的公司实体，但该案仍然属于外商投资安全审查的范围，被提交至意大利政府进行审查。由于丝网印刷是光伏产业链的中游电池片制备环节的核心设备，2021 年 11 月 18 日意大利政府以投资可能影响半导体行业而否决了这项收购。因交易的先决条件未能成就，晶盛机电、科盛装备、意大利应用材料公司及应用材料香港友好协商，于 2022 年 3 月 21 日签署了前期系列协议的终止协议。[1]

本案本质上是晶盛机电公司和意大利应用材料公司之间的合作，由于意大利应用材料公司本身为跨国公司，其相关业务也遍布全球，此次收购的跨境影响不仅涉及中国、美国，还涉及意大利、新加坡等多方主体。对于意大利来说，科盛装备对“丝网印刷业务”的收购，虽然不直接涉及对公司实体的控制，但也存在一定的风险，如丝网印刷业务收购完成后，应用材料位于意大利的公司的实际控制权存在发生转移的风险，从而威胁到意大利半导体行业的发展。可见，在涉及跨境影响时，即便是投资方晶盛机电已经和总公司意大利应用材料公司达成了合作意向，而收购的相关业务存在于不同的国家，对于具体的国家来说，收购产生的影响不同。欧盟成员国有权对涉及跨境影响的投资进行审查，判断具体投资是否会影响到国家安全，并有权否决投资，最终导致整个投资失败。虽然本案涉及的欧盟国家仅为意大利，但跨国公司、跨国业务在国际市场上普遍存在，如某一投资的跨境影响涉及多个欧盟成员国，那么相关成员国均有权进行安全审查，一

[1] 浙江晶盛机电股份有限公司：《关于与应用材料香港公司合资成立控股子公司暨购买资产的进展公告》（证券代码：300316，编号：2022－019），https://pdf.dfcfw.com/pdf/H2_AN202203211554040045_1.pdf，访问日期：2022 年 4 月 20 日。

旦某一国作出了否决决定，那么整笔投资极有可能受到影响而失败。

四、先正达集团收购意大利蔬菜种子生产商维萨森案

2021年10月19日，我国农用化学品巨头先正达集团收购蔬菜种子生产商维萨森被意大利政府审查后阻止。总部位于瑞士的先正达于2017年被中国化工集团公司以430亿美元的价格收购。先正达集团于2020年6月18日成立。意大利维萨森公司是一家全球种子生产商，在意大利、法国和北美设有加工厂。该公司由美国基金潘恩施瓦茨（Paine Schwarts and Partners）所有。

先正达欲出价约2亿欧元收购意大利维萨森公司。此举引发了意大利政府的关注，意大利农业游说团体称，该收购一旦成功，将会导致全球蔬菜和草药生产种子控制的战略平衡向亚洲倾斜，时任意大利总理马里奥·德拉吉在2021年10月阻止了这一收购提议，该案成为首个在农产品投资领域被意大利政府拒绝的案件。此举推升了总理马里奥·德拉吉动用旨在保护战略性资产的“黄金权力法案”以遏制中国企业在意大利的竞购而引发的法律纠纷风险。为了降低此类诉讼风险，意大利政府正在考虑向因使用反收购法令而受到惩罚的公司提供补偿。

先正达集团收购意大利蔬菜种子生产商维萨森案被否决后，2022年1月7日先正达集团以政府“没有正当理由”为由向意大利行政法院提起诉讼，意大利维萨森公司作为共同原告参与了上诉。先正达集团提出意大利政府“不合理地”拒绝它们为确保收购条款将维护意大利战略利益而采取的措施。但该诉讼最终也未能成功，意大利行政法院裁定，政府否决公司收购种子生产商意大利维萨森公司的决定有效。先正达在一份声明中表示“我们对

法院的裁决感到失望”，同时表示这一裁决不会影响先正达在意大利的现有业务。先正达在意大利有当地的团队，并与意大利种植者合作多年，这些合作将会继续。

从本案可以看出，在意大利外商投资国家安全审查日趋严格的同时，政府对于外商投资的态度也很大程度上影响了投资是否能够成功。近年来意大利政府频繁使用“黄金权力法案”，明显强化了外商投资安全审查力度，这意味着投资者应当熟悉当地法律规定，充分做好准备工作。另外，企业要进行投资时，可以尽可能地选择2个及以上的目标国，对其相应的外商投资安全审查制度进行对比分析，同时结合企业自身的发展状况、经济实力，对投资成本、投资收益、投资风险等进行较为全面的衡量，从而选择最适合企业自身的投资方案。

CHAPTER 04 >> 第四章

欧盟重要成员国外商投资安全审查制度研究

德国、法国作为重要的欧盟成员国，其外商投资安全审查制度的发展时间较长，制度构建比较完善，在对欧盟的外商投资安全审查制度的研究过程中，需要针对法国、德国的外商投资安全审查制度进行进一步的分析，才能更好地了解外商投资安全审查制度的发展与变化。

第一节　德国外商投资安全审查制度

德国作为一个坚持对外开放和经济自由化程度较高的国家，对外国直接投资历来持欢迎的态度，在德国，外国投资者与本国投资者基本上享有同等待遇，也受到基本相同的制约。不过随着战略性资源供应的日趋紧张、生态环境的日益恶化、产业竞争的不断加剧，德国也开始发展自己的外商投资安全审查制度。

一、德国外商投资安全审查制度的发展

德国外商投资安全审查制度，是随着国际、国内环境的变化而不断演变的，对从国防、军事等传统领域，到关键产业、重要企业加强保护，德国的外商投资安全审查制度不断完善。

（一）德国外商投资概况

二战后为大力发展经济，德国奉行开放的外国投资政策。长期以来，德国对外国投资的限制较少。经济政策的开放使得德国二战后经济迅速恢复，根据德国统计局 2022 年年初的计算，2021 年德国国内生产总值为 3.5639 万亿欧元，同比增长 2.7%，受新冠疫情和供应链“瓶颈”的双重影响，2021 年德国经济与 2020 年相比虽然实现了复苏，但尚未恢复至疫情暴发前水平。[1]

在外商投资方面，2017 年是德国外商投资的黄金年，大量外商投资涌进德国。《德国统计年鉴》对外国投资状况的统计显示，2017 年外商对德国投资总额为 11 964.21 亿欧元。从区域来看，整个欧洲地区对德投资 5 933.45 亿欧元，其中欧盟国家投资 5 064.05 亿欧元；非洲地区投资 108.11 亿欧元，美洲地区投资 4 042.06 亿欧元，亚洲地区投资 1 676.23 亿欧元，大洋洲和极地地区投资 204.36 亿欧元。可以看出欧美地区国家是德国外商投资的主要来源；从国家来看，2017 年对德国投资最多的前三个国家分别是美国、英国和中国，其中美国投资 3 351.9 亿欧元，英国投资 1 449.97 亿欧元，中国投资 857.33 亿欧元，美国、英国及中国的投资总额占德国 2017 年全年外商投资总额的一半；从外商投资

---

[1] Statistisches Bundesamt, Bruttoinlandsprodukt im Jahr 2021 um 2, 7% gestiegen, https://www.destatis.de/DE/Presse/Pressemitteilungen/2022/01/PD22_020_811.html.

的领域来看，信托基金及金融领域、贸易及汽车维修领域的外商投资额较大，均超过了1 000 亿欧元，分别为 1 854.6 亿欧元，1 089.16 亿欧元。[1]

通过数据分析可以看出，总体上德国外商投资涉及众多国家、多个行业。其中德国汽车制造等先进技术行业对外资吸引力较大，非欧盟国家的外国投资额增长量超过欧盟国家的投资额，占德国外国投资的 57.7%，外商投资对推动德国经济发展起着重要作用。

（二）德国外商投资立法

德国在外商投资领域没有制定专门的外国投资法，1961 年由德国联邦议会通过的《德国对外经济法》及由联邦政府颁布的《德国对外经济条例》被认为是外商投资活动最重要、最基本的法律依据。

其间，《德国对外经济法》《德国对外经济条例》也经过了多次修改，《德国对外经济法》与《德国对外经济条例》的最新版本均为 2021 年 9 月版。《德国对外经济法》分为四章，共 32 条。第一章为法律交易及行动，规定了对外经济活动遵守的自由开放原则、[2] 具体概念的定义、主体的认定、许可证颁发等规定；第二章为补充条款，针对对外经济领域的重要方面进行了单独性的规定和说明；第三章为刑罚、罚款及监管措施的规定，针对违反前两章行为的处罚作了相应规定；第四章为最后规定，涉及过渡性规定、直接适用于欧盟规则的规定等内容。《德国对外经济法》未明

---

[1] Statistisches Bundesamt, Statistisches Jahrbuch 2019 - Kapitel 17 Zahlungsbilanz, https://www.destatis.de/DE/Themen/Querschnitt/Jahrbuch/jb - zahlungsbilanz.html, accessed Nov 23. 2021.

[2] 《德国对外经济法》第 1 条第 1 款规定，货物、服务、资本、付款和其他与外国的经济往来，以及外资和黄金在国内的流通（对外经济贸易），原则上都是自由的。它受本法所载或根据本法规定的法律条例所规定的限制。

确规定“外商投资”的概念，其中涉及外商投资的规定包括外国的认定、被投资企业营业场所的认定、对特殊领域投资的限制、外国投资受到行政行为约束、投资行为无效等情形的规定，明确外商投资主管部门为联邦经济与能源部，规定了联邦经济与能源部协同其他部门发布涉及外国投资法令的权力，还规定了外国投资者及外国投资企业进行资产报告的义务。《德国对外经济条例》作为德国行政法规，是实施《德国对外经济法》的具体规定，分为10章，共83条。《德国对外经济条例》将外商投资中的投资者进行分类，明确外商投资的类型，详细规定了特殊领域外商投资的特别要求，明确了联邦经济与能源部的具体职责范围，以及外商投资进入德国企业的股份限制要求、投资行为无效的认定程序等。同时，除了实体法规定，《德国对外经济条例》对外商投资还作出了程序性规定。由于德国外商投资涉及的领域、行业不同，外商投资也在《德国反限制竞争法》《德国战争武器控制法》《德国电信法》等具体部门法中有相关规定。当外国投资涉及武器、能源等内容时，投资必须满足具体条款对投资数额、投资比例、审批程序等作出的规定。

（三）德国外商投资安全审查制度的立法变迁

2004年《德国对外经济条例》是德国首次在立法中明确了关于国家安全审查的具体内容的修正案。其中第52条规定外国在投资德国特定领域和行业时，如果其获得的股份达到25%以上，必须向相关的政府机构申报并获得批准。德国联邦政府于2009年通过了对《德国对外经济法》的修订。该修订案支持对来自欧盟和欧洲自由贸易联盟以外的投资者进行审查，以确保德国的公共安全或秩序不受侵害。这次修订较为详细全面地规定了有关国家安全审查的内容，将限制扩大到所有的行业，并首次明确了监管部门——德国联邦经济与能源部。《德国对外经济条例》更多地涉及对外商投资安全审查制度相关规定的修订。如德国联邦内阁会议于2017年7月12日通过的《德国对外经济条例》修订案，增加了许多新的内容并对原有的部分条款予以细化，作出了明确规定，对德国外资并购国家安全审查体系作出了重大调整。一是延长了审查期限，由2个月变为4个月，同时增加了关于期限暂停的规定；二是严格规定对特殊领域的审查，区分对一般行业的审查和仅适用于特定敏感行业的审查。2018年12月通过的《德国对外经济条例》的修正案进一步降低了申报门槛，规定外资在德国并购若达到被收购方股份的10%及以上，需主动向联邦经济与能源部申报，该部有对该并购发起国家安全审查的职权；2021年9月通过的《德国对外经济条例》修正案则主要增加了对证券投资进行审查的规定。

二、德国外商投资安全审查制度的法律规定

德国外商投资安全审查制度，主要包括对审查对象的认定、审查标准的规定以及审查机构和审查程序的规定。

（一）德国外商投资安全审查对象

德国安全审查制度的法律规定，明确了外商投资以及外国投资者的概念，对于是否德国居民以及是否欧盟居民作出了不同的规定。

1. 德国外商投资的概念

《德国对外经济法》及《德国对外经济条例》是德国在对外贸易领域的基本法及行政法规，其调整德国对外经济的各个方面，自然也包括投资领域。但《德国对外经济法》及《德国对外经济条例》均未直接对外商投资作出定义，仅可以从具体法条中看到

对外商投资的描述，《德国对外经济法》第 15 条第 3 款第 1 项规定，合法交易，指的是投资者收购国内企业或直接或间接参与国内企业的交易。可以得知，德国法上的外商投资主要指的是两种行为：一是外国投资者对德国企业进行收购；二是外国投资者通过直接或间接方式参与德国企业（如签订债权契约等）的交易。

2. 德国外商投资者的概念

《德国对外经济法》在对对外交易中的专业概念进行定义时，未明确规定“外国投资者”的概念，其中涉及外商投资的规定包括外国的认定、被投资企业营业场所的认定。对外国的认定主要源于对德国居民身份的认定，《德国对外经济法》从属地原则出发，对外国居民作出了以下两种区分。

第一种是德国居民与非德国居民，顾名思义，非德国居民指的是德国以外的所有人。《德国对外经济法》第 2 条第 15 款规定德国居民包括 4 种：住所或通常居住在德国的自然人；总部或管理地点在德国的法人以及合伙组织；外国法人或合伙企业的分支机构（拥有管理机构和独立账户）在德国的，视为德国居民，以及在德国境内设有常设法人机构的，则该常设外国法人机构或合伙企业为德国居民。由此可知，外国指的是从事商业活动的非德国居民。

第二种是欧盟居民与非欧盟居民，德国在立法上将投资主体区分为欧盟居民和非欧盟居民，外商投资安全审查主要针对的是欧盟和欧洲自由贸易联盟以外的投资者，即非欧盟居民。现行的《德国对外经济法》第 2 条第 18 款规定，属于欧盟居民的为 4 种：一是住所地或经常居住地在欧洲的居民，二是在欧盟范围内成立的法人或合伙组织，三是在第三国成立但分支机构在欧盟且有单独的会计核算机构的法人或合伙组织，该分支机构可视为欧盟居民，四是在第三国成立但常设机构在欧盟且有管理部门的，该法人常设机构可视为欧盟居民。❶ 非欧盟居民根据《德国对外经济法》第 2 条第 19 款，是指欧盟居民以外的所有人、法人及合伙组织。❷ 由于德国属于欧盟成员国，因此，在德国存在的外商投资领域欧盟标准，在大多数领域，来自欧盟国家的居民向德国投资时享受和德国居民一样的待遇。

结合德国法上对外商投资的理解以及德国居民、非德国居民、欧盟居民及非欧盟居民概念的分析，可以推出德国法上的外国投资者从狭义上来说指的是收购德国企业或通过直接或间接的方式参与到德国企业中去的非德国居民；从广义上来说，外国投资者是收购德国企业或通过直接或间接的方式参与到德国企业中去的非欧盟居民。

（二）德国的外商投资安全审查标准

德国对于“国家安全”作了详细的规定，其范围主要分为基本国家利益与公共利益两类。

1. 国家安全的规定

《德国对外经济法》并未直接使用“国家安全”一词，但《德国对外经济法》明确规定了德国在对外经济活动中所要保护的利益。《德国对外经济法》第 4 条规定了在对外经济贸易活动中，法律法规可以限制法律交易和行为，也可以责令有关部门采取相关行动，具体包括 5 个方面：①确保德国的基本安全利益（die

❶ 《德国对外经济法》第 2 条第 18 款规定，欧盟居民指的是住所地或经常居住地在欧洲的居民，其法人或合伙组织是在欧盟范围内成立的法人或合伙组织，在第三国成立的但分支机构在欧盟且有单独的会计核算机构的该法人分支机构以及在第三国成立但常设机构在欧盟且有管理部门的该法人常设机构。

❷ 《德国对外经济法》第 2 条第 19 款规定，非欧盟居民则是指欧盟居民以外的所有人、法人及合伙组织。

wesentlichen Sicherheitsinteressen der Bundesrepublik Deutschland)；②防止对国家的和平共处产生干扰；③避免对德国对外关系的重大干扰；④确保德国或欧盟其他成员国的公共秩序或安全，以及《条例》附件规定所涉及的欧盟项目或计划的安全；⑤根据《欧盟运行条约》第36条，消除对国内或部分地区生存需求得以满足的威胁，从而保护人民的健康和生命。其中《欧盟运行条约》第36条、第52（1）条和第65（1）条分别规定的内容如下：根据“成员国之间应禁止对出口或进口的数量限制和所有具有同等效力的措施”的规定，不排除禁止或限制以公共道德、公共政策或公共安全为理由的进口、出口或过境货物；保护人、动物或植物的健康和生命；保护具有艺术、历史或考古价值的国宝；保护工业和商业财产。但是，这种禁止或限制不应构成任意歧视或变相限制成员国间贸易的手段。根据上述规定可以明确地得知德国在对外经济领域所要保护的国家利益具体包括哪些，并且从上述法律规定可以看出，德国立法并未直接使用“国家安全”一词，而是作出了更为具体的规定，如国家基本安全利益、国家同他国的和平共处、国家对外关系、国家公共秩序或安全等，其中国家基本安全利益和公共秩序或安全，是德国外商投资安全审查的核心。

2. 德国外商投资安全审查的范围

国家安全是国家的基本利益，是一个国家没有危险的客观状态，也就是一个国家既没有外部的威胁和侵害，也没有内部的混乱和疾患的客观状态。[1] 国家安全审查是对一切威胁到国家总体安全的事务加以审查、监测、预防和处置的行为。目前常说的“国家安全审查”制度，是指对外商投资的国家安全审查，这是有别

---

[1] 刘跃进：《国家安全学》，中国政法大学出版社2004年版，第21页。

于一般投资审批制的一种特别审查制度。[1] 但随着外商投资带来的风险增加，各国对外商投资安全审查的范围也在不断扩大。

德国外商投资安全审查主要针对的是收购德国国内企业以及直接或间接参与德国企业的行为，《德国对外经济法》第 5 条第 2 款规定，当投资存在着真正且足够严重的风险，德国的公共秩序或安全会因投资而受到威胁，影响社会的根本利益时，可特别对非欧盟投资者收购德国国内公司或在这类公司中持有股份的行为作出限制规定。

德国外商投资安全审查的重点是涉及德国国家基本安全利益和德国公共秩序或安全的投资。《德国对外经济法》第 15 条第 2 款规定，对收购国内公司或直接或间接参与国内企业达成的法律业务，是否有审查权需要根据第 4 条第 1 款、第 4 款及第 5 条第 2 款与根据该条例制定的一项法律条例相结合进行判断。该审查权由经授权的德国联邦经济与能源部行使，经联邦政府同意后可在某一期限内禁止相关投资。在整个审查程序结束之前，交易受到限制和约束，联邦经济与能源部在最后期限内可以对投资予以禁止。

（1）维护国家基本安全利益的审查。

对维护国家基本安全利益的审查内容由以下法条具体规定。《德国对外经济法》第 5 条第 3 款规定，为了确保德意志联邦共和国的基本安全利益，如果外商企业收购本国企业或外国人购买该企业的股份，则应特别施加第 4 条第 1 款第 1 节的限制或义务：（1）制造或开发战争武器或其他武器；（2）具有用于处理政府机密信息或 IT 安全功能组件的 IT 安全功能的产品已经制造或制造了

[1] 余劲松：《国际投资法》，法律出版社 2018 年版，第 134 页。

此类产品的基本组件，并且在整个产品均已获得联邦信息安全办公室的批准后，仍具有该技术。《德国对外经济条例》第 60 条第 1 款规定，联邦经济与能源部可以审查投资德国公司或直接或间接参与德国市场的行为。外商投资者可能威胁到德意志联邦共和国的基本安全利益，如该公司设计、制造、改装或实际控制出口清单第一部分 A 节所指的物项；开发、制造、改装军事技术货物；生产或开发用于处理政府信息等涉及信息技术安全功能的产品或技术；《德国安全审查法》第 1 条第 5 款第 2 项意义上的重要国防设施。可以得知，当外商投资涉及武器、国防、核心信息技术，可能对德国基本安全利益造成威胁时，需要对该投资进行审查，以确保德国基本安全利益不受侵害。

（2）维护公共秩序或安全的审查。

德国外商投资安全审查制度涉及公共秩序或公共安全时的审查内容如下。《德国对外经济条例》第 55 条第 1 款第 1 项规定，当外商投资涉及以下 27 个领域时，可能会对德国公共秩序或公共安全造成损害，德国联邦经济与能源部有权进行审查：①《德国联邦安全局信息技术安全法》规定的关键基础设施的经营者；②涉及《德国联邦安全局信息技术安全法》规定经营关键基础设施而专门设计的软件；③根据《德国电信法》第 110 条，涉及组织或实施法定措施的技术监测；④涉及云计算服务和用于云计算服务的基础设施；⑤涉及《德国社会福利法》规定的远程信息处理基础设施的组成部分或服务；⑥涉及传播广泛且影响力大的媒体经济；⑦涉及《德国国家通信法》规定的国家通信设施或技术；⑧设计或制造用于生产过滤非织造布的设备，该过滤非织造布可用作呼吸器和个人防护设备的起始材料；⑨开发、制造或售卖《德国药品法》意义上的药品；⑩开发或制造用于诊断、预防、监测、预测、治疗或减轻危及生命和高度传染性感染的医疗器械；⑪开发或制造涉及《德国医疗器械法》意义上的体外诊断设施或技术；⑫涉及《德国卫星数据安全法》第 2 条第 1 款第 4 项规定的高质量地球遥感系统的运营者；⑬开发或制造利用人工智能方法解决具体应用问题并能够独立优化其算法的产品；⑭开发或制造涉及自动驾驶、控制驾驶或导航功能的基本部件或必要软件；⑮机器人的开发或制造；⑯涉及微纳米技术以及半导体技术等；⑰以出售给第三方为目的开发或制造的信息技术产品；⑱设计或制造用于空间或空间基础设施系统的货物或技术；⑲开发或制造涉及欧盟第 2021/821 号条例附件一清单的产品或技术；⑳开发或制造量子学产品及技术；㉑设计或制造专门用于无线或有线数据网络操作的产品或技术；㉒涉及安全的智能电表等技术；㉓涉及以粉末为基础的金属材料制造等；㉔涉及受雇于《德国安全审查评估条例》第 5a、5b 或 9a 条所指的重要设施的人员；㉕涉及被欧盟委员会列入清单的用于加工或精炼的原材料或其矿石；㉖涉及《德国专利法》第 50 条规定的秘密专利或根据《德国实用新型法》规定的专利；㉗直接或间接耕种的农业面积超过 1 万公顷。其中第二项涉及“关键基础设施”的软件具体包括：以公众生活及生产需要的电力、燃气、燃料燃油、区域供热为内容的能源软件；以饮用水供应、分配、监管和污水处理、治理和监测为内容的软件 ；以粮食供应、食品生产和加工为内容的饮食软件；以语音和数据传输、数据存储与处理为核心的信息技术与电信软件；以住院医疗服务、直接维持生命的医疗产品、处方药品及实验室诊断分析为内容的健康软件；以现金供应、基于卡的支付交易、常规付款、证券和衍生金融工具的清算和结算、保险服务构成的金融与保险软件。

3. 德国外商投资安全审查的内容

(1)《德国对外经济法》及《德国对外经济条例》规定审查的内容

德国联邦经济与能源部有权对可能威胁“德国国家基本安全利益”“公共秩序或安全”的投资案进行审查，启动审查程序后，联邦经济与能源部首先进行的是初审，即对投资可能带来的影响进行判断，并在审查有效期内决定是否实施下一步全面审查。如果联邦经济与能源部决定进入全面审查，则须通知涉案企业递交全部投资材料。所需材料分一般材料及补充材料，补充材料内容由德国联邦经济与能源部决定，并在联邦公报上予以公示。

德国联邦经济与能源部需要审查的一般材料包括以下 14 项：①投资涉及方名称、地址；②投资前和投资后的占股比例说明；③投资涉及方的营业范围；④被投资企业是否属于涉密单位的说明；⑤被投资企业过去 5 年内与国家及州政府的商业往来说明；⑥投资涉及方的组织机构；⑦投资涉及方对第三方企业的直接和间接投资说明；⑧投资协议；⑨联合体协议（如有）；⑩投资后企业的近期、中期、长期经营战略计划，须包括关于德国公共秩序及安全方面的考量计划；⑪投资涉及方的商业注册文件；⑫投资涉及方近三年的财务报表及经营状况报告；⑬投资涉及方上级集团的近三年财务报表及经营状况报告；⑭投资涉及方授权代表的被授权证明文件。收到上述材料后如德国联邦经济与能源部认为材料不齐，可要求企业补交材料。

德国联邦经济与能源部根据企业上报的材料进行审查，分析投资是否会对德国国家基本安全利益、公共秩序或安全产生不利影响，并决定是否同意投资案生效。就德国外商投资安全审查所涉及的审查内容而言，部分投资者认为德国联邦经济与能源部审查得过于详细，对自身企业商业秘密、信息安全会产生不利影响。

（2）其他国内法律关于国家安全审查内容的规定。德国外商投资安全审查所涉及的领域不同，相关部门立法的规定也不同，其中部分法律如《德国反限制竞争法》《德国有价证券收购法》《德国电力和煤气供应法》规定了特殊的审查事项。

《德国反限制竞争法》规定投资者在收购德国国内企业全部，或绝大部分资产或股份，或直接或间接控制国内企业，或有对其他公司产生重大竞争影响的投资行为时，有单独提交申报材料的义务。收购德国国内企业全部或绝大部分资产，或取得一家或多家公司直接或间接控制权，或取得公司 50% 以上股份和 25% 以上有表决权的股份以及对其他公司产生重大竞争影响的投资行为时，需向联邦卡特尔局申报。《德国有价证券收购法》对上市公司的收购规定了由联邦金融服务监管局审核公开要约以及要约报告书是否符合要求，具体审核内容包括收购人与目标公司的名称、地址及法律形式、目标公司的有价证券代号及预定收购的数额、收购的价格等；《德国电力和煤气供应法》规定了能源行业资产转让时对申请人资格的审查，确保申请人有足够的能力保障能源行业的正常运行，避免对公共秩序或安全产生不利影响。该法第 3 条规定，能源行业资产转让时如申请人没有相关的专业人员、不具备专业技术设备和经济实力方面的要求，不能确保能源的长期正常供应，政府主管部门可不予批准该投资。

（3）德国外商投资安全审查涉及欧盟标准的规定。《条例》出台后，作为欧盟成员国的德国，将《条例》框架下的外商投资安全审查制度纳入其国内法体系中。如在公共秩序或安全的定义上，2020 年 7 月《德国对外经济法》修正案修改第 4 项为：确保德意志联邦共和国或欧洲联盟任何其他成员国的公共秩序或安全；保障欧洲议会第2019/452号条例第8条和2019年3月19日理事会第8条所指与欧盟感兴趣的项目或方案有关的公共秩序或安全。在审查范围上也与《条例》保持一致，将欧盟及其成员国需要特别考虑投资对安全或公共秩序的影响的三项因素也加入《德国对外经济条例》第55条第1项，即（1）外商投资者是否由外国政府直接或间接控制，或是否属于其他国家主导项目，或是否属于第三国致力于取得或转让关键技术的经济或政治战略；（2）外商投资者是否已参与影响成员国安全或公共秩序的活动；（3）是否存在可能影响成员国或欧盟的风险，包括供应干扰、供应失败、损失或毁坏。

同时，作为欧盟成员国，德国对外商投资进行安全审查的同时，也需要履行《条例》框架下的相关义务，如欧盟成员国的年度报告义务，该义务目的在于掌握欧盟成员国的外商投资情况、外商投资安全审查制度及审查案件情况，以保障整个欧盟地区的公共秩序或安全。德国作为欧盟的成员国，涉及外商投资安全审查的立法也要和欧盟相关法律保持一致。

（三）审查机构

《德国对外经济法》第15条对德国外商投资安全审查的审查机构进行了规定，确立联邦经济与能源部为主管机关、联邦政府为审批机关。同时根据外商投资涉及的领域不同，具体领域的负责部门也有可能作为辅助机关参与到外商投资安全审查中，如联邦内政部、联邦国防部、联邦外交部、军事部门、联邦金融服务监管局等。

1. 主管机关——联邦经济与能源部

《德国对外经济条例》第55条第2款规定，如果有合法交易要收购国内公司或直接或间接参与国内公司，有第4条第1款第4

项和第5条第2款以及根据这些规定发布的法律法规所列举的情形，由联邦经济与能源部进行审查，报联邦政府批准后，在一定时间内禁止收购。可知，联邦经济与能源部是德国外资投资安全审查的主管机关。

联邦经济与能源部原则上针对外商投资者收购或直接或间接参与德国企业达到25%以上股权时行使审查权。对涉及基本安全利益的投资以及涉及“关键基础设施”的投资、有关国防的投资、对有广泛影响力媒体行业的投资，当外商投资者投资达到10%以上有表决权的股份时，联邦经济与能源部要进行审查。联邦经济与能源部不仅可以决定是否对具体投资项目进行审查，同时也有权对被投资企业过去5年内订立的相关协议进行审查。根据《德国反限制竞争法》的相关规定，对于重大投资项目投资后是否会形成市场垄断的问题由联邦经济与能源部的下属机构联邦卡特尔局负责审批。通过审查，联邦经济与能源部针对不需要进行限制的外商投资项目开具“无异议证书”，针对需要进一步审查的项目经过全面审查后，联邦经济与能源部出具是否可以投资的意见。

2. 审批机关——联邦政府

联邦政府对德国外商投资安全审查享有最终审批权。联邦经济与能源部通过对投资项目进行审查，判断该投资是否会对国家基本安全利益、公共秩序或安全产生不利影响，若认为没有不利影响，联邦经济与能源部有权直接作出同意投资的决定；若认为有不利影响，联邦经济与能源部在作出不同意投资的决定后，需要报请联邦政府的同意，该决定才能正式生效。同时，联邦政府还享有对特殊敏感行业进行投资限制的权力，如限制外国公司对军工、银行、金融服务和保险等重要行业的投资，并且能源、通信等行业的资产转让需经联邦政府特批。

3. 辅助机关——其他相关机构

由于外商投资立法对不同领域的投资有不同的规定，导致德国在外商投资安全审查过程中需要多个部门的协作和配合，其中包括联邦内政部、联邦国防部、联邦外交部、军事部门、联邦金融服务监管局等。

《德国对外经济法》规定为保护德国基本安全利益，需要发布对外商投资限制的文件、条例时，联邦经济与能源部需要同联邦内政部、联邦国防部、联邦外交部达成一致协议。《德国战争武器控制法》规定，生产、购买、出售、进口、出口及运送战争武器须经军事部门批准。《德国有价证券收购法》规定，对德国上市公司的收购需要联邦金融服务监管局负责审核。实践中，与某笔具体投资有关的多个政府部门往往均会对投资风险进行评估并发表意见。

（四）德国外商投资安全审查程序

根据现行《德国对外经济法》及《德国对外经济条例》的规定，德国的外商投资安全审查程序为双层审查模式，从横向上看，根据审查的范围不同，审查适用的程序分为两种：一种是具体部门的国家安全审查；另一种是跨部门的国家安全审查。从纵向上看，审查程序分为两个阶段：第一阶段为初步审查投资项目是否存在威胁德国国家安全的可能；第二阶段全面审查投资项目是否影响德国的国家安全。

1. 具体部门审查

德国外商投资安全审查制度中的具体部门审查由《德国对外经济条例》第60条至第62条予以规定。具体部门审查的范围是可能对“德国国家基本安全利益”产生影响的投资。当外商投资规模达到德国国内被投资企业有股东表决权股份的 10% 时，投资方具有向联邦经济与能源部报告的义务。接到报告的联邦经济与能源部开始第一阶段的审查，联邦经济与能源部需要在两个月内完成初审，并作出不予启动进一步审查程序或进入第二阶段审查的决定。不予启动进一步审查程序意味着投资案通过；对于存在威胁德国国家基本安全利益的投资案，则需要进入第二阶段，由投资方提供完整的材料交联邦经济与能源部进行全面审查，并在 3 个月内作出决定，若联邦经济与能源部作出不同意投资的决定时，须征得联邦政府的同意。

2. 跨部门审查

跨部门安全审查制度规定在《德国对外经济条例》第 55 条至第 59 条中，该程序主要适用于对“公共秩序或安全”产生威胁的投资进行审查。原则上联邦经济与能源部对投资方投资后拥有被投资企业有表决权的股份达到 25% 时进行审查，如果被投资企业属于涉及关键基础设施、关键技术的企业和有影响力的媒体企业，则审查门槛变为投资方投资后拥有被投资企业有表决权的股份达到 10% 。跨部门审查程序的启动方式有以下两种：

当投资合同签署或者公布后，外商投资者可主动向联邦经济与能源部申请启动第一阶段的初审程序，以获得“无异议证明”，用于确认相关交易对公共秩序或安全的无害性。联邦经济与能源部在 2 个月内根据相关信息资料来确定是否需要进入第二阶段审查，若无须启动，则向外商投资者发放“无异议证书”，超过 2 个月不作出决定的视为同意发放“无异议证书”。

联邦经济与能源部也有权主动启动审查。《德国对外经济条例》第 55 条第 3 款规定，联邦经济与能源部只有在购买者进行了与第 55 条第 1 款所规定的投资有关国内企业的行为，从订立投资合同起或公布合同之日起3个月内可行使第1条所述的审查权，开始审查程序。联邦经济与能源部应在投资合同签署或公布之后的两个月内，进行第一阶段的审查。若联邦经济与能源部认为投资交易无须进行限制，则批准此次交易，否则进入第二阶段审查。联邦经济与能源部在投资方递交完整资料后的3个月内，进行审查并作出决定。若联邦经济与能源部作出不同意投资决定时，须征得联邦政府的同意。在第二阶段如果个别案例存在审查困难，联邦经济与能源部可以将审查期限延长2~3个月；如果收购特别影响德国的国防利益，而且联邦国防部在审查期限内向联邦经济与能源部声称存在这种情况，审查期限可以在延长2~3个月的基础上再延长1个月。

3. 两种审查程序的异同

根据《德国对外经济条例》，两种审查程序的相同点在于具体部门的安全审查程序和跨部门安全审查程序都由联邦经济与能源部来负责审查工作，不同意收购的决议均须得到联邦政府同意，同时因为涉及行业众多，因此在审查过程中均有可能有其他政府部门参与审查；审查程序都分为第一和第二两个阶段。

两种审查程序在审查对象、适用范围、审查门槛、是否有报告义务等方面均存在一定的差异，具体差异如表4-1所示。

表4-1 德国两种审查程序对比

	具体部门审查	跨部门审查
审查对象	德国以外的所有外国主体	非欧盟或非欧洲自由贸易区的外国主体
适用范围	以军工、IT技术等为主的特殊行业	关键基础设施领域和一般领域

续表

	具体部门审查	跨部门审查
审查门槛	收购有表决权的股份达到10%	原则上收购有表决权的股份达到25%，关键基础设施等达到10%
是否有报告义务	有报告义务	无报告义务（关键基础设施需报告），但BMWi五年内保留审查权

数据来源：根据德国安全审查制度自行整理。

三、德国外商投资安全审查制度的评价

德国作为欧盟成员国，立法要与欧盟法律接轨，《德国对外经济法》充分考虑了与欧盟法律的兼容性，并且与反垄断调查制度进行协调，共同成为德国保护国家利益及公共利益的重要法律工具。

（一）与欧盟法律的兼容性

欧洲一体化始于1951年欧洲煤钢共同体的成立，其最初目标是处理煤炭资源的生产。几年后，在1957年，欧洲国家在苏伊士运河危机之后创建了欧洲原子能共同体。这些最初的举措提供了一个共同的政策和具体的工具，其基础是赋予欧洲当局超国家的权力。在20世纪八九十年代，欧盟委员会主要致力于欧洲内部市场发展，并发布了几项指令，通过市场的自由化来追求欧洲的竞争力。❶

欧洲一体化的另一个里程碑是《里斯本条约》。该条约修改了

❶ Papież M，Śmiech S，Frodyma K. "The role of energy policy on the decoupling processes in the European Union countries"，*Journal of Cleaner Production*，Vol. 318，128484，2021.

构成欧盟宪法基础的以前的条约，能源在很大程度上成为欧洲机构和成员国之间欧洲政策的“共同权限”。该条约由欧盟成员国于2007年12月13日签署，2009年12月1日生效。[1]

一方面，每个主权国家都是制定、解释和适用法律的主体，同时在国际法上又处于平等的地位。在这种横向型的国际法律秩序下，绝大多数国际法规范都属于任意法规范。因而，作为国际法的制定主体，任何两个或者多个国家之间都可以而且有可能通过协定或者其他方式来变更或者不适用任何一项属于任意法规范的国际法规范。[2]

另一方面，欧盟法律所坚持的自主性、一致性、统一性、全面适用以及优先的原则是欧盟法院一直坚持的原则。[3] 以保护其最终权力不受国际公法的影响。事实上，2005年，在关于联合国安全理事会决议基于《联合国宪章》第103条的所谓最高地位的开创性的卡迪案中，欧盟法院明确指出，欧盟法律秩序的自主性和最高地位不能受到任何国际条约的影响。[4] 事实上，欧盟法院对欧洲人权法院和世贸组织上诉机构也表现出类似的态度。

具体到外国投资来看，随着《里斯本条约》生效，欧盟拥有对直接投资的监管权。根据《里斯本条约》第3条第1款中“关于欧盟立法权限”，欧盟对其成员国共同贸易政策拥有绝对的立法权限。而根据《里斯本条约》第207条，外国投资属于“共同贸

---

[1] 程卫东：“《里斯本条约》：欧盟改革与宪政化”，载《欧洲研究》2010年第3期，第1-17页。

[2] 徐树：“论当代国际法律秩序下的特别法优先原则”，载《武大国际法评论》2012年第1期，第31-53页。

[3] 程卫东：“法治：欧洲联盟的一个基本原则”，载《欧洲研究》2007年第2期，第33-46页、第156-157页。

[4] Yassin Abdullah Kadi and Al Barakaat International Foundation v. Council of the European Union and Commission of the European Communities, 2008, para. 77.

易政策”管控的范围。因此，德国在安全审查立法的过程中，要与欧盟层面的政策相吻合，要注意法律文本的适配与兼容。在《德国对外贸易法》第4节中使用的是“公共安全”一词，而不选择更常见的“国家安全”。德国将“公共安全”作为其国内安全审查立法的原则，避免与欧盟在法律规范上相冲突。《欧洲共同体条约》第56条规定了对欧盟成员国之间以及成员国与第三国之间资本流通的限制应该被禁止，而第58条第1款则规定欧盟成员国出于“公共秩序和安全利益”的原因可以作出对资本流动的限制性规定。因此，德国的立法很好地落在《欧盟共同体条约》的此例外范围之内。当然，根据欧洲法院的判例来看，其倾向于对第58条的规定作出严格的限制。成员国的法律对于外国投资出于“公共秩序和安全”的审查要符合“合理原则”。在《德国对外贸易法》第4节中强调，如若要禁止非欧盟成员国的投资，其理由必须是“对社会根本利益的严重威胁”。此外，在采取这些限制措施前必须向联邦政府通报并征得联邦政府的同意。上述法律规定，均是德国外商投资安全审查制度中为了符合欧盟法律中的“合理原则”而作出的规定。

（二）与反垄断调查的协调

在外商投资并购的过程中，安全审查与反垄断调查都是关键的审查机制，对于维护一个国家的公共利益与产业安全均有重要作用。安全审查与反垄断调查属于不同的审查机制，其内容与审查程序均有一定的区别，但在实践中，二者也有重要联系，往往是国家在具体外商投资并购中同时使用的法律工具。因此，二者的协调十分重要。

《德国反限制竞争法》于1958年订立，50余年间经历数次重要修订。《德国反限制竞争法》主要有禁止卡特尔、禁止滥用市场支配地位和控制企业兼并三大支柱。该法对市场经济中的垄断和不正当竞争行为、执法部门的职权与处罚措施及例外条款都作了严格的界定，是德国反垄断执行机构卡特尔局行使职能的主要法律依据。德国反垄断法的最大特点是采取行为主义控制模式，即承认垄断的合理性，但反对滥用垄断地位的竞争行为。德国将企业的垄断地位称为企业的“优势地位”，无论在立法上还是在司法实践中，德国都不禁止垄断企业的存在，而是禁止企业滥用其优势地位，因此，德国反垄断和反不正当竞争的重点是对垄断企业滥用优势地位的行为进行控制和监督。另外，在明确禁止订立违反公平竞争的卡特尔协议的同时，德国认为部分卡特尔协议虽有限制竞争作用，但对市场不一定产生明显影响，相反可能会有利于经济发展，其社会效益远远超过对竞争的妨碍，因而德国明确规定了许多反垄断调查的例外条款。《德国反限制竞争法》第 42 条第 1 款就规定了，在个别情况下，合并对整体经济利益产生的利益超过对竞争的限制和合并，符合重大的共同利益，经过申请，可以批准为联邦卡特尔局所禁止的合并。由此可以看出，虽然此处条款所用表述为“整体经济利益”，但究其内容，均属于“公共利益”的范畴，可以说，在反垄断调查与安全审查的过程中，德国政府主要的考量依据就是公共利益，在此基础上，两种审查机制实现了有机结合，相互协调，成为德国保护其国家利益的重要工具。[1]

2022 年，德国联邦经济事务和气候保护部提出了《德国反限制竞争法》的第十一次修正案的草案。此次修正案为联邦卡特尔局设置了一种新的干预权，使其可以在行业调查结束后通过干预

---

[1] 张怀岭：“德国外资并购安全审查：改革内容与法律应对”，载《德国研究》2018 年第 3 期，第 57 – 71 页。

文书命令迅速纠正扭曲竞争的行为。这种干预文书的设置将使得德国的竞争政策向更主动与积极的方向转变。与此同时，2021 年 5 月《德国对外贸易条例》第十七次修正案生效。新规定扩大了外商投资强制申报的范围，并针对国有企业作出了特殊规定。德国外商投资安全审查主要分为针对所有行业的跨行业审查和针对国防行业的特定审查。在跨行业审查中，新的修正案将 16 个新增行业纳入特定行业审查，调整了不同行业的申报门槛。就特定行业审查而言，修正案将《德国出口清单》第 A 节第一部分所列商品或曾经实际控制过该商品并仍掌握相关技术的目标公司纳入强制申报的范围。

可以看出，德国为了保护宏观经济环境，加强市场竞争，日趋加强反垄断及安全审查的机制，今后对于外商审查的协同效应将可能越来越强。

（三）安全审查制度发展迅速

随着全球新冠感染的大流行，对于健康产业关键基础设施的保护成为德国立法者关注的焦点问题。2020 年 4 月德国联邦经济部提交了《德国对外贸易条例》的第十五次修正案，修正案中主要关注健康相关产业的国家安全问题。这些变化旨在保护医疗保健部门的关键基础设施。在这样做的过程中，要考虑当前在新冠疫情流行背景下的发展，并确保持久维持有效的医疗保健系统。这些变化将扩大在投资评估中给予特别考虑的公司范围。新增的适用对象包括：开发或制造个人防护设备（如 FFP2 和 FFP3 口罩）；开发、制造确保向民众提供医疗保健必不可少的医药产品，或持有相应的上市许可；开发或制造用于诊断、预防、监测、预测、预后、治疗或缓解危及生命和高度传染性传染病的医疗器械；开发或制造体外诊断医疗器械，用于提供有关生理或病理过程或状况的信息，或建立或监测与危及生命和高度传染性传染病有关的治疗措施。

可以说，此次《德国对外贸易条例》修订的特点，集中体现在对第 55 条审查范围的扩展上。这是德国安全审查立法面对重大突发事件，迅速回应，并在法律条文中得以体现的明证。由于德国的安全审查制度能够较迅速地回应相关事件，所以其制度设计能够有效避免僵化，更加灵活地应对实践中可能出现的不同情况。

四、德国外商投资安全审查制度的司法实践

近年来随着外商投资的不断发展，外商投资进入德国的比重不断提高，2017 年有来自 3 800 多家外资企业成功完成了对德国的投资项目，其中有六成投资者来自非欧盟成员国，2017 年美国和中国在德国外商投资者中位列第一和第二，分别涉及 276 个和 218 个投资项目。大量外商投资项目进入德国，在推动其经济发展的同时，也使得德国部分尖端技术开始外流，这引起了德国的警惕，德国联邦经济与能源部加大了对外商投资的审查力度，2018 年共进行了 78 次审查，2020 年审查次数增加到 159 次。尽管德国不断严格外商投资的进入门槛，但其仍为欧洲主要的热门投资地，我国商务部2022 年发布的《2021 对外直接投资报告》显示，2021 年度德国为我国对欧盟投资的第一大成员国，投资额达到 27.1 亿美元，比上一年度增长97.1%，占中国对欧盟投资的34.5%。[1] 研究德国外商投资安全审查制度及相关实践，有利于总结经验，降低投资风险。

---

[1] 商务部、国家统计局、国家外汇局：“2021 年度中国对外直接投资统计公报”，中国商务出版社 2022 年版，第 49 页。

（一）美国投资集团收购德国霍尔瓦特公司案

德国外商投资安全审查制度最早出现在2002年美国投资集团（One Equity Partners，OEP）收购德国最大的造船企业霍瓦尔特公司（Howaldtswerke-Deutsche Werft，HDW）75%股份一案。最初美国投资集团获得了欧盟对该投资的允许，欧盟认为这项收购不会产生美国投资集团向中国台湾地区出售常规潜艇的不利后果。但后来发现美国投资集团是美国芝加哥第一银行（Bank One，以下简称美国第一银行）的子公司，根据相关调查，美国政府当时宣布愿意帮助中国台湾地区购买美国1950年起就已经停产的柴电发动机潜艇，而美国第一银行很可能与美国政府已经达成了某种协议，使得美国政府有可能通过这一投资间接向中国台湾地区销售柴电发动机潜艇，从而违背了《德国武器出口条例》明文规定的禁止向中国台湾地区出售武器的规定。同时，这件事引发了德国公众对美国公司是否会凭借该投资获得德国先进技术的担忧。这项投资最终遭到德国政府及欧盟的否决，2004年德国政府强令美国投资集团减持股份，并将德国霍尔瓦特公司与德国蒂森克虏伯造船厂（Thyssen Krupp Werften）予以合并，组建为新的蒂森克虏伯海洋系统公司（Thyssen Krupp Marine Systems，TKMS），允许美国投资集团在蒂森克虏伯海洋系统公司中保留25%的股份。

在该案之前，德国并没有关于外商投资安全审查制度的专门性规定，经过此案后，德国开始重新审视外商投资安全审查制度立法，推动了2004年《德国对外经济条例》修正案第52条的出台，该条规定外商投资者在投资德国特定领域和行业时，如果其获得的股份达到25%以上，必须向相关的政府机构进行申报并获得批准，该规定为此后德国外商投资安全审查制度程序的确立奠定了基础。

（二）安泰科技收购德国航天供应商德国科泰萨公司案

德国萨克森州的航空航天供应商科泰萨公司（Cotesa GmbH）2015年发布公告，有意出售部分股权，吸引了多国投资者。经过多轮交涉，北京高新技术公司安泰科技股份有限公司（以下简称安泰科技）最终脱颖而出，获得了取得多数股权的收购机会，2017年9月安泰科技与德国科泰萨公司签订《股权收购协议》，德国联邦经济与能源部随后就该案开展了审查，并于2017年11月后对该案进行深入审查。德国外商投资安全审查制度的重点是军备部门或关键基础设施，德国认为，德国科泰萨公司本身是航空航天供应商，而投资者安泰科技与中国钢铁研究集团相关联，为防止航空业专有技术外流，安泰科技对德国科泰萨公司的投资是否会威胁公共秩序或安全是德国安全审查制度的重点。

根据法律规定，该收购案适用跨部门审查程序，安泰科技在签订《股权收购协议》后主动向德国联邦经济与能源部报告，希望获得“无异议证明”。两个月后，德国联邦经济与能源部拒绝了安泰科技提交的请求，该收购进入了第二个阶段，开始了为期近7个月的审查，整个审查过程非常不透明，除德国联邦经济与能源部以外，参与审查的还有德国国防部、外交部、联邦总理办公厅等多个部门。2018年4月16日，德国联邦经济与能源部正式出具书面证明，认为安泰科技的收购对“德国的公共秩序或安全没有威胁”，以“通过审查”结束了程序。2018年5月17日，安泰科技发布公告称，公司参与设立的并购基金已经完成了对德国科泰萨公司的收购，德国科泰萨公司创始人仅保留25.1%的极少数股份。

从该案中可以看出，德国对于一些重点行业和关键领域执行较为严格的国家安全审查标准。该案是2017年《德国对外经济法》修正案出台后第一个通过德国安全审查的中国投资案,[1] 并经历了德国外商投资安全审查的两个阶段，最终取得了同意收购的决议。尽管该投资涉及德国重点保护的能源行业，但在整个审查过程中安泰科技积极应对审查，其间聘请了德国多名专业人士出谋划策，也是其收购最终成功的重要原因之一。

（三）吉利公司收购德国戴勒姆集团股份案

2017 年和 2018 年德国频繁修改《德国对外经济法》及《德国对外经济条例》，严格对外商投资审查。2017 年中国对德投资约 137 亿美元，2018 年下滑至 102 亿美元，同比下降 25%，这其中还包括总价高达 90 亿美元的吉利公司入股德国戴姆勒集团的交易。

吉利公司收购德国戴勒姆集团 9.69% 股权的特殊性在于该收购案并非由吉利公司直接收购，也并非直接从德国戴勒姆集团收购，而是采取了迂回战术的操作方案：收购方吉利公司委托包括兴业、摩根士丹利在内的投资银行牵头购买，最后再一次性交割给吉利公司；被收购的股份也并非从德国戴勒姆集团直接购得，而是由投行自 2017 年 11 月开始在二级市场采取直接买入和借股的方式收购德国戴姆勒集团的股票。在交易结构中，二级市场直接收购股份占到 4.9%，而剩余 4.79% 部分采取向对冲基金借股的方式进行。由于每天的交易量并没有大到会影响德国戴姆勒集团的股价，也没有达到必须披露的额度，所以整个过程并未被德国政府得知。到 2018 年 2 月 23 日，吉利公司公布收购德国戴勒姆集团 9.69% 股权，成为德国戴勒姆集团最大的股东。

这一行为完全出乎德国政府的预料，紧接着德国政府接连两次

---

[1] 寇蔻、李莉文：“德国的外资安全审查与中企在德并购面临的新挑战”，载《国际论坛》2019 年第 6 期，第 96－111 页。

表态，对这场股权收购表示质疑。因本案收购的股权比例并未达到《德国对外经济法》以及《德国对外经济条例》的规定，德国联邦金融监管局以吉利公司收购信息部分未在2月22日披露，违反《德国证券交易法》为由，展开调查，要求吉利公司补充披露。

至此，尽管收购之路一波三折，但吉利公司完成了对德国戴勒姆集团股权的收购已经成为不争的事实。通过复杂的交易结构，采用非传统的收购方式，吉利公司成功地回避了德国的国家安全审查，但是这样的案例很难出现第二次，德国势必对类似的案件更加警觉。

（四）国家电网对德国50赫兹公司的股份收购案

与吉利公司收购德国戴勒姆集团股份不同，国家电网对德国50赫兹公司的股份收购则以失败告终。2017年国家电网拟收购德国传输系统运营商德国50赫兹公司的股份，尽管该交易并未达到25%的股权收购申报门槛，但仍受到了联邦经济与能源部的审查。联邦经济与能源部认为输电网络符合《德国联邦信息安全局法》第2条第10款以及《德国确定关键性条例》第2条第1款意义上的关键基础设施，于是主动介入了审查。由于国家电网收购的股份未达到《德国对外经济法》及《德国对外经济条例》规定的25%的审查标准，故联邦经济与能源部在整个过程中并未直接通过否决程序来阻止国家电网的收购，而是依靠政府推动其他主体购买来达到目的。

投资案发生时，德国50赫兹公司由比利时电网运营商比利时以利亚公司和澳大利亚基建基金IFM共同所有，二者分别占有60%和40%的股份。第一次国家电网计划以8亿到10亿欧元收购澳大利亚基建基金持有的一半股份，即总计20%的德国50赫兹公司股份。但联邦经济与能源部间接介入了该笔投资，说服股东比利时以利亚公司行使优先购买权收购这20%的股份，国家电网第一次投资尝试失败。

比利时以利亚公司行使优先购买权后和澳大利亚基建基金分别享有80%和20%的股份，而澳大利亚基建基金选择继续出售手中剩余20%的股份，国家电网再次计划购买。比利时以利亚公司无再次接手的计划，联邦经济与能源部给出了过渡方案来实现对中方的干预，即由联邦政府委托银行收购德国50赫兹公司20%的股份，先由德国国有银行（德国复兴信贷银行）收购了拟出售股份，在未来再转售给联邦政府以寻找合适的投资者。[1] 国家电网的收购计划再次以失败告终。

国家电网公司之所以两次均希望投资德国50赫兹公司，是因为德国50赫兹公司在电网的稳定运行方面具有特殊的专业知识，除了常规发电厂的电能，可再生能源中馈入电网技术也较为成熟，和中国目前风能和太阳能的份额不断增加的趋势相吻合。德国方面对关键能源基础设施的保护比较敏感，既是防止德国国内关键技术外流，也忌惮中国国家电网的身份，即使收购份额未达到25%，联邦经济与能源部也实施了间接干预措施来阻止收购的达成。此案直接推动了2018年《德国对外经济条例》修正案的出台，明确与国防领域有关的基础设施，当投资者取得10%以上有表决权的股份时，联邦经济与能源部即可进行审查。

尽管迄今为止，尚未有被联邦经济与能源部作出禁止投资的案件出现，但通过上述案例可以发现，在涉及关键领域、敏感领

---

[1] Holger Vonderlind: "KfW erwirbt im Auftrag des Bundes temporär Anteil am deutschen Übertragungsnetzbetreiber50Hertz ". https://www. bmwi. de/Redaktion/DE/Pressemitteilungen/2018/20180727 - kfw - erwirbt - im - auftrag - des - bundes - te mporaer - anteil - am - deutschen - uebertragungsnetzbetreiber - 50hertz. html.

域或外商投资规模较大时，联邦政府较为谨慎，间接干预较多，未来中国对德国投资可能会面临更多挑战。

（五）美的集团收购德国库卡公司股份案

2016 年，以传统家电为主营业务的“低技术企业”美的集团斥资 46 亿欧元，成功收购在工业机器人制造领域拥有领先地位的德国库卡公司，该收购案广泛引发了德国对外国国家主导下的大规模战略性技术收购的担忧：如果背后有国家战略主导和直接资金支持，外国企业将能以高于市场的价格收购德国高技术企业，导致德国关键技术流失并扰乱市场秩序。

2016 年 5 月，美的集团正式向德国库卡公司发出收购要约。德国政府在口头上表达反对意见，时任德国联邦经济和能源部部长的加布里尔曾寻找其他欧洲企业来与美的集团竞标，但这些企业或者没有收购兴趣，或者无法提出更具有竞争力的价格，均未成行。由于美的集团收购的份额超过 80%，德国联邦经济和能源部对该收购案进行安全审查。不过当时德国还未出台《德国对外经济条例》第九次修正案，并未对高科技企业进行特殊法律保护，外资审查流程相对宽松且时间较短。此次交易涉及德国的高端科技，交易从一开始就引发了德国公众的争议。

为了消除德国库卡公司方面的疑虑。美的集团表现出了十足的诚意，除了高溢价的收购价格，还在投资协议中承诺，到 2023 年之前保证：①不搬离工厂、不裁员；②保护知识产权和商业伙伴信息；③不控制公司，维持上市公司地位；④提供研发资金支持；⑤保证董事会和企业运营的独立性。2016 年 8 月德国联邦经济和能源部宣布，该交易不会损害德国公共秩序和国家安全，在第一阶段审查后便批准了这笔交易。2017 年 1 月，美的集团完成对德国库卡公司的收购交割，总价 46 亿欧元，共购入 81.04% 的股份，至此美的集团持有德国库卡公司的股份达到 94.55%（并购前持有 13.5% 的股份）。德国库卡公司被美的集团收购后，2017 年的营业收入比上一年提高近 18%，达到 34.79 亿欧元，订单量比上一年提高 5.6%。但这并不代表德国库卡公司在美的集团的领导下走上了发展的快车道，德国库卡公司同年税前利润反而下降了 19.2%。2018 年 12 月，支持并购交易的德国库卡公司 CEO 蒂尔·罗伊特（Till Reuter）提前离任。这场人事变动引发德国库卡公司内部关于裁员和企业独立性的担忧。加之业绩不佳和全球汽车市场的低迷，2019 年德国库卡公司将缩减开支，并在德国裁员数百人，引起了德国社会的担忧。

德国库卡公司是全球工业机器人和生产自动化制造的领军企业，也被看作德国工业 4.0 的核心企业之一。美的集团作为我国发展前景较好的企业，收购德国库卡公司无疑提高了美的集团的核心竞争力。但加剧了德国人对自身核心技术外流的担忧，这次收购给德国政府敲响了警钟，成为德国政府收紧外资审查条件的直接原因。就在美的集团完成收购的同一年，德国联邦经济和能源部便提出对《德国对外经济条例》的修正案，进一步加大了对外商投资的审查力度。

（六）赛微电子公司收购德国汽车芯片制造商艾尔默斯案

北京赛微电子股份有限公司（以下简称赛微电子公司）成立于 2008 年 5 月 15 日，2015 年 5 月 14 日在深圳证券交易所创业板挂牌上市，该公司以半导体业务为核心，其重点业务为微机电系统工艺开发与晶圆制造。德国汽车芯片制造商艾尔默斯（Elmos Semiconductor SE，以下简称德国艾尔默斯公司）成立于 1984 年，于 1999 年上市，是一家知名的车规级半导体公司。它开发、制造和销售各类互补金属氧化物半导体（Complementary Metal Oxide

Semiconductor，CMOS）芯片及传感器芯片。公司产品范围涵盖汽车高速网络通信接口芯片、微机电系统（Micro-Electro-Mechanical System，MEMS）芯片等，用于汽车行业的混合信号技术中的专用集成电路和半导体芯片领先全球。

为进一步推动半导体技术在汽车领域的发展，2021 年 12 月 14 日，赛微电子公司旗下全资子公司瑞典燧石公司（Silex Microsystems AB）与德国艾尔默斯公司签署《股权收购协议》，瑞典燧石公司拟以 8450 万欧元（其中含 700 万欧元在制品）收购德国艾尔默斯公司的汽车芯片制造产线相关资产。根据《股权收购协议》的约定，德国艾尔默斯公司于 2021 年 11 月 25 日在德国成立一家新的特殊目的公司，该公司用于承接包括德国艾尔默斯公司在汽车芯片制造产线相关资产和相应的员工、现有的服务合同、供应协议、雇佣合同以及与生产线相关的其他权利和关系。收购完成后，这家新成立的公司将成为瑞典燧石公司的全资子公司。

2022 年 1 月，瑞典燧石公司向德国联邦经济与能源部提交了该笔投资的相关材料，本次审查持续了近 10 月。最初德国经济与能源部倾向于批准该笔投资，一方面该笔投资所涉及的制造技术不属于德国艾尔默斯公司的最新技术，为投资生产线生产晶圆片所采用的技术，在实践中已经不再被德国艾尔默斯公司使用；另一方面促成该笔投资将对德国艾尔默斯公司所在地多特蒙德的就业问题提供帮助，时任多特蒙德市市长的韦斯特法尔曾公开表示，禁止瑞典燧石公司收购德国艾尔默斯公司将会威胁到 225 个就业岗位。但由于该笔投资涉及半导体及芯片制造技术，时任德国经济与能源部部长的哈贝克向联邦政府建议，必须格外敏感地审视对待半导体和芯片在内的关键性产业。加之 2021 年由于供应链问题导致芯片断供，德国汽车工业曾被迫一度部分停产，该收购案涉及极为敏感的芯片技术，最终在2022年11月9日，德国联邦内阁根据《德国对外经济法》禁止了该笔投资，赛微电子公司及瑞典燧石公司收到了德国联邦经济与能源部发布的关于禁止瑞典燧石公司收购德国艾尔默斯公司汽车芯片制造产线相关资产的正式决定文件。[1]因为该禁令，原本应接近尾声的收购交易无法继续并完成。

与该笔投资同时被否决的还有我国投资者对位于巴伐利亚半导体企业（ERS Electronic）的投资，该公司同样为半导体企业，且被誉为“半导体制造业提供温度管理解决方案的领导者”。同时否决两起对半导体企业的投资，反映了德国政府对半导体领域投资的审慎态度。半导体领域往往涉及尖端技术，而半导体领域决定着科技与经济主权，关系着国家安全和关键基础建设，这也使得通过《德国对外经济法》对针对半导体领域的外商直接投资进行的安全审查的日趋严格，对某笔涉及半导体领域的投资采取限制性措施被认为无法确保公共秩序或安全不被威胁，因此更多禁止投资的决定文件被出台。

第二节　法国外商投资安全审查制度

法国于2005年对外商投资设立了敏感行业的事先审批制度，

---

[1] 《德国政府禁止中企在德收购两家芯片企业》，https：//www. dw. com/zh/% E5% BE% B7% E5% 9B% BD% E6% 94% BF% E5% BA% 9C% E7% A6% 81% E6% AD% A2% E4% B8% AD% E4% BC% 81% E5% 9C% A8% E5% BE% B7% E6% 94% B6% E8% B4% AD% E4% B8% A4% E5% AE% B6% E8% 8A% AF% E7% 89% 87% E4% BC% 81% E4% B8% 9A/a－63695857，访问时间：2022年12月31日。

并于2012 年、2014 年、2018 年及2019 年进行多次改革。通过出台新的政令和法令，法国一直在努力平衡跨国投资企业利益和国家利益之间的关系。

一、法国外商投资安全审查制度概述

出于对公共利益的考虑，法国在《法国货币与金融法》中出台了针对外国直接投资的安全审查制度，该制度在数十年间历经变革，已经成为一套成熟的制度。

法国的安全审查制度，是以“经济爱国主义”为理论基础，以国家发展过程中政府对国家经济的把控，以及经济发展中的关键产业的变化作为经济基础而逐渐构建起来的。

（一）理论基础：经济爱国主义

2005 年，时任法国总理的多米尼克·德维尔潘（Dominique de Villepin）将在一体化市场中捍卫地方特权称为“经济爱国主义”。让人想起李斯特的经济民族主义，认为经济选择应该与对自己祖国的关注联系起来。[1] 在大衰退之前，这个术语出现在政策精英的政治词汇中，说明了国际市场一体化和空间上有限的政治任务之间的深刻矛盾。

尽管经济爱国主义是一个陈旧的概念，但目前的经济爱国主义出现了一些新的变化。当今的经济爱国主义是对经济治理的重新配置和市场的相互依存的回应，这是在布雷顿森林体系瓦解，20 世纪 80 年代欧洲一体化深化后经济自由化的发展中充分体现出来的。市场的一体化和自由主义倾向给国家经济干预带来了压力，

---

[1] Clift B，Woll C. “Economic patriotism：reinventing control over open markets”，*Journal of European public policy*，Vol. 19，No. 3，307 - 323，2012.

使其放弃了旧式的产业政策。因此，政府不得不以新的手段来保证传统的经济政策目标。

2005 年，美国百事集团有意收购法国的达能公司。法国政府立即采取措施，力图打消美国的收购意图。同年，法国政府再次强调“经济爱国主义”的重要性，并援引该理论，为法国保护本国重要企业提供理论支撑。在该理论的指导下，法国开始着手制定法律，以保护国内产业安全，防止国家重要企业被外国投资者收购。在实践中，法国的“经济爱国主义”理论不断发展，并最终形成法国国家安全审查的理论背景。

（二）经济基础

法国是世界主要经济强国之一，与美国、日本、德国、意大利、英国等国并列。二战后大部分时间一直持续到 20 世纪 70 年代中期，法国的经济增长速度飞快，这一时期通常被称为辉煌的 30 年。在 20 世纪 70 年代石油危机之后，法国增长率大幅放缓，失业率大幅上升。然而，到 20 世纪 80 年代末，强劲的经济增长再次显现。这种趋势一直持续到 21 世纪，之后速度有所放缓。[1]

二战后，法国的经济结构发生了显著变化。虽然在 20 世纪 50 年代农业和工业是主导部门，但第三产业（主要是服务和行政）已成为国家财富的主要创造行业。尽管私营部门占主导地位，但法国的混合经济传统根深蒂固。历届政府都有对经济进行干预的历史，以保护或促进不同类型的经济活动，这已清楚地反映在该国的国家计划和国有化行业中。在二战后的几十年里，法国经济以一系列国家计划为指导，每个计划都涵盖四到五年的时间跨度。

---

[1] French Economy Dashboard, https://www.insee.fr/en/outil-interactif/5543645/tableau/10_ECC/15_FIN.

因此，在法国的经济发展过程中，政府作为一个重要角色，始终在或多或少地对经济发展作出控制，因此，随着国家利益的发展，法国也渐渐构建符合自身发展的国家安全审查措施。

二、立法历程

根据《法国货币与金融法》(Code monétaire et financier，CMF)第 L 151 -1 条的一般规则，法国与国外的金融关系是自由的。然而，《法国货币与金融法》第 L 151 -1 条中规定的“投资自由”受到某些例外的限制。这些限制措施是为了确保国家利益，特别是公共政策、公共安全和国防利益不受破坏。出于对保护公共利益的考量，法国在 1966 年于《法国货币与金融法》中出台了第一套针对外国直接投资审查的程序。该审查程序在数十年间历经变革，现已成为一套成熟的制度。该制度明确，经济和财政部(French Ministry)会对涉及某些“受保护的行业”或“敏感行业”的外国投资交易进行审查，而被审查的交易需要得到主管部门的批准才能进行。[1]

《法国货币与金融法》为审查在法国的外国投资提供了主要法律依据。特别是，《法国货币与金融法》第 L 151 -1 条至 L 151 -4 条和第 R 151 -1 条至 R 153 -12 条规定了对外国投资的安全审查。在这方面，法国法律根据投资的各个部门区分申报要求和事先获得批准的要求。在所谓非敏感部门进行的外国投资只需简单申报即可。相比之下，在《法国货币与金融法》认为具有“敏感”或“特别敏感”性质的行业进行的外国投资必须事先获得该部的批准。

---

[1] Olivier，Gonzalez. “La crise de la Covid -19 interrompt la dynamique de baisse des délais de paiement de 2019.” *Bulletin de la Banque de France*, Vol. 233，No. 2，2021.

起初，法国的外国投资安全审查制度仅限于少数商业活动，特别是赌博、私人保安服务、武器、战争设备和涉密类型的投资。然而，由于2014年5月14日第2014－479号法令、2018年11月29日第2018－1057号法令和2019年5月第2019－486号法令的货币与金融法修正案，法国审查和限制外国投资的权力大幅增加。

历史上，法国审查外国直接投资的相关规定（《法国货币与金融法》第L 151－1条至L 151－4条和第R 151－1条至R 153－12条）必须同时参照欧盟法院的判决来进行分析。欧盟法院在判决书中指出，法国的投资审查及授权制度因对物质投资的定义过于宽泛和模糊，不符合欧盟关于资本自由流动的条约规定。据欧盟法院表示，法国以前的投资审查制度违反了法律确定性原则。在这方面，应强调的是，根据《法国货币与金融法》，任何关于在法国经济非保留领域进行外国直接投资的申报或得到事先授权的要求已被放弃。但是，这种投资部门的划分并没有减少对外国在法国投资的控制，而是表示希望把控制集中在战略活动领域。

上述欧盟法院判决的直接后果是，法国立法者对“外国投资者”提出了明确而准确的定义，并规定了受法国经济部审查的投资部门的明确概念。

三、法国外商投资安全审查制度的法律规定

法国外商投资安全审查制度的具体法律规定，主要包括管辖的范围、“外国投资者”的定义、审查程序、豁免、审查结果以及可以援引的法律保障。

（一）受审查的经济领域

根据法国中央银行的说法，外国直接投资“是由一个经济体的直接投资者进行的一种跨境投资，目的是在与直接投资者不同

的经济体的企业中建立持久利益”。这是一个相当宽泛且没有法律约束力的定义，在很大程度上反映了经合组织的基准定义。因此，投资者需首先评估其投资计划是否构成《法国货币与金融法》第R151－2条定义下的外商投资。根据该条规定，外商投资是指外国投资者取得位于法国的公司控制权或取得位于法国的公司部分业务的行为。值得注意的是，在实践中，取得公司控制权的行为应作广义理解，包括从法律上或事实上、直接地或间接地以外国公司或所设法国特殊目的公司取得对法国目标公司控制权的行为。即使通过并购行为成为目标公司的小股东，若其有权指定目标公司法定代表人或根据章程对公司战略性决策享有最终决定权，此亦构成取得控制权的定义。此外，若非欧盟成员国的投资人，取得法国目标公司超过25%的表决权，此举也构成法国法下的外商投资。

除此之外，根据行业的“敏感性”程度，对控制权取得的衡量标准也有所不同。例如，投资人参股一家对法国军工领域有控制权的法国企业，出于对法国国家利益的保护，即便该投资人在法国企业所占股比很小且无权指定公司法定代表人，或者没有控制公司股东会或者通过协议实际控制该公司，法国仍将此类针对法国企业的参股行为视作投资人与其他股东共同对法国企业控制权的间接取得。因此，投资者在作投资决定之时，还需考虑目标企业所在行业领域的敏感性程度。

具体来说，法国法律严格区分所谓敏感行业和特别敏感行业。若目标企业的业务涉及下列范围，则无论该项业务是否属于公司主营业务，该公司均属于敏感行业：①特种行业，如博彩业的企业（赌场除外）；②与公共权力有关或者对公共秩序有影响，如提供私人安全服务的受监管企业、处理窃听和邮件拦截设备的企业等；③信息数据类行业，如与管理关键基础设施的公共或私营公司的信息系统安全相关的企业，此外还有一些与军民两用技术产品和服务相关的企业。[1]

而“特别敏感”的行业则是涵盖了对于国家安全以及公共利益更加相关的行业。具体来说，此类行业包括了涉及提供密码类型商品和服务的企业；持有国防机密资料的企业；涉及研究、开发和销售用于军事目的或战争的武器类或其他受限制材料的企业；涉及与法国国防部相关的关于军民两用物品业务的公司等。

此外，随着全球科技及产业的发展，法国政府渐渐将一些新兴领域也纳入保护范围。除了国防、公共秩序与公共安全等传统保护领域，法国逐步增加了信息安全相关产业，如网络安全、人工智能、机器人、半导体等领域的研究和发展的企业；能源安全，如能源供应、水资源、能源运输等企业；粮食安全，如农产品生产、加工与销售等企业。

（二）“外国投资者”的定义

有关投资审查规定的适用性和范围在很大程度上取决于每个个案中“外国投资者”的类别。在这方面，法国法律区分了三类“外国投资者”。需要强调的是，投资审查程序适用于私人投资者和国有企业，也适用于主权财富基金。

第一，根据《法国货币与金融法》第 R 153 -4 条，欧盟成员国或欧洲自由贸易联盟国家的国民或在欧盟成员国有办事处的法人实体或居住在另一个欧盟成员国的法国国民都有资格成为“欧盟投资者”。

第二，法国法律中没有明确的“非欧盟投资者”的法律定义。

---

[1] Cf. Article R 153 -2 nos. 8 -14.

因此，可以从欧盟投资者的定义出发，非欧盟投资者是指非欧盟国民的自然人或在欧盟或欧洲自由贸易联盟国家内没有办事处的法人实体或居住在欧盟以外的法国国民。

第三，外国控制的法国投资者是法国2012年第691号行政令在安全审查制度中引入的新概念。外国控制的法国投资者是指在法国有注册办事处，但由法国以外国家的公民控制的实体，注册办事处位于法国境外的公司和居住在法国境外的法国公民。

（三）外商投资安全审查程序

原则上，在对上述任何敏感或特别敏感部门进行投资之前，投资者有义务将计划中的投资通知法国经济财政部，并必须获得批准。需要强调的是，法国经济财政部的批准是相关交易的先决条件。一项投资是否需要授权取决于多种因素。在这方面，法国法律规定了两步做法。首先，必须审查相关投资是否构成《法国货币与金融法》意义上的经营（公司形式的投资）。其次，要确定投资的相关领域。当然，这种方法的最终解释和应用取决于每个个案中适用的投资者类型。因此，下面的解释根据“外国投资者”可能的类别进行细分。

对于欧盟投资者，首先需要审查该投资是否构成《法国货币与金融法》第R 153－3条含义内的操作。根据本条规定，有两种可能的投资业务，可能需要经过安全审查：①直接或间接拥有一家注册办事处位于法国的公司的控制权；②收购注册办事处位于法国的公司的全部或部分活动（业务）分支。如果投资不属于这些业务之一，则不需要授权，适用自由准入的一般原则。但是，如果投资涉及上文所提并购行为，随后需要确定该投资是否可被视为敏感或特别敏感部门。在此基础上，根据《法国货币与金融法》第R 153－4条，在直接或间接获得控制权的情况下，只有当投资涉及“特别敏感”部门时，才需要事先获得法国经济财政部的授权。在收购公司的全部或部分分支的情况下，则无论投资涉及“敏感”或“特别敏感”部门，均需要事先获得法国经济财政部的授权。如果《法国货币与金融法》第R 153－3条所指的投资不属于任何相关部门，则可以自由进行投资。

对于非欧盟投资者，除了上述两种投资业务，还包括直接或间接单独或联合持有一家法国上市公司25%的投票权。对于非欧盟投资者的投资，不需要区分不同的投资操作。关于投资者是否需要经过法国经济财政部授权的问题，唯一的决定性因素是该投资是否属于任何“敏感”或“特别敏感”部门的范围。

外国控制的法国投资者受到的限制要少得多，因此在投资业务方面享有更多的自由。根据《法国货币与金融法》第R 153－5条，外国控制的法国投资者的投资仅在涉及收购注册办事处位于法国的公司的全部或部分分支的行为，并属于任何“特别敏感”部门的范围时才需要获得额外的授权。

法国外商投资安全审查制度没有规定向法国经济财政部提交授权申请的固定强制性期限。但是，外国投资者有义务最迟在相关交易达成之前向法国经济财政部提交授权请求，即“正式确定双方协议，如签署合同、公布公开招标或收购构成对法国直接投资的资产”。

首先，该部应在收到授权请求后30天内就以下3项具体事项作出答复：①出具声明，对所请求的投资没有必要进行授权；②无条件批准所要求的投资；③发表声明，声明有必要进行额外审查，以确定有条件授权是否足以保护法国的国家利益。其次，如果该部认为有必要进行额外审查，则应在45天内批准或禁止有关请求；如果该部未能在上述时限内作出答复，则该请求将被视为被拒绝。应当强调指出，法国的审查制度提供了一种非正式的“快速通道”选择。根据《法国货币与金融法》第 R 153 - 7 条，允许外国投资者向法国经济财政部提交申请，以确定计划中的投资是否需要事先获得政府批准。[1] 此外，需要明确强调的是，根据法国第 2018 - 1057 号法令，这一“快速通道”选项现在也适用于目标公司。法国经济财政部有 2 个月的时间对这一要求作出答复。然而，法国经济财政部未作出回应并不意味着授权将被视为批准。

授权申请必须包含以下有关投资者、目标公司和实际投资本身的信息：①如果投资者是法人实体，则需要提供具有最终控制权的个人和公共法人实体的名称、地址和信息，如果投资者是上市公司，则需要申报已知拥有 5% 以上股份或表决权的股东的身份，以及董事会成员的姓名和地址，在投资者是基金的情况下，则需要申报基金经理的身份；②目标公司的公司名称、法定地址、注册证书或注册号、业务活动的详细信息，以及最近一个会计年度的营业额和业绩；③投资方面，需要详细说明拟经营前后的股权结构、剩余资本的购买选择权以及投资的总金额等内容。

在授权过程中，保密信息受各个受监管部门适用的法律保护。此外，根据法国 2018 - 670 号法令，未披露的商业信息和商业秘密享有特别保护，防止被非法使用和披露。但是，在整个审查过程中，外国投资者可以自由地得到协助，可以得到公共关系和政治顾问或游说团体的帮助。

如上所述，为了保障国家利益，特别是公共政策、公共安全和国防方面，法国法律中所载的“投资自由”的法律原则有某些例外。在这方面，法国经济财政部有义务确保外商投资不违背

---

[1] Hindelang, Steffen, and Andreas Moberg, eds. *YSEC Yearbook of Socio - economic Constitutions 2021: Triangulating Freedom of Speech*. Springer, 2022, p. 111.

国家利益。必须强调的是，法国法律中没有对国家利益的概念作出法律定义。因此，法国经济财政部在批准或拒绝外商投资方面拥有高度的自由裁量权。此外，由于有意将相关受监管部门定义得非常宽泛，因此向外国投资者提供的可预测指导很少甚至根本没有，法国经济财政部的自由裁量权进一步得到增强。但是，法国经济财政部的决定权不限于批准或拒绝授权请求，也有权在一定条件下给予授权。无论如何，所施加的条件必须符合相称原则。

在作出最终决定之前，在评估相关事实的过程中，法国经济财政部会与其他法国政府机构或行政当局进行磋商，并有权进一步寻求外国当局的协助，特别是在对外国投资者在申请过程中提交的信息进行核实方面。

（四）豁免

根据《法国货币与金融法》第 R 153 -6 条，某些类型的投资活动豁免授权要求。特别是，如果投资是在属于同一集团的公司之间进行的（集团内部投资），即同一股东直接或间接持有超过50% 的资本或投票权的公司之间进行的，授权应被视为授予，除非投资的目的是转让“敏感”活动的全部或部分分支。此外，先前已获授权收购战略部门公司控股权的投资者，在直接或间接增加其所有权权益，超过该公司 33.3% 的股票和投票权的情况下，也不受授权要求的约束。❶

（五）审查的结果

全面审查结束后，法国经济财政部将作出三种不同决定：①予以无条件批准的决定（在此阶段该决定较为罕见）；②附条件许

❶ Article R 153 -6 - Ⅱ MFC.

可决定，即投资者须同时遵守其向法国政府作出的相应承诺；③不予批准决定。事实上，不予批准决定在实践中并不常见，因为在申请资料的准备阶段，投资者即可通过专业机构的评估提前预知前置审批申请是否会受到法国行政当局的拒绝。新法令明确了政府部门在此阶段期限内未作出决定即视为其申请遭到拒绝。然而，此种做法将与《法国货币与金融法》第 R 151 - 10 条规定的否决原则有所冲突。

如果外国投资者不遵守法国经济财政部要求的命令继续投资，将会受到严厉的行政处罚。首先，投资者的投资行为将视为无效。事实上，法国经济财政部还拥有一系列无须司法介入的行政手段来维护其规定得以遵守，具体包括：①强制性行政命令，包括命令呈递前置审批申请、命令还原到投资前状态、命令变更投资行为等，该命令可附带每延迟一天 50 000 欧元的罚款；②中止投资者所占目标公司股权对应的表决权及收益权；③中止、限制或禁止投资者使用目标公司特定资产；④指派特派员“监督国家利益的保护”，该特派员有权阻止公司内部机构任意决议的实施。当事人若持续违背法国经济财政部的命令，还将受到以下最高额罚款：①投资额的双倍罚款；②目标公司年营业额 10% 的罚款；③处以法人 500 万欧元及自然人 100 万欧元的罚款。值得注意的是，违反前置审批的相关规定还会对外国投资者将来进入法国敏感行业进行投资产生不利影响。

此外，在不遵守禁令的情况下，法国经济财政部可撤销先前授予的授权，并要求外国投资者剥离涉及的全部或部分敏感活动，或执行最初的许可条件，或采取措施恢复交易前的初始情况。

（六）法律保障

投资者可以在法国行政法院对法国经济财政部发出的拒绝批

准的负面决定提出疑问。根据《法国货币与金融法》第L151－3－Ⅲ条，法国经济财政部关于外国投资授权的决定须经行政法官的全面司法审查（recours de plein contentieux）。法官可以废除或确认一项行政行为的有效性。此外，法官有权修改法国经济财政部的决定，甚至用新的决定来取代它。此外，法官可以命令法国政府向外国投资者赔偿因负面决定而造成的损失。

四、法国外商投资安全审查制度的新发展

自2020年4月1日起，就非欧盟与非欧洲经济区投资者进行的投资活动而言，触发法国外商投资审批要求的股权门槛将从33.33%下调至25%。此外，“敏感行业”的范围将扩大至包括与下列项目有关的业务：①涉及政治和一般信息的媒体服务；②有助于实现国家食品安全目标的农产品；③量子技术；④能源存储。新出台的措施还修改了审查程序的适用时限，并明确了申报所需提供的信息。

（一）现有制度的管辖范围再度被扩大

法国的新外商投资安全审查制度重新界定了需要获得事前审批的外商投资的范围。该制度如今适用于外国投资者收购“受法国法律管辖的法律实体”的交易。此前，《法国货币与金融法》的原规定适用于注册地址位于法国的企业，而新规定适用于受法国法律管辖的所有法律实体，覆盖范围延展至无法人资格的组织或销售代表处。

如果非欧盟或者非欧洲经济区的投资者对受法国法律管辖的法律实体的投资达到25%的表决权的股权门槛，且目标公司在战略性行业开展业务，则该投资将触发申报要求，无论是直接或间接持有该等股份。而此前的股权门槛为33%。

在投资于外商投资法规管制的任何战略性行业前，投资者或目标公司可以向法国经济财政部部长提交初步请求（rescript），请求其确认拟议投资是否需要获得前置审批，这一操作在新的制度下依然可行。新法令还允许目标公司在任何时点均可请求法国经济财政部部长出具意见（而无须再根据现行做法等待至签约之后），从而确定其交易是否需获得外商投资前置审批。

（二）扩大了战略性行业的范围

此前适用于欧盟/欧洲经济区投资者的战略性行业的范围较窄，而新法令取消了这一差异，至此，外商投资管控制度不再对欧盟/欧洲经济区投资者和非欧盟/非欧洲经济区投资者在投资行业上加以区分对待，因此将大幅扩张适用于欧盟/欧洲经济区投资者的战略性行业的范围。此外，战略性行业的范围也整体扩大，以涵盖其他行业。

新法令将审批制度的范围扩大至以下业务活动，包括农产品的生产、加工和销售，只要其有助于实现国家食品安全目标，确保提供充足且安全、健康、多样化和高品质的食品，保护和改善农田，支持法国和欧盟自主供应食物；涉及政治和一般信息印刷品以及在线新闻服务的编辑、印刷、分发；量子技术（利用分子、原子甚至更小粒子之间的相互作用来用于计算机、电信、卫星导航、智能手机、医疗诊断）以及能源存储。

（三）审批程序时间缩短

如适用前置审批制度，申报人（可以为股权控制结构中的任何投资者）必须提交前置审批申报。法国经济财政部部长将在收到申报后30个工作日内通知提交申报的投资者下列任一结果：拟议投资不属于法国外商投资管控的范围；拟议投资获得无条件批准；拟议投资需要进行进一步审查。

在原制度项下，如法国经济财政部部长在期限届满前未作出决定，申报应视为获得默示批准。而新制度则规定，如法国经济财政部部长在期限届满前未作出决定，交易将被视为禁止。如决定进行进一步审查，法国经济财政部部长将在45日内向投资者提供其最终决定。最终决定包括禁止或批准（批准可以附加条件/承诺），如在第二阶段的审查期限届满前未作出决定，申报仍将被视为禁止。为更好地对任何拟议投资进行分析，目标公司或投资者仍可向法国经济财政部提交初步书面请求，确定拟议投资是否需要获得前置审批。法国经济财政部部长必须在2个月内回复该请求。

（四）法国经济财政部部长的权力一直在增强

继《条例》通过并确立外商直接投资的审查框架之后，针对投资者违反法国外商投资规定的行为，2019年5月的《推动企业增长与转型行动计划》（《PACTE法》）已经强化了惩戒制度并拓宽了其范围：如果投资者未经事先批准进行投资，经济财政部部长有权根据《PACTE法》颁布命令和禁令。

经济财政部部长如今有权要求投资者：①提交审批申报；②对投资进行修改；③自费恢复至投资前原有状态。如果投资者违反了其作出的承诺，经济财政部部长还有权根据《PACTE法》要求投资者采取补救措施。经济财政部部长可以要求违法投资者在规定时限内：履行承诺，或遵守新的附加条件（包括撤销投资或出售敏感业务）。经济财政部部长还可以撤回先前作出的批准。在这种情况下，除非投资者决定撤销其投资，否则需重新提交审批申报。如果公共秩序、公共安全或国防利益受到损害或可能受到威胁，经济财政部部长还有权采取临时措施，以迅速救济该情况。措施包括暂停投资者在目标公司中的投票权，阻止或限制向外国投资者分派股息，甚至在目标公司内指派临时代表以确保国家利益的维护。

根据2019年12月的修改法案，经济财政部部长对前置审批申报的审查将越来越细致，并逐渐向投资者施加其他的附加条件。在过去的实践中，经济财政部部长经常要求投资者提供有关其自身和目标公司市场规模的信息。外商投资规定适用范围的扩大将必然导致申报数量的增加，这可能会造成审批时间的进一步迟延。但是，经济财政部部长向来采取适当且务实的审批方法，目前决定禁止交易的情况仍然极为罕见。从事跨境交易的投资者需要意识到，近来越来越多的国家收紧外商投资管控，无疑将对并购交易带来新的挑战，并导致审批时限延长、交易执行风险增加以及披露要求增加。

五、法国外商投资安全审查制度的司法实践

法国安全审查的具体案例中，美国通用电气公司收购法国阿尔斯通在经过讨论与修改之后，得以成功，而泰莱达科技公司（Teledyne）收购光子公司（Photonis）则是首例直接禁止的外资并购案例。

（一）美国通用电气公司收购法国阿尔斯通案

2014年4月30日，通用电气公司（General Electric，GE）表示正在谈判以大约130亿美元收购阿尔斯通热能、可再生能源和电网业务。通用电气公司是由托马斯·爱迪生创立的美国公司，在全球范围内从事能源、金融、航空航天、制药等业务。阿尔斯

通是一家法国工业集团，活跃于能源和运输（主要是铁路）领域。从企业收入来看，它是通用电气公司的规模的1/5。对于通用电气公司而言，此次收购是其历史上最大的一次收购，是一次在其公用事业转向天然气发电厂时扩大能源规模的机会。对阿尔斯通来说，出售其能源资产将产生明显收益。通过这次收购，阿尔斯通可以偿还沉重的债务。

但对于法国政府而言，通用电气公司的提议仍然无法接受。法国政府试图使用不同的手段阻止通用电气公司的计划。首先，在德国政界人士的支持下，法国政府向德国企业西门子公司发出邀请，邀请该公司以竞争收购者的身份加入此次并购谈判。其次，在5月15日，法国政府扩充现有《法国货币与金融法》的文本，该法规要求外国投资事先获得部长授权。如果国家利益受到威胁，新文本现在涵盖非欧盟公司在能源、运输和电子通信领域的投资。如果通用电气公司要收购阿尔斯通，它将必须获得部长级批准，并可能附加条件。[1]

在持续的谈判与沟通过程中，通用电气公司和西门子公司都在修改他们的并购合同。西门子公司提出与三菱重工和日立合作，与阿尔斯通建立“联盟”。在这种变体中，法国政府将持有阿尔斯通10%的少数股权。但在6月19日，通用电气公司、阿尔斯通和法国政府签署了一份议定书。通用电气公司将以123.5亿欧元收购阿尔斯通能源公司的全部股份。与此同时，通用电气公司将通过设立三个合资企业与阿尔斯通建立一个“企业联盟”，包括在可再

[1] Petit, Nicolas. “State - Created Barriers to Exit? The Example of the Acquisition of Alstom by General Electric.” *The Example of the Acquisition of Alstom by General Electric* (*February* 17, 2015). *Competition Policy International* 11.1 (2015): 96 - 111.

生能源领域双方各占一半的合资企业；在电网领域双方各占一半的合资企业以及核电站领域占比为 80% 与 20% 的合资企业。核电合资公司须遵守具体安排。政府将受益于优先股和公司管理权以及重要事项否决权以保护国家利益。此外，通用电气公司承诺将其运输信号业务出售给阿尔斯通，并与通用电气公司建立全球铁路联盟。最后，通用电气公司在未来 3 年内将在法国增加 1 000名员工，并将电网、水电、海上、风能和蒸汽业务总部留在法国。6 月 21 日，阿尔斯通的董事会推荐了通用电气公司的并购邀约。

与此同时，法国政府一直在就购买阿尔斯通股份进行谈判。6 月22 日，拥有阿尔斯通 29% 股份的布伊格电信公司同意将其中 20% 的股份（包括投票权）借给法国政府。布伊格电信公司还同意以事先商定的价格向法国政府出售股份，期限为 20 个月。有了这部分股份，法国政府将成为阿尔斯通的主要股东，但不是多数股东。11 月5 日，法国经济财政部部长正式批准重组后的协议。

通用电气公司收购阿尔斯通的案例表明，国家干预可能影响市场的竞争条件。特别是，虽然传统的市场准入研究将这种国家安全审查视为保护国内企业的措施，但从这个案例看出，国家干预也可能损害国内企业。在这个例子中，法国政府的措施阻止阿尔斯通离开它声称要退出的能源市场，从而加重了企业的负担。在强有力的安全审查政策的支持者呼声越来越高的时候，这一点应该得到重视。此外，国家对并购的干预可能会削弱并购控制制度的效力，因为它剥夺了反垄断机构通过谈判解决竞争问题的能力。

当然，法国的国家安全审查只适当地改变了通用电气公司和阿尔斯通谈判的交易模式，而不是直接拒绝了此次并购。这种选择最大限度地保护了国家核心利益，并且保障交易正常进行。

（二）美国泰莱达科技公司收购法国光子公司案

光子公司总部位于法国梅里尼亚克，是一家拥有 1 000 多名员工的法国中型公司。它专门从事技术开发和光增强设备的生产。这些技术和设备被法国核工业企业和法国军方使用，包括用于夜视仪和用于核武器测试模拟的兆焦耳激光器。光子公司由法国阿尔迪安基金公司所有，该基金打算出售其股份。

美国泰莱达科技公司是一家在纽约证券交易所上市的美国企业集团。它分为四个主要部门，分别是数字成像、仪器仪表、工程系统以及航空和国防电子。作为美国和法国军队的供应商，美国泰莱达科技公司有兴趣接管法国光子公司，并已在 2020 年第一季度与法国阿尔迪安基金公司进行独家谈判。美国泰莱达科技公司收购法国光子公司属于外国投资者收购敏感领域的法国公司，因此受到法国政府特别是法国军方的特别关注。2020 年 3 月，法国政府试图通过推动法国泰雷兹集团和法国赛峰集团接管法国光子公司来强加替代购买者，但没有成功。随后，法国阿尔迪安基金公司、美国泰莱达科技公司和法国政府重新开始讨论，以达成维护法国战略利益的谅解，这些讨论没有取得成功。2020 年 12 月 18 日，法国军方通过新闻稿告知，法国政府将禁止美国泰莱达科技公司继续收购法国光子公司，并着手研究替代解决方案。

这是法国政府首次禁止外国并购的交易。到目前为止，它一直试图劝阻外国投资者开展类似业务，或者以禁令相威胁促使投资者对业务进行调整，以维护法国的战略利益。这一否决是向国际投资者发出的一个信号，旨在提醒它们，不应再对法国的外商投资安全审查掉以轻心。相反，交易各方，包括投资者、卖方、银行顾问和律师都必须将这种安全审查制度纳入并购交易的考虑范围，以避免遭到法国政府的禁令反对。这一否决向欧洲以外国家发出警告，告知它们法国政府打算保护其战略公司和企业免受外国收购。

总 结

外商投资是一把“双刃剑”，会给一国的政治、经济、社会、文化等方面带来正面和负面的双重影响。外商投资进入一个国家会在一定程度上对其本土企业造成冲击，同时也带来了一定的安全风险隐患。因此，需要在对外商投资的影响进行分析的前提下研究外商投资安全审查制度的必要性及其独特功能。

目前，外商投资安全审查制度在美国、欧盟等国家和地区陆续建立。在坚持投资自由化的同时，美国、欧盟等国家和地区通过立法及制定相关政策对外商投资适用了不同的审查措施，以期保护国家的政治、经济利益不受影响。鉴于这些国家和地区在安全审查制度探索过程中积累了很多经验，因此，有必要通过对其现有外商投资安全审查制度进行横向比较，以期为我国相关领域的立法提供参考，并对我国在美国、欧盟及其成员国进行投资的企业提供法律指引，避免因遭受外商投资安全审查而导致投资失败的风险。

美国、欧盟等国家和地区的外商投资安全审查制度可以从 4 个方向进行比较分析，包括机构设置、程序设置、范围设置和救济途径。

第一，美国、欧盟等国家和地区对于外商投资安全审查制度的机构设置方面主要分为两大类。第一类是采取“多部门共同参与”的模式。这种模式考虑到针对不同行业的外商投资，需要有专业的部门进行分析与评估，同时还出于外商投资安全复杂性的考虑，最大限度地满足保护国家利益的需要。但与此同时，这种模式也可能导致各部门职能重叠、审查过程中部门间协调不足以及审查跟踪的持续性欠佳等问题。采取这种模式的国家主要包括德国、法国等。第二类则是通过设立专门的审查小组或者审查委员会，同时邀请相关部门参与审查的模式。采取这种模式可以兼顾外商投资安全审查的专业性和复杂性，同时保持良好的审查跟踪的持续性。采取这种模式最典型的国家就是美国。

第二，美国、欧盟等国家和地区对外商投资安全审查的程序设置基本坚持“效率与效果兼顾”的原则。首先，大部分国家都将安全审查时间控制在60天之内，力求在最短的时间内完成审查，从而保证外资的自由流动。其次，由于外商投资所涉及的领域繁多，在具体的审查过程中，需要考虑不同部门的实际效率及工作量，因此，均视情况设定了一定的延长期限。例如，美国规定外商投资安全审查时间为45日，特殊情况可再延长15日。最后，还有一部分国家将不同性质的外商投资安全审查制度进行区别，例如，法国除了一般的外商投资安全审查规定，还设有“快速通道”的相关规定。

第三，美国、欧盟等国家和地区对于外商投资安全审查的范围设置也有所不同。美国在《现代化法案》正式生效之后，对于特定领域的安全审查十分重视，具体来说，一是关键技术领域，包括关系国家利益的武器技术、军民两用技术以及新兴领域技术等；二是关键基础设施领域，包括美国企业拥有、运营、制造、供应或服务的重要信息系统或者行业基础设施等；三是敏感个人数据领域，包括金融数据、位置信息、健康数据等；四是军事等专门设施附件的房地产项目领域。此外，也有国家或地区主要关注特定的外商投资额度，如德国规定收购德国企业 10% 以上的股权或投票权的投资需要接受外商投资安全审查等。

第四，美国、欧盟等国家和地区外商投资安全审查制度中救济途径的设置也有所不同。有些国家明确规定了外商投资安全审查程序的司法救济途径，如美国。举例来说，中国企业三一重工集团在美国通过司法途径，起诉时任美国总统奥巴马，并最终胜诉。但是由于外商投资安全审查制度的特殊性，美国规定该制度的救济仅限于程序方面，救济途径非常有限。与之相比较而言，欧盟明确规定了除外商投资安全审查程序的司法救济途径以外，外商投资者还可以援引资本自由流动的安全例外条款等内容来寻求救济。总之，一方面，规定外商投资安全审查的救济途径的国家尚属少数；另一方面，外商投资安全审查的救济手段比较单一。因此，外国投资者不应仅仅依赖救济途径来挽回投资，更应该在投资进入之前，将外商投资安全审查风险纳入可行性分析中。

自 2011 年，我国吸收和借鉴美国、欧盟等国家和地区的外商投资安全审查制度的经验及教训，先后颁发了一系列涉及国家安全审查的法律类文件，建立起以国家发展和改革委员会与商务部为主的部际联席会议制度，对外资并购进行国家安全审查。其中包括《国务院办公厅关于建立外国投资者并购境内企业安全审查制度的通知》（以下简称《通知》）❶、《商务部实施外国投资者并

---

❶ 《国务院办公厅关于建立外国投资者并购境内企业安全审查制度的通知》（国办发〔2011〕6 号），网址：http：//www. gov. cn/zhengce/content/2011 - 02/12/content_1622. htm，访问日期：2021 年 1 月 9 日。

购境内企业安全审查制度的规定》（以下简称《规定》）[1]、《自由贸易试验区外商投资国家安全审查试行办法》（以下简称《自贸区试行办法》）[2]。这一阶段的规定仅针对“外商并购投资”，而不包括其他外商投资行为。2019 年 3 月 15 日由十三届全国人大二次会议表决通过并于 2020 年 1 月 1 日生效的《中华人民共和国外商投资法》是我国外商投资领域的专门性立法，明确了国家要建立外商投资安全审查制度，与此同时由国务院颁布并于 2020 年 1 月 1 日生效的《中华人民共和国外商投资法实施条例》也对外商投资安全审查制度进行了规定，明确对影响国家利益的外商投资行为进行审查。2020 年 12 月 19 日中国国家发展和改革委员会正式颁布了《外商投资安全审查办法》（以下简称《办法》）[3]，明确我国外商投资审查既包括直接投资也包括间接投资，国家发展改革委设置工作机制办公室专门负责外商投资安全审查工作；在审查范围上，主要审查两类：一是对涉及军工国防的投资；二是对重要领域的投资。[4] 在审查门槛上，针对重要领域进行投资审查的标准

[1] 《商务部实施外国投资者并购境内企业安全审查制度的规定》(2011 年第 53 号)，网址：http：//www. mofcom. gov. cn/article/zcfb/zcblgg/201108/20110807713530. shtml，访问日期：2021 年 1 月 9 日。

[2] 《自由贸易试验区外商投资国家安全审查试行办法》（国办发〔2015〕24 号），网址：http：//www. gov. cn/zhengce/content/2015 -04/20/content_9629. htm，访问日期：2021 年 1 月 9 日。

[3] 《外商投资安全审查办法》(2020 年第 37 号令)，网址：http：//www. mofcom. gov. cn/zfxxgk/article/xxyxgz/202112/20211203230801. shtml，访问日期：2021 年 1 月 9 日。

[4] 《外商投资安全审查办法》第 4 条第 1 款：下列范围内的外商投资，外国投资者或者境内相关当事人（以下统称当事人）应当在实施投资前主动向工作机制办公室申报：(一) 投资军工、军工配套等关系国防安全的领域，以及在军事设施和军工设施周边地域投资；(二) 投资关系国家安全的重要农产品、重要能源和资源、重大装备制造、重要基础设施、重要运输服务、重要文化产品与服务、重要信息技术和互联网产品与服务、重要金融服务、关键技术以及其他重要领域，并取得所投资企业的实际控制权。

是投资主体取得实际控制权，而实际控制权的认定标准为外国投资者持有企业 50% 以上股权或对企业具有重大影响。审查程序上，我国的外商投资安全审查分为一般审查和特殊审查，对于审查范围内的投资，外国投资者在实施投资前应向工作机制办公室提交审查材料，并由工作机制办公室在 15 日内决定是否进入审查程序；若决定进行审查，则进入为期 30 天的一般审查程序；工作机制办公室审查认为不影响国家安全的则允许投资，否则进入特别审查程序；特别审查应当自启动之日起 60 个工作日内完成；特殊情况下，可以延长审查期限。我国外商投资安全审查结果均由书面作出，共分为三种：允许投资、不允许投资、附条件允许投资。在书面审查结果作出前，当事人不得实施投资行为。为鼓励外商投资，《办法》还对投资者补充材料、修改投资方案等问题进行了规定。总体来说，《办法》显著扩大了外商投资安全审查的范围，是我国构建和完善符合中国国情，且更好应对国际局势变化的最新立法实践。《办法》的出台表明，中国的外商投资安全审查制度更加规范。

根据中国商务部的数据统计来看，2021 年全年，全国新设立外商投资企业 47 647 家，实际使用外资 1 809. 6 亿美元，同比增长 21. 2% ，占全球比重为 11. 4% 。❶ 2021 年全国外商投资企业进出口总值 21 717 亿美元，占全国进出口总值的 35. 9% 。1—11 月，外商投资企业进口额 10 187 亿美元，占全国进口总额的 37. 9% ；出口额 11 530 亿美元，占全国出口总额的 34. 3% 。截至 2021 年，主要投资来源地对华投资规模保持稳定。按投资者国籍或注册地统计来看，对华投资前 15 位的国家（地区）新设企业数合计为

---

❶ 中国外资统计公报 2022，http：//images. mofcom. gov. cn/wzs/202211/20221102151438905. pdf，访问日期：2022 - 12 - 21。

38 080家，占当年我国新设外商投资企业总数的79.9%；实际投资金额合计1 697.1亿美元。对中国内地投资前十位国家和地区依次为：中国香港特区（1 317.6亿美元）、新加坡（103.3亿美元）、英属维尔京群岛（52.8亿美元）、韩国（40.4亿美元）、日本（39.1亿美元）、美国（27亿美元）、开曼群岛（24.6亿美元）、中国澳门特区（21.9亿美元）、德国（16.8亿美元）、英国（12.0亿美元）。从上述数据可以看出我国2021年外商投资额上升迅速，对外开放持续发力，营商环境持续优化，因此对境外长期资本形成了较强吸引力。在此背景下，我国需要加强对外商投资安全审查的持续研究，他山之石，可以攻玉，积极借鉴别国外商投资安全审查制度的经验，可以为我国相关制度的发展与完善提供参考意见。

同时，与外商对华投资相比，中国企业对外投资也发展迅速。2022年11月，中国商务部、国家统计局和国家外汇管理局联合发布《2021年度中国对外直接投资统计公报》（以下简称《公报》）。《公报》显示，2021年全年，中国对外投资总量达1 788.2亿美元，比上年增长16.3%，连续十年位列全球前三。具体来看，在租赁和商务服务、批发零售、制造、金融、交通运输等领域，对外投资的总量均超过百亿美元。从上述数据可以看出我国2021年对外投资额度稳步上升，企业"走出去"前景广阔。然而，随着国际经贸领域的不断发展，目前美国和欧盟等国家和地区的外商投资安全审查渐渐成为我国企业对外投资过程中需要重视的法律问题。我国企业在对外投资过程中可以从以下3个方面着手应对外商投资安全审查制度。

第一，企业要及时关注美国、欧盟等国家和地区的外商投资安全审查制度的发展动态，熟练掌握投资目标国家的外商投资安全审查的最新规定，在规划投资项目时做到心中有数。外商投资安全审查制度发展变化较为迅速，企业必须及时跟进，才能最大限度地避免因外商投资安全审查可能导致的投资失败。具体来说，在实体法层面，企业需要充分了解投资目标国家外商投资安全审查的具体规定，如美国 2020 年发布了《现代化法案》的实施细则，扩大了外商投资安全审查的范围，对于关键技术行业的投资就需要格外谨慎。只有提前了解这些规定，企业才能及时优化投资方案和投资策略，慎重选择投资方式和投资领域。在程序法层面，首先，企业需要积极了解投资目标国家外商投资安全审查的流程，如非正式磋商、提交申报的时间节点以及如何提交快速申报的通道等。企业只有在熟悉了投资目标国家的外商投资安全审查制度的程序性规定之后，在需要进行外商投资安全审查时，方可从容应对。其次，企业可以通过了解投资目标国家外商投资安全审查制度的救济途径，在面对于己不利的审查结果的情况下积极寻求救济。不少国家和地区赋予了对本国外商投资安全审查制度的合法性开展司法审查的权力，外国投资者应当明确投资目标国家外商投资安全审查中关于救济的途径、期间等规定，充分利用既有救济机制提供的法律保障，减少东道国政治因素对投资的干扰。

第二，我国企业需要提高主动申报意识，通过与投资目标国家的安全审查主管部门积极沟通，将我国企业的投资目的和投资效果向东道国说明，以降低相关国家的顾虑。

第三，我国对外投资的企业需要做好对外投资的尽职调查。我国企业可以充分借助当地机构、国际商会、国际投资团队、专业化律师事务所等，重点对被投资企业的企业发展历史、资本状况、经营范围及相关许可证照、分支机构、资产状况、知识产权、重大合同、重大诉讼等内容进行全面的了解。尽职调查完成后，可结合相关信息，对具体投资风险进行评估。投资企业应将所了解到的被投资者情况、投资涉及的行业、投资目标国家外商投资安全审查政策相结合，整理出具体投资涉及的风险点、可能产生的不利影响、是否存在补救措施、投资整体成本状况等。此外，企业不仅要注意投资目标国家的风险评估，同时也要了解被投资企业是否在其他国家或地区有子公司或分公司或开展相关商业活动，如有类似情况，我国投资企业也必须对相关情况进行全面风险评估，充分考虑外商审查带来的不确定性，为投资活动的开展安排宽裕的时间，加强企业自身的合规意识与应对能力。

参考文献

（一）著作类

[1] 赫德利·布尔．无政府社会：世界政治秩序研究［M］．张小明，译．上海：上海世纪出版集团，2015.

[2] 李英，罗维昱．中国对外能源投资争议解决研究［M］．北京：知识产权出版社，2015.

[3] 李英，于迪．国际投资政治风险的防范与救济［M］．北京：知识产权出版社，2014.

[4] 刘跃进．国家安全学［M］．北京：中国政法大学出版社，2004.

[5] 唐勇．跨国公司行为的政治维度［M］．上海：立信会计出版社，1999.

[6] 王东光．外国投资国家安全审查研究［M］．北京：北京大学出版社，2018.

[7] 王东光．外国投资国家安全审查研究［M］．北京：北京大学出版社，2018.

[8] 王小琼．西方国家外资并购国家安全审查制度最新发展及其启示［M］．武汉：湖北人民出版社，2010.

[9] 余劲松．国际投资法［M］．北京：法律出版社，2018.

[10] 张庆麟．公共利益视野下的国际投资协定新发展［M］．北京：中国社会科学出版社，2014.

[11] Charles Wolf, Gregory S. Jones, Scott Harold. China's Expanding Role in Global Mergers and Acquisitions Markets [M]. RAND, 2011.

[12] Danzman S B. Merging interests: when domestic firms shape FDI policy [M]. Cambridge: Cambridge University Press, 2019: 34.

[13] Dimopoulos A. EU foreign investment law [M]. Oxford: OUP Oxford, 2011.

[14] Katzenstein P J. Regions in Competition: Comparative Advantages of America, Europe, and Asia [M] //America and Europe in an Era of Change. Routledge, 2019: 105 - 126.

[15] Mangold, P. National Security and International Relations [M] 1st ed. London: Routledge. 1990: 25.

[16] Martin T, Susan T. Selling Our Security [M]. London: Penguin Books, 1993: 12.

[17] Moran T H. Three threats: An analytical framework for the CFIUS process [M]. Washington: Peterson Institute, 2009.

[18] OECD. Benchmark Definition of Foreign Direct Investment [M/OL]. 4th Ed. Paris: OECD Publishing, 2009: 17 [2020 - 11 - 20]. https://doi.org/10.1787/9789264045743 - en.

[19] Pinto P M. Partisan investment in the global economy: Why the left loves foreign direct investment and FDI loves the left [M]. Cambridge: Cambridge University Press, 2013: 42.

［20］ Promoting and Managing International Investment：Towards an Integrated Policy Approach ［M］. London：Routledge，2020.

［21］ Romm J J. Defining national security：the nonmilitary aspects ［M］. New York：Council on Foreign Relations，1993：24.

［22］ Sarkesian S C，Williams J A，Cimbala S J. US national security：policymakers，processes，and politics ［M］. Boulder：Lynne Rienner Publishers，2008.

［23］ Wallace C D. The multinational enterprise and legal control：host state sovereignty in an era of economic globalization ［M］. Leiden：BRILL，2021.

［24］ Wolf C，Chow B G，Jones G S，et al. China's expanding role in global mergers and acquisitions markets ［M］. Santa Monica：Rand Corporation，2011.

［25］ YSEC Yearbook of Socio – economic Constitutions 2021：Triangulating Freedom of Speech ［M］. Berlin：Springer，2022：111.

（二）论文类

［1］ 车书明．法国外商投资法律制度体系介绍 ［J］. 中国对外贸易，2014（03）：54 – 55.

［2］ 陈珺．《欧盟外商直接投资审查条例》对中国的影响及其应对 ［J］. 中国商论，2019（23）：113 – 115.

［3］ 陈若鸿．欧盟《外国直接投资审查框架条例》评析 ［J］. 国际论坛，2020，22（01）：129 – 141，160.

［4］ 程卫东．《里斯本条约》：欧盟改革与宪政化 ［J］. 欧洲研究，2010，28（03）：1 – 17.

［5］ 程卫东．法治：欧洲联盟的一个基本原则 ［J］. 欧洲研究，2007（02）：33 – 46，156 – 157.

［6］杜仲霞．美国外资并购国家安全审查制度及对我国的启示：兼评三一重工、华为在美投资并购受阻案［J］．现代经济探讨，2013（03）：74－78.

［7］冯维江，张宇燕．新时代国家安全学：思想渊源、实践基础和理论逻辑［J］．世界经济与政治，2019（04）：4－27，154－155.

［8］高友才．经济全球化：生成、利弊、对策［J］．郑州大学学报（哲学社会科学版），2001，34（06）：41－45.

［9］韩龙．美国对外资并购的国家安全审查制度：中国之借鉴［J］．江海学刊，2007（04）：133－138.

［10］贺丹．企业海外并购的国家安全审查风险及其法律对策［J］．法学论坛，2012，27（02）：48－55.

［11］胡雪妮．论欧盟外资安全审查制度及其改革［D］．上海：华东政法大学，2019.

［12］胡子南，吕静．英法德三国外商直接投资国家安全审查制度比较研究［J］．德国研究，2020，35（03）：23－36，160.

［13］胡子南．德国加强外商直接投资审查及对华影响：基于《对外经济条例》修订的分析［J］．现代国际关系，2019（06）：10－18.

［14］胡子南．欧盟首次推出 FDI 安全审查机制的影响及其应对［J］．社会科学，2019（10）：42－51.

［15］黄进，张爱明．在美国的收买投资与国家安全审查［J］．法学评论，1991（05）：48－52.

［16］蒋璇芳，张庆麟．欧盟外国直接投资审查立法研究：从产业政策的角度［J］．上海对外经贸大学学报，2019，26（02）：84－98.

［17］寇蔻，李莉文．德国的外资安全审查与中企在德并购面临的新挑战［J］．国际论坛，2019，21（06）：96－111，158.

［18］冷帅．欧盟外资监管和安全审查立法的评估与应对：基于《建立外国直接投资监管框架条例》的分析［J］．现代法学，2019，41（06）：194－209.

［19］李军．《欧盟建立外资审查框架条例》评析：以竞争为视角［J］．吉林工商学院学报，2020，36（03）：83－87.

［20］李少军．国际关系大理论与综合解释模式［J］．世界经济与政治，2005（02）：22－29，4－5.

［21］连增，王颖，孙文莉．特朗普政府投资领域国家安全审查制度的新变化及其趋势解析［J］．国际论坛，2019，21（02）：112－124，158－159.

［22］梁忠前．“国家安全”概念法理分析［J］．江苏社会科学，1995（04）：77－82.

［23］刘一展，张海燕．欧盟外商直接投资审查条例改革对中国的影响及对策［J］．区域经济评论，2019（05）：96－103.

［24］刘禹．主权财富基金“去政治化”监管的困境与路径：以美国国家安全审查对国有实体投资监管为视角［J］．北方法学，2020，14（03）：99－110.

［25］罗碧凝．法国外资准入法律制度研究［D］．上海：上海外国语大学，2020.

［26］马光．论国际法上网络安全的定义和相关国际规则的制定［J］．中国政法大学学报，2019（03）：64－78，207.

［27］欧阳卓飞．经济全球化与企业境外投资［J］．中南财经政法大学学报，2003，138（03）：109－113.

［28］潘德勇．欧盟外资并购国家安全审查制度对中国的启示

[J]. 湖北经济学院学报, 2013, 11 (03): 115-122.

[29] 彭勃. 德国外资并购国家安全审查研究 [D]. 北京: 中国青年政治学院, 2015.

[30] 漆彤, 余茜. 从新自由主义到嵌入式自由主义: 论晚近国际投资法的范式转移 [M] //刘志云: 国际关系与国际法学刊: 第4卷 (2014): 厦门: 厦门大学出版社, 2014: 201-217.

[31] 漆彤. 论外商投资国家安全审查决定的司法审查 [J]. 武汉大学学报 (哲学社会科学版), 2020, 73 (03): 142-150.

[32] 秦亚青. 国家身份、战略文化和安全利益: 关于中国与国际社会关系的三个假设 [J]. 世界经济与政治, 2003 (01): 10-15, 77.

[33] 邵沙平, 王小承. 美国外资并购国家安全审查制度探析: 兼论中国外资并购国家安全审查制度的构建 [J]. 法学家, 2008 (03): 154-160.

[34] 沈天雨. 论欧盟外商直接投资审查制度的变化及中国应对 [D]. 上海: 华东政法大学, 2021.

[35] 沈伟, 田弋滢.《欧盟外商直接投资审查条例》出台的背景、规则和应对 [J]. 海关与经贸研究, 2019, 40 (06): 42-70.

[36] 沈伟. 美国外资安全审查制度的变迁、修改及影响: 以近期中美贸易摩擦为背景 [J]. 武汉科技大学学报 (社会科学版), 2019, 21 (06): 654-668.

[37] 沈小蕙. 德国外资并购国家安全审查制度及对我国立法启示 [D]. 上海: 上海外国语大学, 2019.

[38] 石岩. 欧盟外资监管改革: 动因、阻力及困局 [J]. 欧洲研究, 2018, 36 (01): 114-134, 8.

[39] 苏丽娜，张乐．美国外资国家安全审查机制的政治异化及其法律因应［J］．国际贸易，2022（03）：82－88，96.

[40] 孙晋平．国际关系理论中的国家安全理论［J］．国际关系学院学报，2000（04）：3－9.

[41] 孙效敏．论美国外资并购安全审查制度变迁［J］．国际观察，2009（03）：65－72.

[42] 汤柳，尹振涛．欧盟的金融监管改革［J］．中国金融，2009（17）：20－22.

[43] 田昕清．外资安全审查制度比较研究及对我国的借鉴意义［D］．北京：外交学院，2019.

[44] 王碧珺，肖河．哪些中国对外直接投资更容易遭受政治阻力?［J］．世界经济与政治，2017（04）：106－128，159.

[45] 王彬．外国投资的国家安全审查法律制度研究［D］．长春：吉林大学，2017.

[46] 王清华，施理，孙小梅．欧盟新的外商直接投资国家安全审查规则［J］．人民法治，2019（08）：72－74.

[47] 王小琼．德国外资并购安全审查新立法述评及其启示［J］．国外社会科学，2011（06）：129－133.

[48] 王玉梁，朱喜秋．经济全球化与国际投资：趋势及对策［J］．国际经济合作，1999（11）：9－12.

[49] 韦宗友．中美战略竞争、美国“地位焦虑”与特朗普政府对华战略调整［J］．美国研究，2018，32（04）：51－74，6－7.

[50] 吴昊．欧盟《建立外国直接投资审查框架条例》研究［D］．重庆：西南政法大学，2019.

[51] 徐芳，张梦迪．欧盟体制下的外国投资国家安全审查制

度探析：兼论对中国海外投资的影响评估及其应对［J］. 吉林工商学院学报，2015，31（03）：81－85.

［52］徐树．论当代国际法律秩序下的特别法优先原则［J］. 武大国际法评论，2012，15（01）：31－53.

［53］徐振东．跨国并购的风险及其控制的主要途径［J］. 中国工业经济，2000（05）：16－19.

［54］薛彦平．中国企业进军美国要过政治关［N］. 中国证券报，2005－07－05（A06）.

［55］杨鸿．美国外资国家安全审查制度的最新改革：对我国影响的评估及其应对［J］. 江淮论坛，2009（05）：118－124.

［56］叶斌．欧盟外资安全审查立法草案及其法律基础的适当性［J］. 欧洲研究，2018，36（05）：25－42，5－6.

［57］由军强．欧盟外商直接投资审查条例改革对中国的影响及政策选择［J］. 对外经贸实务，2020（05）：20－23.

［58］约翰·邓宁．外国直接投资：全球化与发展、新的挑战与机遇［J］. 国际经济合作，2005（04）：7－10.

［59］郧彦辉．发达国家外商投资审查新动向［J］. 中国外资，2020（01）：44－45.

［60］张怀岭，邵和平．对等视阈下外资安全审查的建构逻辑与制度实现［J］. 社会科学，2021（03）：40－52.

［61］张怀岭．德国外资并购安全审查：改革内容与法律应对［J］. 德国研究，2018（03）：57－71，150.

［62］张怀岭．美欧强化外资安全审查及其影响［J］. 国际问题研究，2019（05）：65－85.

［63］张乃根．国际经贸条约的安全例外条款及其解释问题［J］. 法治研究，2021（01）：128－138.

[64] 赵海乐. 论外资并购国家安全审查中的投资者保护缺失：以三一集团诉奥巴马案为视角 [J]. 现代法学，2015，37 (04)：139－147.

[65] 邹敏. 中美外商投资国家安全审查比较与借鉴 [J]. 合作经济与科技，2020 (06)：53－55.

[66] Alfaro L, Chen M X. Selection and market reallocation: Productivity gains from multinational production [J]. American Economic Journal: Economic Policy, 2018, 10 (2): 1－38.

[67] Alvarez J E. Political protectionism and United States international investment obligations in conflict: the hazards of Exon－Florio [J]. The American Journal of International Law, 1989, 92 (4): 621－641.

[68] Angelos Dimopoulos; EUForeign Investment Law, 15 [J] World Investment & Trade2014, 333.

[69] Bauerle Danzman S, Meunier S. The Big Screen: Mapping the Diffusion of Foreign Investment Screening Mechanisms [J]. Available at SSRN 3913248, 2021.

[70] Benoît Lecourt: Investissementsétrangers soumis à autorisation préalable: renforcement du dispositif français [J] Revue des sociétés, 2019: 147.

[71] Berg E M. A Tale of Two Statutes: Using IEEPA's Accountability Safeguards to Inspire CFIUS Reform [J]. Columbia Law Review, 2018, 118 (6): 1763－1800.

[72] Beuttenmüller S L. Das deutsche Außenwirtschaftsgesetz vor dem Hintergrund der neuen Unionskompetenz für ausländische Direktinvestitionen [J]. Ritsumeikan Law Review, 2011: 281－289.

[73] Bevilacqua M, Morelli D, Uzan P S R. Asymmetric implied market volatility and terrorist attacks [J]. International Review of Financial Analysis, 2020, 67 (1): 101417.

[74] Biden Jr J R. Why America Must Lead Again: Recusing US Foreign Policy after Trump [J]. Foreign Affairs, 2020, 99 (2): 64.

[75] Blanquart J, Whitten R. CFIUK: The United Kingdom Introduces a New Mechanism for Foreign Direct Investment Screening [J]. The National Law Review, 2021, 13: 351.

[76] Boklan D, Bahri A. The first WTO's ruling on national security exception: Balancing interests or opening Pandora's box? [J]. World Trade Review, 2020, 19 (1): 123 – 136.

[77] Cartwright M. Internationalising state power through the internet: Google, Huawei and geopolitical struggle [J]. Internet Policy Review, 2020, 9 (3): 1 – 18.

[78] Casagrande M, Casagrande M. Port Security: The Dubai Ports World Case and the ISPS Code [J]. Seaports in International Law, 2017: 83 – 88.

[79] Chan Z T, Meunier S. Behind the screen: Understanding national support for a foreign investment screening mechanism in the European Union [J]. The review of international organizations, 2022, 17 (3): 513 – 541.

[80] Clemente M, Durand R, Roulet T. The recursive nature of institutional change: An Annales School perspective [J]. Journal of Management Inquiry, 2017, 26 (1): 17 – 31.

[81] Clift B, Woll C. Economic patriotism: reinventing control

over open markets [J]. Journal of European Public Policy, 2012, 19 (3): 307 - 323.

[82] Davis C L, Pelc K J. Cooperation in hard times: self - restraint of trade protection [J]. Journal of Conflict Resolution, 2017, 61 (2): 398 - 429.

[83] Eaker L, Tao S U N. Chinese Investment in the European Union & National Security Review: Is the EU Legal Regime about to Follow the US Model [J]. Frontiers of Law in China, 2014, 9 (1): 42.

[84] Françoise Nicolas. China's direct investment in the European Union: challenges and policy responses. [J] China Economic Journal, 2014, 7 (1): 103 - 125.

[85] Gadocha P M. Assessing the EU Framework Regulation for the Screening of Foreign Direct Investment—What Is the Effect on Chinese Investors? [J]. The Chinese Journal of Global Governance, 2020, 6 (1): 36 - 70.

[86] Gavin B. China's Expanding Foreign Investment in Europe. New policy challenges for the EU [J]. European Institute for Asian Studies, Briefing Paper, 2012, 7.

[87] Georgiev G S. The reformed CFIUS regulatory framework: mediating between continued openness to foreign investment and national security [J]. Yale Journal on Regulation, 2008, 25: 125.

[88] Gisela G. Briefing - Foreign direct investment screening - A debate in light of China - EU FDI flows [J/OL]. European Asylum Support Office. 2018. [2021 - 12 - 02]. https: //policycommons.net/artifacts/2014482/briefing/2766925/.

[89] Griffin P. CFIUS in the Age of Chinese Investment [J]. Fordham Law Review, 2016, 85 (4): 1757.

[90] Hanemann T, Huotari M, Kratz A. Chinese FDI in Europe: 2018 trends and impact of new screening policies [J]. merics Papers on China. Berlin: merics and Rhodium Group, 2019.

[91] Hasnat B. US National Security and Foreign Direct Investment [J]. Thunderbird International Business Review, 2015, 57 (3): 185-196.

[92] Hassija V, Chamola V, Gupta V, et al. A survey on supply chain security: Application areas, security threats, and solution architectures [J]. IEEE Internet of Things Journal, 2020, 8 (8): 6222-6246.

[93] Heath J B. The New National Security Challenge to the Economic Order [J]. Yale Law Journal, 2020, 129 (4): 1020, 2019.

[94] Hensel N. Globalization and the US defense industrial base: the competition for a new aerial refueling tanker: what are the real issues? [J]. Business Economics, 2008, 43 (1): 45-56.

[95] Jason Jacobs. Tiptoeing the Line between National Security and Protectionism: A Comparative Approach to Foreign Direct Investment Screening in the United States and European Union [J] International Journal of Legal Information, 2019, 47 (2): 105-117.

[96] Karabay B. Foreign direct investment and host country policies: A rationale for using ownership restrictions [J]. Journal of Development Economics, 2010, 93 (2): 218-225.

[97] Khanapurkar U. CFIUS 2.0: An Instrument of American

Economic Statecraft Targeting China [J]. Journal of Current Chinese Affairs, 2019, 48 (2): 226 - 240.

[98] Khoo J. Does geopolitical uncertainty affect corporate financing? Evidence from MIDAS regression [J]. Global Finance Journal, 2021, 47 (2): 100519.

[99] Kim H, Kung H. The asset redeployability channel: How uncertainty affects corporate investment [J]. The Review of Financial Studies, 2017, 30 (1): 245 - 280.

[100] Lai K. National security and FDI policy ambiguity: A commentary [J]. Journal of International Business Policy, 2020, 4 (4): 1 - 10.

[101] Lawrence Eaker ed. Chinese Investment in the European Union & National Security Review: Is the EU Legal Regime About to Follow the Us Model? [J] Frontiers of Law in China, 2014, 19 (1): 42.

[102] Lecourt B. Investissements étrangers soumis ὰ autorisation préalable: renforcement du dispositif français [J]. Revue des Sociétés, 2019, 29 (02): 147.

[103] Li X, Zeng K. Individual preferences for FDI in developing countries: experimental evidence from China [J]. Journal of Experimental Political Science, 2017, 4 (3): 195 - 205.

[104] Li Y, Bian C. A new dimension of foreign investment law in China - evolution and impacts of the national security review system [J]. Asia Pacific Law Review, 2016, 24 (2): 149 - 175.

[105] Linsi L, Mügge D K. Globalization and the growing defects of international economic statistics [J]. Review of

international political economy, 2019, 26 (3): 361 - 383.

[106] Mansfield E D, Mutz D C. Support for free trade: Self - interest, sociotropic politics, and out - group anxiety [J]. International organization, 2009, 63 (3): 425 - 457.

[107] Masters J, McBride J. Foreign investment and US national security [J]. Council on Foreign Relations, 2018, 18: 3 - 6.

[108] McFaul M. Cold war lessons and fallacies for US - China relations today [J]. The Washington Quarterly, 2020, 43 (4): 7 - 39.

[109] Meunier S, Nicolaidis K. The geopoliticization of European trade and investment policy [J]. Journal of Common Market Studie, 2019, 57 (1): 103 - 113.

[110] Moran T H. CFIUS and national security: Challenges for the United States, opportunities for the European Union [J]. Peterson Institute for International Economics, 2017, 19.

[111] Mostaghel D M. Dubai Ports World under Exon - Florio: a threat to national security or a tempest in a seaport [J]. Albany Law Review, 2006, 70: 583.

[112] Nicolas F. China's direct investment in the European Union: challenges and policy responses [J]. China Economic Journal, 2014, 7 (1): 103 - 125.

[113] Olivier G. La crise de la Covid - 19 interrompt la dynamique de baisse des délais de paiement de 2019 [J]. Bulletin de la Banque de France, 2021, 233 (2): 2 - 13.

[114] Owen D, Smith G. Survey article: Deliberation, democracy, and the systemic turn [J]. Journal of political

philosophy, 2015, 23 (2): 213 -234.

[115] Pandya S S. Democratization and foreign direct investment liberalization, 1970 - 2000 [J]. International Studies Quarterly, 2014, 58 (3): 475 -488.

[117] Papież M, Śmiech S, Frodyma K. The role of energy policy on the decoupling processes in the European Union countries [J]. Journal of Cleaner Production, 2021, 318: 128484.

[118] Pawel Mateusz Gadocha, Assessing the EU Framework Regulation for the Screening of Foreign Direct Investment - What Is the Effect on Chinese Investors? [J] The Chinese Journal of Global Governance, 2020, 6 (1): 36 -70.

[119] Petit N. State - Created Barriers to Exit? The Example of the Acquisition of Alstom by General Electric [J]. The Example of the Acquisition of Alstom by General Electric (February 17, 2015). Competition Policy International, 2015, 11 (1): 96 -111.

[120] Phillips T, Nestor F, Beach G, et al. America COMPETES at 5 years: An analysis of research - intensive universities'RCR training plans [J]. Science and Engineering Ethics, 2018, 24 (1): 227 -249.

[121] Rose P. FIRRMA and national security [J/OL]. Ohio State Public Law Working Paper, 2018, No. 452. [2018 -08 -21]. https: //ssrn. com/abstract = 3235564 or http: //dx. doi. org/10. 2139/ssrn. 3235564.

[122] Schill S W. The European Union's foreign direct investment screening paradox: tightening inward investment control to further external investment liberalization [J]. Legal Issues of

Economic Integration, 2019, 46 (2): 105 - 128.

[123] Shah S. The problem with foreign investment: using CFIUS & FIRRMA to prevent unauthorized foreign access to intellectual property [J], Administrative Law Review, 2020, 6 (1): 1.

[124] Shen H, He Y. The geopolitics of infrastructuralized platforms: The case of Alibaba [J]. Information, Communication & Society, 2022, 25 (16): 2363 - 2380.

[125] Simon S. Investment Screening: The Return of Protectionism? A Political Account [J]. YSEC Yearbook of Socio - Economic Constitutions 2020: A Common European Law on Investment Screening (CELIS), 2021: 43 - 52.

[126] Sophie Meunier. Divide and conquer? China and the cacophony of foreign investment rules in the EU [J] Journal of European Public Policy, 2014, 21 (7): 996 - 1016.

[127] Tarbert H P. Modernizing CFIUS [J]. George Washington Law Review, 2020, 88 (6): 1477.

[128] Tipler C M. Defining National Security: Resolving Ambiguity in the CFIUS Regulations [J], University of Pennsylvania Journal of International Law, 2013, 35 (4): 1223.

[129] Torem Charles, Craig William Laurence. Control of Foreign Investment in France [J] Michigan Law Review, 1968, 66 (4): 669 - 720.

[130] Vernon R. Sovereignty at bay: The multinational spread of US enterprises [J]. The International Executive, 1972, 13 (4): 1 - 3.

[131] Voon T. Multinational enterprises and state sovereignty under international law [J]. The Adelaide Law Review, 1999, 21 (2): 219 – 252.

[132] Wakely J, Indorf A. Managing National Security Risk in an Open Economy: Reforming the Committee in Foreign Investment in the United States [J]. Harvard National Security Journal, 2018, 9 (2): 1 – 50.

[133] Westbrook A D. Securing the Nation or Entrenching the Board: The Evolution of CFIUS Review of Corporate Acquisitions [J]. Marquette Law Review, 2019, 102 (3): 643.

[134] Zhang Y, Rao X, Wang H H. Organization, technology and management innovations through acquisition in China's pork value chains: The case of the Smithfield acquisition by Shuanghui [J]. Food policy, 2019, 83 (2): 337 – 345.

[135] Zwartkruis, Wolf; De Jong, Bas. The EU Regulation on Screening of Foreign Direct Investment: A Game Changer? [J] European Business Law Review, 2020, 31 (3): 447 – 474.

（三）报告类

[1] 商务部.《对外投资合作国别（地区）指南》（2021 年版）[R] 北京. 商务部, 2021.

[2] 中国贸促会研究院.《欧盟营商环境报告 2021/2022》[R] 北京. 中国贸促会, 2022.

[3] European Parliamentary, REPORT FROM THE COMMISSION TO THE EUROPEAN PARLIAMENT AND THE COUNCIL First Annual Report on the screening of foreign direct investments into the Union [R] COM (2021) 714 final, Brussels, 23. 11. 2021.

[4] World Statistics Pocketbook [R] the United Nations Statistics Division of the Department of Economic and Social Affairs, 2019.

[5] Thilo Hanemann, Mikko Huotari, Agatha Kratz MERICS. Chinese FDI in Europe: 2018 trends and impact of new screening policies [R] Papers on China, MERICS and Rhodium Group, Berlin, 2019.

[6] Foreign direct investment screening: A debate in light of China－EU FDI flows [R] European Parliamentary Research Service Document PE 603. 941, May 17, 2017.

[7] Gisela Grieger, Foreign direct investment screening: A debate in light of China－EU FDI flows [R] European Parliamentary Research Service, 2017.

[8] OECD. OECD Benchmark Definition of Foreign Direct Investment [R] OECD, Fourth Edition, Paris, 2008.

[9] International Monetary Fund. Balance of Payments and International Investment Position Manual [R] International Monetary Fund, Six Edition (BPM6), Washington, 2007.

(四)法律、法规、国际条约类

[1] 中华人民共和国反垄断法

[2] 中华人民共和国国家安全法

[3] 中华人民共和国外商投资法

[4] 中华人民共和国外商投资法实施条例

[5] 外商投资安全审查办法

[6] Treaty establishing the European Economic Community

[7] The treaty on the functioning of the European Union

[8] Treaty on European Union

[9] Act No. 34/2021 Coll on screening of foreign direct investments

[10] Proposal for a Regulation of the european parliament and of the council establishing a framework for screening of foreign direct investments into the European Union, 2017/0224 (COD)

[11] Proposals for ensuring an improved level playing field in trade and investment

[12] Regulation (EU) 2019/425 of the European Parliament and of the Council of 19 March 2019 Establishing a Framework for the Screening of Foreign Direct Investments into the Union

[13] Commission delegated regulation (EU) 2021/2126 of 29 September 2021, amending the Annex to Regulation (EU) 2019/452 of the European Parliament and of the Council establishing a framework for the screening of foreign direct investments into the Union

[14] Code monétaire et financier

[15] Außenwirtschaftsgesetz

[16] Außenwirtschaftsverordnung

[17] Act on screening of certain foreign direct investments. etc. in Denmarkt

[18] The Foreign Investment Risk Review Modernization Act of 2018 (FIRRMA)

[19] The Foreign Investment and National Security Act of2007 (FINSA), Public Law No. 110 – 49, 121 Stat. 246 (2007).

(五) 判例类

[1] Case C – 98/01 Commission v UK [2003] ECR I – 4641.

[2] Case C – 174/04 Commission v Italy [2005] ECR I – 4933.

[3] Opinion Procedure 2/15 of Advocate General Sharpston, 21 December 2016, ECLI: EU: C: 2016: 992.

[4] Opinion 2/15 of the Court, 16 May 2017, ECLI: EU: C: 2017: 376.

（六）电子文献类

[1] 联合国贸发组织数据库.[EB/OL].（2022-04-20）.[2022-04-20]. https://unctadstat.unctad.org/wds/TableViewer/tableView.aspx.

[2] 中德投资平台.中国公司在欧洲的收购案再次增加.[EB/OL].（2022-03-29）.[2022-04-20]. https://www.investmentplattformchina.de/zh-hans/%e4%b8%ad%e5%9b%bd%e5%85%ac%e5%8f%b8%e5%9c%a8%e6%ac%a7%e6%b4%b2%e7%9a%84%e6%94%b6%e8%b4%ad%e6%a1%88%e5%86%8d%e6%ac%a1%e5%a2%9e%e5%8a%a0/.

[3] 浙江晶盛机电股份有限公司.关于与应用材料香港公司合资成立控股子公司暨购买资产的进展公告.（证券代码:300316，编号:2022-019）.[EB/OL].（2022-03-21）[2022-04-20]. https://pdf.dfcfw.com/pdf/H2_AN202203211554040045_1.pdf.

[4] 中国国际贸易促进委员会驻意大利代表处.驻意大利代表处发布.关于意大利"黄金权力"法案的调研报告.[EB/OL].（2022-02-14）[2022-04-20]. https://www.ccpit.org/italia/a/20220214/20220214en4d.html.

[5] 浙江晶盛机电股份有限公司.关于与应用材料香港公司合资成立控股子公司暨购买资产的进展公告.（证券代码:300316，编号2021-079）[EB/OL]（2021-11-24）[2022-04-

20]. http://static. cninfo. com. cn/finalpage/2021 - 11 - 24/1211685012. PDF.

[6] 商务部. 商务部召开例行新闻发布会（2021 年 10 月 21 日）. [EB/OL]. (2021 - 10 - 21) [2022 - 04 - 20]. http://www. mofcom. gov. cn/xwfbh/20211021. shtml.

[7] 兴民智通（集团）股份有限公司. 关于媒体报道相关情况的说明公告（证券代码：002355，公告编号：2021 - 023）. [EB/OL]. (2021 - 04 - 13) [2022 - 04 - 19]. https://quotes. money. 163. com/f10/ggmx_002355_7038165. html.

[8] 商务部，国家统计局，等. 2019 年度中国对外直接投资统计公报. [EB/OL]. (2020 - 09 - 03). [2022 - 04 - 6]. http://hzs. mofcom. gov. cn/article/date/202009/20200903001523. shtm.

[9] 凯斯纽荷兰工业官网. 凯斯纽荷兰工业（CNH Industrial）历史. [EB/OL]. (2018 - 06 - 12). [2022 - 04 - 6]. https://media. cnhindustrial. com/amea - chinese/CNH - INDUSTRIAL - CORPORATE/HISTORY/ - - - - - - - - - cnh - industrial - - - /s/4d0642cc - c281 - 4353 - 899b - e0908e5a2158.

[10] 罗谢尔·托普兰斯基. 德法意呼吁欧盟设立外资收购审查机制. [EB/OL]. (2017 - 05 - 11) [2021 - 05 - 24]. http://www. ftchinese. com/story/001072534? Archive.

[11] List of screening mechanisms notified by Member States. [EB/OL]. (2022 - 04 - 19) [2022 - 04 - 24]. https://trade. ec. europa. eu/doclib/docs/2019/june/tradoc_157946. pdf.

[12] MEMO: frequently asked questions on the FDI screening regulation, [EB/OL]. (2021 - 06 - 22) [2022 - 04 - 24]. https://

trade. ec. europa. eu/doclib/docs/2019/june/tradoc_157945. pdf.

[13] European Parliament, EU to scrutinize foreign direct investment more closely. [EB/OL]. (2019 – 02 – 07) [2022 – 04 – 24]. http://www. europarl. europa. eu/news/en/press – room/20190207IPR25209/eu – to – scrutinise – foreign – direct – investment – more – closely? from = timeline&isappinstalled = 0.

[14] European Council: Screening of investments: political agreement reached on an EU framework, [EB/OL]. (2018 – 11 – 20) [2022 – 03 – 24]. https://www. consilium. europa. eu/en/press/press – releases/2018/11/20/screening – of – investments – political – agreement – reached – on – an – eu – framework/? from = timeline&isappinstalled = 0.

[15] Gisela Grieger, Foreign direct investment screening: A debate in light of China – EU FDI flows, European Parliament. [EB/OL]. (2017 – 05 – 20) [2022 – 03 – 24]. https://www. europarl. europa. eu/RegData/etudes/BRIE/2017/603941/EPRS_BRI (2017) 603941_EN. pdf.

[16] Florian Becker, Bärbel Sachs, Die Investitionsprüfung nach Änderung der AWV – offene Fragen aus Perspektive der Transaktionspraxis. [EB/OL]. [2021 – 12 – 24]. https://beck – online. beck. de/Bcid/Y – 300 – Z – NZG – B – 2017 – S – 1336 – N – 1.

[17] Marius Boewe, Christian Johnen, Die Änderung der Außenwirtschaftsverordnung und deren Relevanz für Unternehmenskäufe. [EB/OL]. [2021 – 12 – 24]. https://beck – online. beck. de/Bcid/Y – 300 – Z – NZG – B – 2017 – S – 1095 – N – 1.

[18] Hindelang, Hagemeyer, Enemy at the Gates? Die

aktuellen Änderungen der Investitionsprüfvorschriften in der Außenwirtschaftsverordnung im Lichte des Unionsrechts. [EB/OL]. [2021-12-24]. https://beck-online.beck.de/Bcid/Y-300-Z-EUZW-B-2017-S-882-N-1.

[19] Florian Becker, Bärbel Sachs, Außenwirtschaftsverordnung (AWV): Verschärfte Regeln für ausländische Direktinvestitionen. [EB/OL]. [2021-12-24]. https://www.noerr.com/de/newsroom/News/aussenwirtschaftsverordnung-awv-verschaerfte-regeln-f%C3%BCr-auslaendische-direktinvestitionen.aspx.

[20] CFIUS Overview [EB/OL]. [2020-06-12]. https://home.treasury.gov/policy-issues/international/the-committee-on-foreign-investment-in-the-united-states-cfius/cfius-overview.

[21] COMMISSION DELEGATED REGULATION (EU) 2021/2126 of 29 September 2021, amending the Annex to Regulation (EU) 2019/452 of the European Parliament and of the Council establishing a framework for the screening of foreign direct investments into the Union [EB/OL]. (2021-09-29) [2022-02-12]. https://eur-lex.europa.eu/legal-content/EN/TXT/PDF/?uri=CELEX:32021R2126&from=EN.

[22] Current and emerging trends, observed designs, and policy practice in 62 economies [EB/OL] (2020-05-10) [2021-12-02]. https://www.oecd.org/investment/investment-policy/investment-policy-national-security.htm.

[23] Foreign Direct Investment in the United States 2021 [EB/OL]. (2022-12-23) [2022-12-29]. https://globalbusiness.org/resources/foreign-direct-investment-in-the-united-states-

2021/.

[24] French Economy Dashboard [EB/OL]. [2022 - 10 - 21]. https://www.insee.fr/en/outil - interactif/5543645/tableau/10_ECC/15_FIN.

[25] Guidelines for recipient country investment policies relating to national security [EB/OL]. (2009 - 05 - 25) [2021 - 11 - 08]. https://www.oecd.org/investment/investment - policy/43384486.pdf.

[26] How the President Can Shape the Role and Oversight of the National Cyber Director [EB/OL]. (2021 - 12 - 06) [2022 - 08 - 10]. https://www.lawfareblog.com/how - president - can - shape - role - and - oversight - national - cyber - director.

[27] Inaugural CFIUS Conference [EB/OL]. (2022 - 06 - 16) [2022 - 08 - 18]. https://events.treasury.gov/s/event - template/a2mt0000001UNMmAAO/inaugural - cfius - conference.

[28] Investment screening Introduction [EB/OL]. [2022 - 10 - 12]. https://www.bmwi.de/Redaktion/DE/Artikel/Aussenwirtschaft/investitionspruefung.html.

[29] Key points for a proposal for investment reviews at EU level [EB/OL]. (2017 - 02 - 12) [2022 - 04 - 06]. https://www.bmwi.de/Redaktion/DE/Downloads/E/eckpunktepapier - proposals - for - ensuring - an - improved - level - playing - field - in - trade - and - investment.pdf? __blob = publicationFile&v = 4, accessed Apr 6, 2022.

[30] KfW erwirbt im Auftrag des Bundes temporär Anteil am deutschen Übertragungsnetzbetreiber 50Hertz [EB/OL]. (2018 - 07 - 27). [2020 - 10 - 24]. https://www.bmwi.de/Redaktion/DE/

Pressemitteilungen/2018/20180727 – kfw – erwirbt – im – auftrag – des – bundes – te mporaer – anteil – am – deutschen – uebertragungsnetzbetreiber – 50hertz. html.

[31] President Biden Signs Executive Order to Ensure Robust Reviews of Evolving National Security Risks by the Committee on Foreign Investment in the United States [EB/OL]. (2022 – 09 – 15) [2022 – 11 – 20]. https://www. whitehouse. gov/briefing – room/statements – releases/2022/09/15/fact – sheet – president – biden – signs – executive – order – to – ensure – robust – reviews – of – evolving – national – security – risks – by – the – committee – on – foreign – investment – in – the – united – states/.

[32] Proposals for ensuring an improved level playing field in trade and investment [EB/OL]. (2017 – 02 – 21) [2021 – 06 – 16]. https://www. bmwi. de/Redaktion/DE/Downloads/E/eckpunktepapier – proposals – for – ensuring – an – improved – level – playing – field – in – trade – and – investment. pdf? __blob = publicationFile&v = 4.

[33] Recent CFIUS Developments: Examining Implications to US Foreign Investments [EB/OL]. (2022 – 12 – 14) [2022 – 12 – 29]. https://knowledgewebcasts. com/know – portfolio/recent – cfius – developments – cle/.

[34] Regulation (EU) 2019/425 of the European Parliament and of the Council of 19 March 2019 Establishing a Framework for the Screening of Foreign Direct Investments into the Union [EB/OL]. (2019 – 03 – 19) [2021 – 03 – 21]. https://eur – lex. europa. eu/legal – content/EN/TXT/? uri = CELEX% 3A02019R0452 – 20200919.

[35] Russia Cyber Threat Overview and Advisories [EB/OL].

[2022 - 12 - 10]. https：//www. cisa. gov/russia.

[36] The Foreign Investment Risk Review Modernization Act of 2018—stepping up national security reviews of foreign acquisitions [EB/OL], [2020 - 08 - 10]: https：//us. eversheds - sutherland. com/mobile/NewsCommentary/Legal - Alerts/213616/The - Foreign - Investment - Risk - Review - Modernization - Act - of - 2018stepping - up - national - security - reviews - of - foreign - acquisitions.

[37] Thomas Fuller, French fear eye of "ogre" is on Danone [EB/OL]. (2005 - 07 - 21) [2020 - 09 - 09]. The New York Times. https：//www. nytimes. com/2005/07/21/business/worldbusiness/french - fear - eye - of - ogre - is - on - danone. html.

[38] TikTok Security Deal's Prospects Are Clouded by FBI's Doubts, State Bans [EB/OL]. (2022 - 12 - 13) [2022 - 12 - 23]. https：//www. bloomberg. com/news/articles/2022 - 12 - 13/tiktok - security - deal - in - cfius - panel - is - clouded - by - fbi - s - doubts - state - bans.

[39] TikTok's master plan to win over Washington [EB/OL]. (2023 - 02 - 02) [2023 - 03 - 01]. https：//www. vox. com/recode/2023/1/17/23552716/tiktok - ban - cfius - bytedance.

[40] Treasury Releases CFIUS Annual Report for 2021 [EB/OL]. (2022 - 08 - 02) [2022 - 10 - 02]. https：//home. treasury. gov/news/press - releases/jy0904.